Paul Stöcklein
Literatur als Vergnügen und Erkenntnis

Kann man denn auch nicht lachend
sehr ernsthaft sein? Lieber Major, das Lachen
erhält uns vernünftiger als der Verdruß.
            Lessing, Minna von Barnhelm IV, 6

Paul Stöcklein

Literatur als Vergnügen und Erkenntnis

Essays zur Wissenschaft von der Sprache
und Literatur

Quelle & Meyer Heidelberg

© Quelle & Meyer, Heidelberg 1974. Alle Rechte vorbehalten. Jede Vervielfältigung, gleich welcher Art und zu welchem Zweck, ist ohne ausdrückliche Genehmigung des Verlags unzulässig. Printed in Germany. Satz und Druck: Druckhaus Darmstadt GmbH. Umschlagentwurf: Dieter Hoffmann, Heidelberg.
ISBN 3-494-00791-8

Inhalt

I. Methode 7
   1. Dichtung, vom Dichter gesehen. Winke für die Wissenschaft 7
   2. Drei Skizzen zu „Literatur und Sprache" 32
      Die moderne artistische Verkennung 32
      Weder Aussage noch Ausdruck? Der Fall des romantischen Gedichts 43
      Aristoteles restitutus. Anläßlich eines sprach- und gattungstheoretischen Buches 47
   3. Literatursoziologie. Gesichtspunkte zur Diskussion 1968 . . 50

II. Anwendungen 67
   1. Wie beginnt und wie endet Goethes ‚Faust'? Eine Form- und Inhaltsfrage 67
   2. Gattungs- und Sinnbestimmung untrennbar: ‚Die Wahlverwandtschaften' 88
   3. Die freie Porträtkunst Eckermanns und anderer Gesprächspartner 96
   4. Moderne zwischen Genialität und Trivialität:
      Der kluge Kopf im Atelier: der Essayist Jakob Wassermann 100
      Das Rätsel der Romane Franz Werfels 107

III. Postscripta practica 124
   1. Der politische „Falke". Herstellung einer Novelle 124
   2. Drei Dankblätter für Zeitgenossen 127
      Ernst Beutler 127
      Ein Dankblatt für Golo Mann 129
      Fug und Unfug des „Emotionalen". Zu Ehren D. von Hildebrands 134
   3. Jahre der Verführbarkeit: 1968/69 139
   4. „An ihrer Sprache werdet ihr sie erkennen": Spracherfahrungen, Machterfahrungen 1973 155

I. Methode

Die Deutschen sind übrigens wunderliche Leute. Sie machen sich durch ihre tiefen Gedanken und Ideen, die sie überall suchen und hineinlegen, das Leben schwerer als billig. Ei! so habt doch endlich einmal die Courage, euch den Eindrücken hinzugeben, euch ergötzen zu lassen, ja euch belehren und zu etwas Großem entflammen und ermutigen zu lassen; aber denkt nur nicht immer, es wäre alles eitel, wenn es nicht irgend ein abstrakter Gedanke und Idee wäre! Da kommen sie und fragen, welche Idee ich in meinem Faust zu verkörpern gesucht? ... Es hätte auch in der Tat ein schönes Ding werden müssen, wenn ich ein so reiches, buntes und so höchst mannigfaltiges Leben, wie ich es es im Faust zur Anschauung gebracht, auf die magere Schnur einer einzigen durchgehenden Idee hätte reihen wollen!

Goethe zu Eckermann am 6. Mai 1827

1. Dichtung, vom Dichter gesehen. Winke für die Wissenschaft*

Dichterzunft und Professorenzunft, das waren *früher* zwei Lager; Argwohn hinüber und herüber trennte die einander Zubestimmten und stempelte den Vermittler zum „Dilettanten". *Heute,* besonders seit Valéry, Kommerell u. a., die zugleich Schaffende und Theoretiker waren, kommen sich die Lager näher. Die Dichter heißen selbst jene Forscher willkommen, deren Lorbeer erst auf den Dichtergräbern zu wachsen pflegt: uns Literar-Historiker.

Verständigung? Erlauben Sie, daß ich dem Ernst ausweiche und feststelle, daß sich die Dichter noch nie für Germanistentagungen interessiert haben (man könnte höchstens, hier in Münster, an das Interesse der Droste für Germanistenzusammenkünfte denken, ein höchst satirisches Interesse), obwohl wir doch unsere Lebensarbeit ihnen widmen und ihren Nachruhm bemessen helfen. Und wünschen wir sie denn so sehnlich zu den Tagungen herbei? Meine Laufbahn wäre futsch, vielleicht, wenn ich mich plötzlich zu ihnen schlüge und „schriebe". – Kurz, es ist ein Urgegensatz; er ist tragisch; er ist unaufhebbar. Das moderne Bewußtsein vorausgesetzt, ist er allerdings verständlich.

---

* Rede auf der Germanistentagung in Münster 1951; erweitert veröffentlicht in: Wirkendes Wort, 1. Sonderheft 1952. Im Folgenden mit kleinen Änderungen wiedergegeben.

Denken Sie an zwei große Literarhistoriker der vergangenen Jahrzehnte. Hofmannsthal, Kommerell. (Natürlich Hofmannsthal! Nur jene alte Argwohnsbefangenheit verdeckt seinen wissenschaftlichen Rang.) Diese beiden Literarhistoriker sind von jener Spannung gequält, beherrscht, wie von ihrem Stern und Unstern. Angefangen vom Äußerlichsten, von ihren Habilitationsschwierigkeiten, reicht es bis zum *inneren* Urbild der Spannung: dem „modernen" Zwiespalt und Anreiz zwischen dem schöpferischen und dem kritischen Vermögen. Kommerell: er hatte die entwaffnende Gabe, Probleme darzuleben. Mit der unpraktischen Wahrheitskraft des Genies setzt er sich zwischen die Stühle, und zeigt bis heute, auf seine Kosten, den Zustand. (Erst die Ritterlichkeit von Trunz hat vielen die Augen für Kommerells Leistung geöffnet [1].) – Und in der unmittelbaren Gegenwart stellt Johannes Pfeiffer, auf seine eigene, schöne Weise heimatlos, dozenturlos, die Spannung der Lager am eigenen Leibe dar.

Die genannten Literarhistoriker haben bei Dichtern gelernt. Hofmannsthal bei sich selbst, Kommerell bei George. Gelernt, was sonst offenbar nirgends zu lernen war. Es habe doch im Grunde niemand einen rechten Begriff von der Schwierigkeit der Kunst als der Künstler selbst, sagt Goethe. Und wenn wir ehrlich sind, es geht doch jedem von uns ähnlich; keiner kann ganz ohne die Bekanntschaft mit irgendeinem Schriftsteller auskommen; nicht nur wegen des Handwerkswissens [3]. Von Zeit zu Zeit müssen wir offenbar unser inneres Empfangsgerät vom Fachmann überholen lassen (die stete Wissenschaft führt uns zu leicht in eine sachfremde Routine). So entstanden und entstehen manchmal sogar Freundschaften. Beide Teile empfangen – um dann plötzlich voreinander zurückzuweichen. Plötzlich, so bei Brecht-Hofmannsthal, Hellingrath-George, tritt an irgendeinem kleinen Punkt die verschleierte Grundfeindschaft hervor, erlischt die Verständigung. Grundfeindschaft? Aus Schnitzlers Nachlaß ist mir neulich ein Reim bekannt geworden, den er dem Durchschnittskritiker in den Mund gelegt hat: „Was bin *ich* für ein Mann ihm gegenüber! / Was er auch schreibe, ich schreibe drüber." Auch wir schreiben „drüber", auch Professoren fehlt es selten an Überlegenheitsbewußtsein. Schriftsteller argwöhnen: auch wir wollten uns ein bißchen rächen dafür, daß wir's nicht „können". Genug! So sind also die Lager: immer aufeinander angewiesen, immer voneinander getrennt [4].

I

Sucht man nach einer kurzen Formel, um den Widerstand der Dichter zu kennzeichnen, so würde ich den Aphorismus eines lebenden Schriftstellers wählen, der einmal über einen ihm bekannten Literarhistoriker geschrieben hat: „Er erklärt die Dichtung. Geister werden nicht besser sichtbar, wenn man Licht macht" (Polgar). Ein altes und ernstes Argument. Wir schalten also, so

heißt es, eine Erkenntniskraft ein, die doch am geisterhaften Wesen der Dichtung vorbeizielen muß. Es gälte doch ein ganz anderes Organ in uns zu öffnen, ein vielleicht geistersichtigeres und doch sinnenhafteres Organ. Der Einwand der „Musisch-Unhistorischen" (seit Grillparzer) geht nach ähnlicher Richtung und erläutert die obige Formel etwa so:
Statt das Phänomen der Kunst als eine unauflösbare Zeichenschrift zu vernehmen und hinzunehmen, soll es durchaus „erklärt" werden; vor allem die historisierende Betrachtungsweise, überall in Leben und Denken eindringend, sie ist es, die das Kunstwerk ableitet aus Lebensumständen, Zeitlagen und Gedankenströmungen und es eben damit zu verkennen beginnt. Und selbst wo wir vom falschen Historismus frei sind (und dem legitimen huldigen, wie heute Karl Reinhardt u. a.), – bedeutet denn Wissenschaft nicht *stets:* erklären, ergründen und damit am fast Unergründlichen, Transrationalen im Kern jedes Kunstwerks (wie es uns doch die Dichter seit Goethe lehren) sich verfehlen. Natürlich dienen wir – das sei eingeschoben – vielen Menschen mit unseren Erklärungen: z. B. allen, die vor einem Bild- oder Dichtwerk fragen, was damit denn „aber eigentlich gemeint" sei. Genau diese Frage verrät aber schon, daß wir ihnen niemals werden dienen können. Diesen Kunstblinden stehen nun die Kunstoffenen gegenüber. Was heißt: ihnen „erklären"? Selbst, wenn es eine Mäeutik, eine Öffnung der Halboffenen gäbe, ist nicht dafür der Wissenschaftsweg, so etwa hat schon Grillparzer gefragt, pädagogisch unrätlich? Wissenschaft zeigt Gründe, löst das Staunen. Kunsterziehung aber müßte die Begabung zum Staunen, zum ruhigen Verharren vor dem fast Transrationalen, zu diesem einzig fruchtbaren, entwicklungsfördernden Zustand wecken und üben. „Anschauung" nennt es Grillparzer. Anschauung bindet im Genuß das Sinnenhafte mit dem geistig Höchsten – und der Intellekt steht dabei staunend in einer Ecke still (der erklärungsbeflissene, glücklicherweise einmal schauend still). So also Grillparzer und die Seinen. Mit der Genußkraft beginnt es. Hinweg vom Denken, hin zu jener Sinnlichkeit müsse der Zögling zunächst geführt werden, die ein Kunstwerk in vollen Zügen wie ein durstiger Zecher den Wein aufnehmen und genießen kann. Durch das Übermaß der Wissenschaft trete an Stelle der ursprünglichen Regungen, mit denen wir der Kunst (und Scheinkunst) begegnen, an Stelle von Liebe und Haß, Erschütterung und Ekel, Beifall und Abweisung das souverän-kennerische, oft das historisierende, laue Zerreden und Zerdenken. Die gesunde Grundemotion „gut oder schlecht?" werde verdrängt durch gebildeten, ja musealen Einordnungseifer (klassisch und romantisch, konservativ und fortschrittlich, später: statuarisch und expressiv usw.) und dadurch dem Künstler wie dem Publikum die natürliche seelische Entfaltung genommen. Grillparzer erblickt in der Ausbreitung speziell literarhistorischer Einstellung [5] auch eine ernste Gefahr für die Produktivität der Schaffenden selbst, denen im gesellschaftlichen Raum immer mehr das Ozon zu schöpferi-

schen Atemzügen vermindert werde, da sie ja nicht mehr auf die genannten natürlichen Regungen der Menschen träfen, die die wahre Atemluft fürs Schaffen und Empfangen bildeten. Und ich darf das Erstaunlichste anführen, was der wunderbare alte Raunzer in seinem letzten großen Aufsatz zu diesem Thema (um 1860), in dem er zunächst nachweist, daß es Literaturgeschichte nicht geben dürfe und könne, in den Schlußsätzen vermächtnishaft geschrieben hat: „Wie, wenn sämtliche Kunstphilosophen, Kunstkritiker und Kunsthistoriker (worunter er auch uns subsumiert, es gab übrigens auch gute Literarhistoriker damals) 50 Jahre lang das Maul hielten! Ich zweifle keinen Augenblick, daß das Talent, an dem es in Deutschland nie gefehlt hat, sich auf die erfreulichste Art wieder Bahn brechen würde."

Grillparzer steht nicht allein. Er sagt nur, was viele fühlen [6]. Deshalb unser Thema. Der erste „Wink der Dichter" für uns ist also ein consilium abeundi vel pereundi.

„Er erklärt die Dichtung." Erstens: Wir erklären sie nicht; wir lassen sie so herrlich irreduzibel (nicht: irrational), wie sie ist. Wir wollen in unseren Schülern ununterbrochen das Gefühl für den fast transrationalen Kern wachhalten, schließlich für den Lebensappell, das Praktische. Wir erklären nur das Erklärbare; und dessen gibt's allerdings auch eine Menge; ja es gibt mitunter Erklärungsbedürftiges, besonders in langvergangener Dichtung. Mit anderen Worten: Wir schieben den Zögling nur ein Stück weit an die Dichtung heran, und dann lassen wir ihn allein mit der Dichtung; die letzten Schritte muß er selbst, einsam, tun. Zweitens: Wir schalten das Licht nicht ein, während uns das „geisterhafte" Dasein des Kunstwerkes erscheint. Wir schalten es immer erst später ein. Wir genießen zuerst; später „denken" wir. „Das Denken über ein Kunstwerk ist eine schöne Sache; der Beifall aber muß vorausgehen und das Urteil folgen" (an Zelter 29. Oktober 1830). Wir genießen, und unseren Schülern erzählen wir natürlich, was wir genossen haben. Wie sollten wir nicht! Einzelheiten, die uns entzücken! So beginnt es. Wir hüten uns dabei vor dem verbreiteten gefühligen Irrationalismus, der buhlerisch der Dichtung die schönen Worte entwendet, um sein „Verständnis" damit zu schmücken. Wir ehren die Dichtung durch unsere trockene Genauigkeit; wir konturieren die Grenze des Geheimnisses. Wir charakterisieren. Wir vergleichen, belegen, systematisieren. Wir diskutieren und versuchen den Unbeholfenen zu helfen. Wir sagen z. B.: Goethes Novellen darfst du nicht mit schwärmerischer Stimmungserwartung lesen, sondern unter Teilnahme deines Weltverstandes. Und unsere Kollegen sagen: bei diesem Renaissance-Bild spüre die Linie aus, bei diesem Barock-Bild den malerischen Raum-Reiz; bei dieser Bachschen Fuge das Gewebe, bei diesem Schumann-Lied die Atmosphäre! Analoges tun wir Literarhistoriker. Am Schluß sagen wir dem Zögling: Und dann vergiß wieder, was ich dir gesagt habe! Und genieße unbefangen! (Denn, unter uns gesagt, das „linear oder malerische usw.", das ist es gar nicht. Das, was du vor einem g r o ß e n Renaissance-Bild an Glück und Geist erlebst, das ist dem Erlebnis vor einem großen Barockbild ähnlicher als dem vor einem zweitrangigen Renaissance-Bild.) So entsteht unsere Wissenschaft. Entsteht zunächst aus dem menschlichen Urbedürfnis nach Klarwerdung, Vereinheitlichung, System und dann aus dem Drang nach Weitervermittlung. Ich sehe nicht, daß sie zu den schlimmen Dingen führen *müßte,* die die Dichter seit 100 Jahren beklagen.

Und wenn wir nun die Dichter nach ihren Ratschlägen oder Andeutungen fragen – und wir wählen für unsere kleine Auswahl den Zeitraum von 1800 bis zur Gegenwart einschließlich, da er für Schule und Universität der wichtigste ist –, so bleibt noch eine kleine Vorfrage. Wollen und sollen die Dichter befragt sein? Gewiß nicht immer. Sie wissen selbst nicht, was z. B. ihre Symbole bedeuten; sie warten hier in gewissem Sinne auch ein wenig auf uns. Zumal für ihr eigenes Werk sind sie so oft blickbehindert [7]. Überhaupt, wie gering ist oft ihre theoretische Begabung. Da sind die Absurditäten des großen Künstlers Tolstoi. Da ist Klopstocks Verslehre: Rotbackige Naivität des schöpferischen Temperaments und beschränkte Schulmeisterdoktrin zugleich, voll genialer Einzelheiten. Doch solchen unzulänglichen Dichterdoktrinen steht eine andere Tradition von Dichteräußerungen aus höherer Bewußtheit gegenüber. Mit Herder und Goethe beginnt diese Reihe theoretisch, ja systematisch befähigter Dichter. Eine echte, immer weiterbauende Tradition bildet sich, deren Haupt im 19. Jahrhundert wohl Grillparzer gewesen ist. Hier hat sich in Deutschland bis zu Hofmannsthal und Schröder eine eigentlich einheitliche Theorie, immerwährend angereichert und modifiziert, systematisch entwickelt, welche der Theorie der wissenschaftlichen Ästhetiker und Literarhistoriker mit gleichem Gewicht, nicht immer mit gleicher Begriffsschärfe, oppositionell gegenübersteht. Aus dieser Tradition wählen wir jene „Winke". Und auch der oft gehörte Hinweis auf die bekannten Fehlurteile (etwa Kleist und Goethe) und was man sonst noch zu ungunsten des genus irritabile vatum vorbringen mag, kann uns nicht abhalten, die Dichter-Äußerungen endlich so ernst zu nehmen, wie es natürlich und notwendig ist.

II

Zunächst erstaunt es den Laien immer wieder, mit welcher Genußkraft der Künstler zum Werk steht, wie z. B. ein Dichter irgendeine fremde Dichtung, die ihm nahe steht, mit einer sinnlichen Genußkraft umfassen kann, der gegenüber *unser* Erfassen eben doch wie von des Gedankens Blässe angekränkelt erscheint. Ihm ist die Dichtung erfahrbar wie ein Trunk Wein (unbeschreibbar sein Individuelles), und der Sinn und Geist einer Dichtung kommt in ihn, wie eben der Geist des Weines in den Zecher kommt.

Daß gerade den guten Deutschen solch ein unreflektierter Genuß schwer fällt, weil sie immer denken müssen, darüber werden unsere Dichter nicht müde zu klagen. „Habt doch den Mut, euch ergötzen, euch überraschen, euch erschüttern zu lassen, ohne immer nach einer ‚Idee' zu fragen", so Goethe. Und Schiller hat ja gesagt, daß den guten Deutschen nichts schmecke, wenn sie nicht wüßten, wie das heiße, was sie essen, woraus es gemacht, wozu es gut sei. – Aber es gibt doch geistig-asketische Dichter, die unmöglich solche „Weintrinker" sein können! Z. B. Kafka. Es ist erheiternd zu lesen, wie Kafka in seinen Tagebüchern den Nachmittag schildert, der einem Vorleseabend vorherging, an dem er in einem Saal den Michael Kohlhaas vorlesen sollte. Er war nervös im Vorgenuß und in ungestümer Vorfreude. Ich glaube, man muß es sich so vorstellen: Die Kleistschen Rhythmen, angefangen vom Gang und Klang der Worte, vom Gang der Nebensätze, der Sätze und Satzgruppen zum Gang der Handlung und Szenenführung, dann zum großen Gang des gefügten Schicksals, diese immer gleichen und immer neuen Rhythmen, zwanglos zwingend – jedes Wort bedingt und bedingend, jeder Strich eine Steigerung, Inhalt und Form untrennbar: jede Linie eine Strukturlinie –, eine ebenso musikalische wie schicksalhafte Konsequenz vom kleinsten zum größten – diese Rhythmen laut werden zu lassen und anderen sie zu kosten zu geben, diese Vorfreude brachte ihn halb um den Verstand an jenem Nachmittag. Er schreibt, daß er kaum mehr die Zähne aufeinander behalten konnte. Natürlich, es wollte heraus.

Sprache ist das Nächstliegende, Sinnlichste. Aber auch jenseits der Sprache gibt es sinnliche Werte im weiteren Sinne: in der von der Sprache entworfenen Welt. Z. B. im beschworenen Lebensraum einer Novelle. Charaktere stehen sich gegenüber wie Farbengruppen im Gemälde, etwa komplementär. Der eine Schicksalszug ist auf den anderen melodisch bezogen. Sie begleiten, verschlingen, stören und entwirren, vereinigen und „lösen" sich schließlich, haben so die „Kadenz" durchmessen bis zur Heimkehr und Gerechtigkeit auf der Tonika. Etwas davon ist in jedem klassischen Kunstwerk enthalten. Wir haben hier Ausdrücke benützt, die von Hofmannsthal, George, Schröder u. a. immer wieder verwendet worden sind in Fortführung einer klassischen Tradition, um hohe Kunstwerke zu charakterisieren. (Dasselbe tat auf seinem Feld Emil Preetorius. Hier treffen sich alle Künste.)

Dies bedeutet zugleich: Jede Einzelheit „sitzt". In dem „Gespräch über Gottfried Keller" hat es Hofmannsthal gezeigt, wie alle Farben und Züge der beschworenen Welt am rechten Fleck stehen und (in den *besten* Novellen) die Schicksalsmelodien rein sich verweben. „Der Schmied seines Glückes... wie er in der fremden Stadt die Treppe hinaufsteigt und eine angelehnte Tür öffnet und oben den phantastischen kleinen Kerl findet, den er rasiert und der ihn dafür zu seinem Erben einsetzt... Jawohl, den Scharlachroten! Den im Schlafrock aus scharlachrotem Samt! Das sitzt, dieses Scharlachrot! Das sitzt wie ein stecknadelkopfgroßer Ton Rot oder Dunkelgrün in einem

Rembrandt. Der Kerl wäre ja gar nicht, wenn er nicht den scharlachroten Schlafrock anhätte."

Wo alles sitzt, steht ein lebendiges Ganzes vor uns. Unsere Erschütterung vor einem Kunstwerk hängt immer damit zusammen. Ein Beispiel der Macht der „Form", von der die Künstler immer so viel und die Literaturhistoriker früher so selten gesprochen haben, Platens berühmtes Ghasel, welches beginnt:

> Es liegt an eines Menschen Schmerz, an eines Menschen Wunde nichts,
> Es kehrt an das, was Kranke quält, sich ewig der Gesunde nichts ...

Es bekundet dem bloßen „Inhalt" nach ein geknicktes Weltverhältnis, es atmet erstickende Trostlosigkeit. Aber kein wirklich Hörender wird das Gedicht so erleben. Wir erleben tongewordene Standhaftigkeit, wir erleben ein geschmiedetes Versgefüge, dessen leuchtende Ordnung uns aufrichtet. Und natürlich zeigen auch Platens Äußerungen und Theorien, daß er seine Gedichte nicht als im Schmerz sich ergehende Reden, sondern als Gestaltungen erlebt haben wollte. In diesen Versen bereitet schon die Ghaselform leise den standhaften Stolz vor, der sich in dem Gesamtgebilde mit all seinen Gedanken, Farben, Schwankungen, Steigerungen ordnungsvoll verwirklicht. Sicher das genaue Gegenteil eines geknickten Weltverhältnisses! Natürlich schwingt der pessimistische Verbalsinn darunter mit. Er ist sogar ein Moment der Größe. Ich darf hier einen Aphorismus von Adorno einschalten: „Das Tröstliche der großen Kunstwerke liegt weniger in dem, was sie aussprechen, als darin, daß es ihnen gelang, dem Dasein sich abzutrotzen. Hoffnung ist am ehesten bei den trostlosen." [8]

Von hier aus wird die Selbstdeutung verständlicher, welche unsere Dichtung sich so oft seit der Klassik gegeben hat: Abglanz des Himmels auf Erden zu sein (wenigstens eines idealischen Reiches). Es ist so: Inmitten der wirren Welt begegnet uns plötzlich ein in Ordnung leuchtendes Gebilde, bis ins kleinste durchgebildet, zufallslos, atmender Kristall. Jede Einzelheit glückseligmachend, weil sie „sitzt" und uns die Ahnung höchster „Fügung" (im Doppelsinne) vermittelt. Und dieses Gebilde spricht, etwa als Tragödie, unsere menschliche Verzagtheit und Blindheit inmitten der Fügungen aus, ohne an irgendeiner Stelle blind zu sein; unsere menschliche Gebrochenheit, ohne an irgendeiner Stelle seines Wuchses gebrochen zu sein. Wenn man gesagt hat, die Tragödie verhelfe zur Tröstung über trauriges Geschehen durch das „Bild des Geschehens", so muß man hinzufügen, durch das Bild als Gebilde. (Sicher hat ein so kunstoffenes Volk wie die Griechen die Katharsis auch in diesem Sinne erlebt, vielleicht ohne es theoretisch ganz fassen zu können.) Da ist also in der Welt eine Stelle, die noch Unschuld ist, von der Unordnung noch nicht erobert. An diese Unschuld wird sich wie an ein Ziel, ein quasi utopisches Ziel, immer wieder unser schuldgetrübtes Auge heften, wie es soeben Thomas Mann so kundig ausgedrückt hat: Die Kunst „ist keine Macht ... Und doch – ein Spiel tiefsten Ernstes; Paradigma allen Strebens nach Vollendung, ist sie der Menschheit zur Begleiterin gegeben ... und diese wird von ihrer Unschuld nie ganz das schuldgetrübte Auge wenden können". („Der Künstler und die Gesellschaft", Schluß der Rede.)

Noch ein Beispiel! Die Marienbader Elegie. Kristallener Wirbel, fugenlos gesteigerte Verzweiflung, gesanggewordener „Schrei" [9]. Wie hätte Goethe sich selbst bezaubern und sich selbst heilen können mit diesem Gebilde (wie in der Antike nahezu, Heilung durch Musik, Heilung des Wahnsinns durch den Wahnsinn als Musik) – er ließ es sich immer wieder vorlesen und schien dabei zu genesen –, wenn es nur der Ausdruck seines inneren Zustandes gewesen wäre, wenn er sich also im Schmerz ergangen hätte. Er heilt sich am „Ausdruck" des Fiebers, das, kunstgeworden, nicht mehr Ausdruck, sondern Gegengift des Fiebers ist. Deshalb keimt in der „wunden Brust" allmählich wieder Hoffnung, durch eben dieses „trostlose" Kunstwerk geweckt. „Hoffnung ist am ehesten bei den trostlosen."

Die Künstler befassen sich eigentlich nicht mit Fragen, Problemen. Sie *schaffen* dafür etwas: diesen klaren Spiegel des Vollkommenen, vielleicht Utopischen auf Erden. Diese Brücke zwischen oben und unten. Haben wir an ihrem Werk teil, so haben wir auch an der Kraft teil, die Fragen nicht zu durchgrübeln. Mit anderen Worten: wir haben vom „Himmel" schon den Keim einer Antwort bekommen. Die genannte Selbstdeutung der Dichtung ist also wohl von jenem Vollkommenheitsziel her zu verstehen, nicht daraus, daß die Dichter uns „ewige" Weisheit vermittelten oder gar predigten. Selbst Hölderlins „himmlische Gabe" dürfte nicht ganz ohne jene Zusammenhänge zu begreifen sein. Lassen Sie mich zur Zusammenfassung dieser Gedankengänge ein paar Zitate bringen – ohne daß ich Ihnen genauer dazu sagen muß, an welcher Stelle sie in unsere Gedanken als Belege hineinpassen.

Zeugnisse

„Und wahrlich: die Ansichten oder, wills Gott, die ‚Ideen' der Kunst sind menschlich, aber die Form ist göttlich: sie schließt ab wie die Natur[10]." (Grillparzers Entwurf eines Briefes an den Schiller-Verein 1855.)

Im Buch des Paradieses sieht Goethe die Dichtung als eine Brücke zwischen Himmel und Erde. Eine flüchtige Brücke aus Tönen, ein ständig auf- und niederbebendes Echo zwischen dem Boden und der höchsten Himmelswölbung. Die Himmelskuppel gibt ihm wohl etwas von ihrem Klang mit, die Erde von ihrer Schwere. – Als die Frühnazarener ihre so gut gemeinten frommen Bilder zeigten, schrieb Goethe: „Mancher Künstler verläßt sich auf das Sittlich-Hohe ... Man bedenkt nicht, daß nur das Sinnlich-Höchste das Element ist, in dem sich jenes verkörpern kann." Das „Sinnlich-Höchste" bedeutet für ihn die „realisation" im geschlossenen Kunstgebilde. – Grillparzer hat in seinen Versen „Zu Mozarts Feier" das Vermögen Mozarts als prototypisch für jeden großen Künstler gefeiert und wir können die folgenden Verse ohne weiteres auf den Dichter umdenken, wie es ganz im Sinne Grillparzers wäre.

> Nicht was der Mensch in seinem Dünkel denkt,
> Was Gott verkörpert in der Schöpfung dachte,
> War ihm der Leitstern seines edlen Tuns.
> Drum hing er fest an Deinen ew'gen Rätseln,
> Du Auge des Gemüts: allfühlend Ohr,
> Und was den Weg nicht fand durch diese Pforte,
> Schien Menschenwillkür ihm, nicht Gottes Wort...
> Der Ausdruck und der Hüter wahrer Kunst,
> In der der Himmel sich vermählt der Erde[11].

III

Zurück zu Einzelwirkungen der Form. Die Veränderung des Versmaßes allein könnte ein Gedicht schon auf den Kopf stellen. Goethe zu Eckermann: „Es liegen in den verschiedenen poetischen Formen geheimnisvolle große Wirkungen. Wenn man den Inhalt meiner Römischen Elegien in den Ton und die Versart von Byrons ‚Don Juan' übertragen wollte, so müßte sich das Gesagte ganz verrucht ausnehmen" (25. Februar 1824).

„In den Ton und die Versart." Beides hängt auch sonst zusammen. Ist ein bestimmtes Versmaß gewählt, genauer: haben Versmaß und „Vision" einander gewählt, so wird der Ton dadurch unwillkürlich so stark bestimmt, daß z. B. bei Hexametern plötzlich Götter dem Dichter in die Feder kommen, der sonst den Göttern sehr abhold ist. (Es mag hier freilich auch etwas Tieferes manchmal – sehr selten! – geschehen. – Wenn wir dichten, dichtet immer der Polytheist in uns mit, dieses ältere, kindlich-wundersichtige „homerische" Ich in uns, dichtet nicht nur das „hohe" Gewissens-Ich, der verantwortungswache Monotheist in uns. So Goethes Auffassung[12].) Diese Dinge sind ja heute, obschon in extrem artistischer Form, Gemeingut der Literaten geworden.

Dem Ton nahe ist der Tonfall. Von Novalis bis Fontane (um von Neueren zu schweigen) lesen Sie immer wieder die Faszination des Dichters durch den *Tonfall*, dieses Phänomen, in dem das Sinnlichste und das Geistigste verschmilzt. Novalis und Fontane, so verschieden sie sind, beide wollten sie zeitweilig nur Tonfall schreiben, und oft haben sie gelehrt, daß es nur das „Wie" ist, nicht das „Was", was das Werk macht. (Fontane an Schott am 14. Februar 1897.) Novalis hat bei seiner Schilderung des souveränen Tonfalls des Wilhelm Meister berauscht gesagt, daß hier der Inhalt gleichgültig werde. Jüngst hat Hesse mit klarem Selbsturteil über sein Glasperlenspiel gesagt (das doch gewiß auch ein opus philosophicum sein will), daß darin doch Tonfall, Aufbau und Farbe ebenso wichtig seien wie die Gedanken.

Die vis superba formae kann den „Inhalt", den Verbalsinn der Sätze, auf den Kopf stellen. Denken Sie an Platens Ghasel, an Goethes Äußerung. Sie kann aber auch, besonders wo es sich um „große Form" handelt, wie die bildenden Künstler sagen, sogar den Sinn jedes einzelnen Wortes bis in den

Kern umbiegen, verwandeln, erneuern, aber auch schwächen. Das Wort ist ganz einfach nicht mehr dasselbe Wort, das im Prosatext steht, ist in diese Zeilenreihe zurückzukehren unfähig geworden – obwohl wir Interpreten es doch immer wieder fälschlich zurückzuzwingen pflegen, wenn wir es in die Prosaatmosphäre unseres Kommentars als Bruchstückzitat einschmelzen. So überraschend es klingen mag, ich habe hier nur gesagt, was Dichter schon immer behaupteten, und habe die folgende Briefstelle Rilkes fast wörtlich benützt. An die Gräfin Sizzo am 17. März 22.

„Schreiben zu können ist, weiß Gott, nicht minder ‚schweres Handwerk‘, um so mehr, als das Material der anderen Künste von vornherein von dem täglichen Gebrauch abgerückt ist, während des Dichters Aufgabe sich steigert um die seltsame Verpflichtung, sein Wort von den Worten des bloßen Umgangs und der Verständigung gründlich, wesentlich zu unterscheiden. Kein Wort im Gedicht (ich meine hier jedes ‚und‘ oder ‚der‘, ‚die‘, ‚das‘) ist identisch mit dem gleichlautenden Gebrauchs- und Conversations-Worte: die reinere Gesetzmäßigkeit, das große Verhältnis, die Constellation, die es im Vers oder in künstlerischer Prosa einnimmt, verändert es bis in den Kern seiner Natur, macht es nutzlos, unbrauchbar für den bloßen Umgang, unberührbar und bleibend: eine Verwandlung, wie sie sich, unerhört herrlich, zuweilen bei Goethe (Harzreise im Winter!), oft bei George vollzieht."

Hölderlin hat einmal in einem Brief erzählt, daß er unwillkürlich einen anderen Sinn mit Worten verbinde, wenn er sie im Gedicht verwende, und er hat dabei auch etwas ungläubig gefragt, ob man das auch wohl merken werde, daß ganz schlichte, geläufige Worte dann, auch in einem schlichten Gedicht, etwas völlig anderes meinten als sonst. – Lassen wir uns zur Vorsicht mahnen: Gedichtstellen durch *Prosa-Parallelstellen* aus dem Autor zu erläutern, das kann manchmal eine tückische Täuschung einschließen [13]. Die reinen „Ästheten" haben, trotz ihrer Einseitigkeiten, hier einen glücklicheren methodischen Ansatzpunkt als die meisten „Philologen".

Ein Beispiel

Hier kann ein Beispiel weiterhelfen. Rilke nennt auch das Wörtchen „und". Denken Sie z. B. daran, wie die zweite Strophe von Eichendorffs „Mondnacht" („Es war als hätt' der Himmel / Die Erde still geküßt...") mit der Zeile schließt: „So sternklar war die Nacht." Die dritte beginnt mit den Zeilen:

> Und meine Seele spannte
> Weit ihre Flügel aus...

Dieses unvergleichliche „und" möchte man interpretieren können. Man weiß aber sofort, daß es nicht möglich ist. Man versucht es trotzdem.

Dieses „und", das gewiß nur ein unscheinbarer Auftakt ist und dem keinerlei äußere oder innere Betonung zukommt, ist wie ein kleines Atemholen und Sich-Anschicken. Es ist das erste „und" im Gedicht und das erste epische Wort. (Vorher war alles unbewegtes Bild.) Nach Klang und Sinn trägt es den Beginn einer Handlung. Man fühlt es vielleicht auch als ein „und" zwischen Natur und Ich. Akustisch setzt mit dieser Zeile, vom Vorausgehenden sich abhebend, ein besonderes Legato ein, zugleich eine Stauung, die dann in der Synkope „Weit" gipfelt, Enjambement: „spannte weit". – Die beiden ersten Strophen waren ohne ein ichhaftes Element. Wenn jetzt die Zeile ertönt: „Und meine Seele spannte", so erwartet man das Ungewöhnliche, die Einweihung. Wieso? Die beiden ersten Strophen haben es vorbereitet; wie so oft bei Eichendorff haben sie das nächtliche Naturmysterium des Frühlings beschworen, Hochzeit des Himmels mit der Erde, so, als ob ein uralter Mythos, fremd-vertraut, in unser Dasein eingedrungen und dabei rätselhaft seiner christlichen Verklärbarkeit versichert sei. Aus der zärtlichen Vereinigung („geküßt", „träumen") löst sich dann der Flug. „Sternklar..." hieß es unmittelbar vor unserer Zeile. In diese sakrale Welt tönt nun das „und" (vorher kannte die Satzbildung und Rhythmik des Gedichtes an keiner Stelle die *gebundene* Parataxe). Hinter unserem „und meine Seele" erscheint leise das große „und" des biblisch-epischen Stiles. Keine Frage, daß es für das Ohr des bibelfesten Menschen von damals auch mit diesem Klange tönt. Und keine Frage, daß innerhalb des aufgerichteten sakralen Rahmens das damalige Ohr die Worte „meine Seele" kaum anders hören kann als mit fast frommem Beiklang. Viele Töne treten zum Akkord zusammen. Wie an jeder großen Dichtung haben hier der Polytheist in uns und der Christ in uns einträchtig mitgedichtet. Jedenfalls: Die so simple Wendung „Und meine Seele" ist hier durch die vis formae (angefangen vom Klang und Rhythmus, vom Satzbau, Liedton, bis zum Leben und zur Atmosphäre des Ganzen) vollkommen verwandelt. Die in solchen Fällen übliche Erklärung (die also das Wort wieder zurückversimpelt): „Eichendorff fühlt, wie seine Seele zu fliegen beginnt" ist schon semasiologisch falsch, ebenso biographisch, da „ich" und „Seele" mit dem empirischen Ich des Dichters nichts zu tun haben, wie noch gezeigt werden soll.

Der Versuch ist, wie vorausgesehen, mißglückt. Das „und" bleibt unbegriffen. Eigentlich schämt man sich; und sinnt auf ein Verfahren, wie man deuten könne, ohne zu verletzen. Wir werden dieses Verfahren später bei Hofmannsthals Auslegung einer Egmont-Stelle kennenlernen.

Rilke hat die „Harzreise im Winter" erwähnt, da in ihr wohl eine besonders starke Verwandlungskraft auf die einzelnen Wörter wirkt. „Große Form." Das trifft übrigens z. T. mit Goethes eigenem Kommentar zur Harzreise zusammen. Goethe erwähnt da nicht weniger als drei grundverschiedene Bedeutungen, die das Wort „Liebe" an drei Stellen des Gedichtes habe. Es mag hier auch Außerästhetisches hereinspielen, um einen so ungewöhnlichen semasiologischen Tatbestand zu schaffen (an dem die Interpreten wohl halb und halb vorbeigegangen wären, hätte nicht Goethe darauf aufmerksam gemacht). Unverkennbar aber die vis formae! Sie macht hier also die Bedeutung nicht nur zu einer anderen, sondern auch zu einer ungewöhnlich beweglichen, einer vielfältigeren als in einem Prosatext. Heute sind uns diese Dinge zwar theoretisch geläufig geworden, nachdem wir z. B. Benn öfters seinen eigenen Satz haben zitieren hören: das Wort „Götter" bedeutet etwas anderes im zweiten Vers eines Gedichtes als im letzten. Aber praktisch ziehen wir selten die Konsequenzen, wohl ahnend, daß solche „artistischen" Winke uns eine kaum zu bewältigende Aufgabe zuschieben.

Einer bestimmten ästhetischen Verlockung sollte man aber widerstehen: Man glaubt oft, man interpretiere besonders kunstnah, wenn man alles Historische dabei vergesse, wenn man sich nur, wie man sagt, musisch dem

Ästhetischen öffne. Man druckt z. B. Gedichte ohne Angabe des Verfassers und des Jahrhunderts. Man sollte, heißt es, Gedichte unbefangen lesen, ohne den Verfasser und das Jahrhundert zu wissen. — Man ist aber höchst befangen, so muß man erwidern, wenn man mit einem dem zwanzigsten Jahrhundert gehörigen Ohr alte Gedichte genießt; und diese Gefahr ist, wenigstens für den Anfänger, bei solch unhistorischer Darbietung, fast unvermeidlich. Der Verfassername ist gewiß nicht immer nötig; die Angabe des Jahrhunderts sicherlich immer! Während wir bei der Musik uns schon nach wenigen Takten über den historischen Ort des Werkes klar sind und demgemäß ganz unwillkürlich das „Ohr" jenes Zeitalters annehmen, ist dies bei einem Gedicht manchmal erst nach einigen Strophen möglich und für den Anfänger oft überhaupt nicht. Gewiß gibt es auch hier eine unwillkürliche Adaption des Ohres an einen alten Sprachgeist, auch bei ungeschulten Menschen, aber die Adaptionsfähigkeit ist eben unendlich geringer als bei der Musik. Jedenfalls: Wir müssen das Gedicht mit dem Ohr seines Jahrhunderts hören. Herder, Goethe, Hofmannsthal haben gewiß recht, wenn sie dies mehr oder minder deutlich fordern. Schon aus einem sehr handgreiflichen Grunde:

Viele Worte verändern in schreckenerregender, zugleich tückisch-unmerklicher Weise ihre Bedeutung schon binnen eines Jahrhunderts. Die Sprache gleicht einem minderwertigen „Farbmaterial", das schon nach hundert Jahren in den Galerien stark „nachdunkelt" und unberechenbar dunkle, aber auch grelle Falschheiten schafft. Und was ist alles an kulturhistorischen Tatsachen, Wertungen und Anspielungen in die Worte hineingeschlüpft! In ein Wort wie Schicklichkeit! Unübersetzbar in die Gegenwartssprache! Nur das Einfachste: Heute gibt es fast keine Wetterfahnen mehr auf den Dächern. Vor hundert Jahren klirrten sie überall im Herbst und Winter, Hölderlins: „... klirren die Fahnen."

Nur wenn wir Hörer am Tische des Dichters sind, hören wir richtig. Ein Beispiel aus Hofmannsthal soll uns jetzt zeigen, wie das musische und das historische Verständnis sich verschmelzen können. Darüber hinaus ist es ein klassisches Beispiel einer gewiß lakonischen, aber reichen Interpretation einer Dichtung durch einen kongenialen Dichter bis in das einzelne Wort hinein. Carl Burckhardt hat in seinen Erinnerungen an Hofmannsthal dieses Gespräch festgehalten [14].

Eines Abends im August 1920 „... sprachen wir über letzte Akte ... der Dichter sprach vom „Turm", von der Furchtbarkeit der gestellten Aufgabe. „... aus all dem Furchtbaren muß doch das Versöhnende, die Zukunft herausleuchten, nur dann hat das eigentlich Tragische seinen wahren Grund ... Goethe hat man mit Unrecht undramatisch genannt, gerade weil er unablässig nach den heilenden Kräften sucht, selbst im Furchtbarsten ist das Verhängnis bei ihm so bedeutungsvoll, nie losgerissen, immer als Funktion eines höheren Planes vorhanden; findet es im Menschlichen keine Lösung mehr, so liegt das Erlösende jenseits des Menschenlebens, immer im Bereich der die Welt über dem Abgrund des Nichts haltenden lebendigen Kräfte. Sehen Sie, im „Egmont", da sind die Gestalten ... in ein furchtbares und herrliches Spiel verstrickt, und aus ihrem Handeln und Erleiden ergibt sich letzten Endes immer das höhere Sittliche." So nahm er einen Band Goethe vom Schaft und begann den letzten Akt des ‚Egmont' vorzulesen. Er las mit dem Blick nicht von unten die Figuren hinan, sondern von oben, indem er das ganze Schicksal überblickte, in das sie von ihrem Dichter gebannt waren. Als er zum Monolog kam: „Alter Freund! immer getreuer Schlaf, fliehst du mich auch wie die übrigen Freunde?", konnte er kaum weiterlesen ... Er war da plötzlich in ein Zwiegespräch mit dem Meister hineingekommen, das ihm allzu nahe ging – aber er las weiter ... dann aber, bei der Todesszene Klärchens, mußte er das Buch weglegen, an der Stelle [zu Brackenburg]: „Im Augenblick, da ich die dunkle Pforte öffne, aus der kein Rückweg ist, könnt' ich dir sagen, wie sehr ich dich geliebt, wie sehr ich dich bejammert. Mein Bruder starb mir jung; dich wählt ich, seine Stelle zu ersetzen." – und dann: „Laß mich dich Bruder nennen, es ist ein Name, der viele Namen in sich faßt." Ja, an dieser Stelle war es ... wie er leise dieses „Laß mich dich Bruder nennen" wiederholte ... es ist ein Name, der viele Namen in sich faßt". „Gibt es etwas, was darüber geht?" fragte er „das Letzte, was dem Menschen bleibt dem Mitmenschen gegenüber, das Lösende, das Versöhnende über alle Grenzen, wo das Geschlecht, der laute Tag, das Brennen der Leidenschaften, alles abfällt und nur das Hohe, Reine, Menschliche bleibt, wie Quellwasser mit diesem kühlen Glanz, der alles ankündigt, was zum Ewigen gehört. Ein mißbrauchtes Wort ‚Bruder', ‚Brüderlichkeit', gerade in Goethes Zeit – und wie steht es da, als würde dieses herrliche Wort zum erstenmal geformt von diesen sterbenden Lippen einer Liebenden." Dann faßte er sich wieder mit der ihm eigenen Festigkeit, dieser blanken Raschheit, und sprach viel Denkwürdiges über politische Verhältnisse ..."

Wichtig, wie hier nichts isoliert wird! Da jede Farbe erst durch ihre Nachbarfarbe auf dem Bild sprechend wird, deshalb auch diese Einbeziehung vieler zusammenwirkender Faktoren. Natürlich sammelt der absichtslose Interpret alles Licht auf dem Wort „Bruder". Aber das Wort wäre nicht zu fassen, wenn man es nicht als ein Teilchen im Endgeschehen des letzten Aktes, die Katharsis mittragend, erkennte, wenn man es nicht im psychologischen Zusammenhang – Wahrheitskraft einer sterbenden Liebenden –, wenn man es nicht im rhythmischen Zusammenhang der Sätze und schließlich im semasiologisch-kulturhistorischen Zusammenhang sehen würde („mißbrauchtes Wort": eine ganze Welt liegt in dieser Andeutung). Nun die Kraft des Interpreten: das Viele zum Nicht-Vielheitlichen zu machen, besonders aber: noch über die Geschichte hinaus zu einem Verständnis hinzuführen, dem das mißbrauchte Wort „Bruder" zu einem neuen, vom Staub der Geschichte freien, wird, so wie es eben in der Szene steht; so wie die Kernworte in jeder Dichtung stehen: frisch gebrochen aus dem Steinbruch der Sprache, erschreckend neu, noch nie ausgesprochen zuvor, erschütternd wie die Sache selbst.

Das Psychologische wird bei Hofmannsthal nie vernachlässigt, obschon er natürlich immer weiß, daß eine Dramenfigur eine andere Psychologie hat als ein wirklicher Mensch, weil sie nämlich eine stilisierte Seele hat, wie ja alles im Drama stilisiert sein muß (vielleicht sogar im sogenannten naturalistischen, wenn anders es Drama ist), eine stilisierte Seele, deren Umrißlinie einen im nämlichen Rhythmus stilisierten Duktus hat wie alle Linien, die im Drama vorkommen, die Linien der Satzführung, Szenenführung, Gedankenführung, Handlungsführung und so weiter. Denken Sie nur an die Einheitlichkeit eines Lessingdramas!

Dann das Höchste: Der geistig-sittliche Sinn des Wortes „Bruder" an dieser Stelle wird vom Dichterinterpreten in einem Verfahren erläutert, das uns freilich versagt ist. Er findet das dichterische Bild: „wie Quellwasser mit ... ". So kann man erklären, ohne zu verletzen. Dichtung durch Dichtung. Dieses Verfahren ähnelt Goethes „wiederholter Spiegelung". So hat er z. B. sein berühmtes „Märchen" z. T. gedeutet [15].

Verfahren, das uns versagt ist? Nicht ganz! Denn erstens können wir *dichterische* Parallelstellen um unsere Stelle herumstellen und dadurch die „Spiegelung" herstellen, in der das tertium comparationis, der fast transrationale Kern, aufleuchtet und so dem Leser das erfahrbar wird, was ihm ja durch kein rationales Wort voll mitzuteilen wäre. Im Grunde ist es eine schon immer geübte Urmethode. Jeder Verfeinerung wert! Zweitens können wir das außenherum Faßbare so vollzählig um den „Kern" versammeln, daß dessen Umgrenzung und Charakterkontur sichtbar wird. Dann springt der Blick des musischen Lesers von selbst mitten hinein, und es kann später, in einsamer Begegnung mit dem Werk, die „Zündung" bei ihm eintreten.

IV

Verändert schon jedes Wort im Gedicht seine Bedeutung, so erst recht jedes „ich" und „du". Vergleichsweise ist jedes Gedicht ein Rollengedicht. Da glauben die Leser, „ich" sei Goethe, und „du" Friederike. Biographismus!

Was ist das für ein Phänomen, das die Dichter so erschreckt, daß z. B. Hofmannsthal in den letzten Lebensjahren seine sämtlichen Briefe vernichten wollte, um nur ja „dem läppischen Biographismus keine Nahrung zu geben" [16], so daß also nur der Plötzlichkeit seines Todes der unvergleichliche Genuß und Gewinn der Brieflektüre zu danken ist. Nicht daß die Dichter gegen Biographien wären; sie lesen sie gerne; sie schreiben sogar selbst Dichterbiographien, so Bergengruen die treffliche kleine über E. T. A. Hoffmann. Aber der Biographismus, das ist's.

Biographismus

Die einzelnen Bücher des West-Östlichen Divan sind Zyklen, Ganzheiten, nicht Additionen, sind auf und ab in Atemzügen schwingende, in Gegensätzen spielende und mitunter planvoll sich steigernde *Gedichtreihen*, in denen jedes größere Gedicht seinen unverrückbaren Platz hat und mit seinen Nachbarn im Gespräch steht [17]. Die Gedichte mögen ganz anders entstanden sein; ein Dramatiker schreibt auch oft die eine oder andere spätere Szene *vor* seiner ersten, und selbst, wenn Goethe für den Divan keinen vorherigen Plan, wie ein Dramatiker, gehabt hat, so weiß man ja nicht, ob nicht sein Unbewußtes ihn hatte; jedenfalls steht die Architektur vor uns. Vor einigen Jahren hat nun Korff „die richtige Anordnung" der Hauptgedichte publiziert. Er ordnet sie nach der Entstehung. Das sei bei einem Erlebnisdichter auch die einzig richtige *ästhetische* Anordnung. Warum ordnete Goethe anders? Um das Erlebnis zu kaschieren. Das Liebeserlebnis. Heute braucht man nicht mehr zu kaschieren. Also schreitet Korff zur Tat und stellt den Divan richtig, indem er ihn zertrümmert. Jetzt kannst du ihn, lieber Leser, erst richtig genießen, jetzt hast du die Tragödie des Mannes vor dir. Das ist Biographismus. Er ist häufiger als man denkt. Wer im „Mailied" die elsässische Landschaft vor sich sieht (statt einer gültigen Landschaft, deiner und meiner Landschaft in einem bestimmten Seelenaugenblick), wer in den Römischen Elegien die Blutwärme Christianes verspürt, wer hinter dem Antlitz Suleika das rundliche Gesicht Mariannes auftauchen sieht, ist Biographist. Denn Suleika hat ja kein annähernd rundliches Gesicht, sondern das gültigere Antlitz eines Zauberwesens, das jeden Leser mit den Augen *seiner* Geliebten anzuschauen vermag. So ist es eben in jeder guten Dichtung; wir werden es noch Goethe selbst sagen hören. Und Goethes Liebe zu Marianne? Nun (wenn wir auf diese weniger in die Dichtungskunde als in die Disziplin der Geschichte gehörige Frage antworten wollen), sie ist „aufgegangen", wie die Traube, gekeltert, im Wein; aufgegangen im Liebesgedicht – um Grillparzers Vergleich für das Verhältnis von Natur und Kunst zu gebrauchen. Untergegangen, und auferstanden als etwas ganz anderes. Von der Traube zum Wein, das heißt: Filterung, Reinigung, Vergeistigung, Umwandlung, Verklärung, Gültig-werden, Magisch-werden. Magisch: Sie sehen an den Augen Suleikas, die jeden zugleich anschauen. Verklärung: denken Sie an den *zufallslosen Körper*, den ein großes Werk bildet.

Den Künstler befremdet aber nicht nur die Indiskretion, es erbittert ihn noch tiefer das Verkennen seiner künstlerischen Leistung. Cézanne sprach mit dem Kritiker Vollard über ein Bild von Delacroix, auf dem auch Rosen in einer Vase dargestellt sind. Cézanne meinte, die Rosen könnten nur zufällig dagewesen sein. Beim nächsten Gespräch berichtete Vollard, er hätte in Delacroix' Tagebüchern nachgelesen, die Rosen wären wirklich nur zufällig dagewesen. Da haute Cézanne auf den Tisch und schrie wütend: Es gibt in der Kunst keinen Zufall! Buchstäblich dasselbe Gespräch spielt sich zwischen den Literarhistorikern und den Dichtern seit 100 Jahren ununterbrochen ab. Daß doch eben jedes anregende Wirklichkeitsdetail eingeschmolzen worden ist in den zufallslosen Organismus des Werkes, das können die Dichter mit Recht als ihre besondere Leistung ansehen. Und gerade hier fühlen sie sich *verkannt:* Durch diesen primitiv-dilettantischen Modellglauben. Die Unterscheidung von Biographie und Biographismus dürfte jetzt deutlich sein. Biographismus ist Scheinbiographie, Dilettantismus in Sachen Erlebnis und Dichtung.

Hat uns nicht Goethe selbst zu einem gewissen Biographismus verlockt. Etwa in dem bekannten Wort von den „Bruchstücken einer großen Konfession" [18]? Ist er nicht manchmal sein eigener Biographist? Vielleicht ist es eine der Selbsttäuschungen des schöpferischen Menschen. Oder, noch raffinierter und bei Goethe wahrscheinlicher, eine seiner Masken [19]. D. h. u. a.: eine seiner künstlerischen Sprechensnotwendigkeiten. Die Maske des Bekenners. Sehr artistisch ausgedrückt: unter Benützung des literarischen Genus der Bekenntnisdichtung, die seit dem Pietismus neu aufblüht und sicher die gemäßeste für Goethes künstlerisches Sprechen gewesen ist, spricht hier der Künstler und der Verkünder. Vielleicht. Dies bleibe offen. Wichtig ist hier etwas anderes, nämlich das, was er so unmißverständlich gegen den Biographismus gesagt hat.

Im Alter blickt er gewissermaßen in sein Nachleben hinaus; er sieht die Philologen am Werk. Und da schreibt er (nicht nur an den Adressaten Zelter, sondern sicher auch an uns hier Versammelte) einundachtzigjährig den folgenden vermächtnishaften Satz (27. März 1830): „Ich habe nun noch eine besondere Qual, daß gute, wohlwollende, verständige Menschen meine Gedichte auslegen wollen, und dazu die Specialissima, wobei und woran sie entstanden seien, zu eigentlichster Einsicht unentbehrlich halten, anstatt, daß sie zufrieden sein sollten, daß ihnen irgendeiner das Speziale so ins Allgemeine emporgehoben, damit sie es wieder in ihre eigene Spezialität ohne weiteres aufnehmen können."

Seine „besondere Qual" haben wir ihm redlich vermehrt. Die Wissenschaft darf jedes Opfer fordern. So manches Mal hat Goethe erklärt, daß das empirische Ich des Dichters gar nicht das Ich ist, das im Gedicht sagt: „ich liebe" (z. B. „Hafis" in den Divan-Noten). Es sei doch vielmehr – das meint auch unsere Stelle – das Schöne eines Liebesgedichtes, daß jeder Fühlende dieses „ich liebe" mitsprechen und unter dem „du" sich ein Mädchen vorstellen könne. Das Private des Dichters ist eben zum magisch-gültigen Wort gekeltert, das eines jeden Lesers Gefühle aufnimmt. Deshalb war ja auch Goethe gar nicht streng mit den allerverschiedensten Auslegungen seiner Gedichte. Jeder darf sich in ihnen finden. Streng war er nur, wenn man den Autor in ihnen fand [20].

Wie aber ist denn damit die Grundauffassung des jungen Goethe zu vereinen, die ja im Divan nochmals vergeistigt auflebt: das, was den Dichter macht, sei „das volle, von einer Empfindung übervolle Herz". Wir fragen: *welcher* Empfindung? Schmerz, Freude, Liebe? Drängen sie so heraus, daß sie sich gedruckt sehen möchten (und Dichtung will ja wesentlich zu einem „weiteren" Du – sie könnte ohne diesen Grundtrieb des „Verkündens" wohl auch gar nicht recht entstehen, wie die späten heiterernsten Verse sagen: „Was wär' ich ohne dich, Freund Publikum.") Nein! Je größer die Empfindung, desto weniger! Auch der Dichter gleicht nicht dem Manne, der es gern in alle Rinden einschnitte. Was drängt also? Welche Empfindung? Die Dichterempfindung. Genauer: der drängende Keim, der Gedicht werden möchte. Natürlich sind dem Keim und seinem Wachstum Lebensereignisse hold und abhold. Z. B.: „Das Unzulängliche ist produktiv", so Goethe im Alter, als er der Iphigenie gedenkt, die „ungeschrieben wäre", wenn sein „Studium der griechischen Sachen" nicht damals „unzulänglich" gewesen wäre. Solch Unzulängliches ist also offenbar ein günstigeres Wachstumsklima für den Keim (deshalb nennt es Goethe im damaligen Wortsinne „produktiv", d. h. produktionsfördernd), weil es unter Umständen Anreiz für die Phantasie ist, wie es das genaue Bild und gesättigte Erlebnis wohl nicht mehr in dem Maße ist.

So sind die Dichter gewiß „Selbstverkünder" in jeder Dichtung, und ihr Leben ist es, was sie aussprechen. Aber nicht ihr Tagesleben (Erlebnisse, Krisen, Ehescheidungen), sondern ihr Dichterleben – es sei denn, sie seien Naturalisten. Das Dichterleben ist nun bei Goethe mit dem *wirklichen* Leben z. B. durch folgendes Band verknüpft. Eine im Leben erlittene Verwundung ruft im „Dichterleben", diesem fast vegetativen Bereich, ein Heilkraut hervor. Mit anderen Worten: z. B. durch die keimende und wachsende Wertherdichtung heilt sich die Seele von einer Verwundung und Gefahr. Durch die Marienbader Elegie heilt er sich im Alter. Den Zusammenhang dieser beiden Leben versteht man nur, wenn man ihn als Zusammenhang sehr getrennter Phänomene begreift. Bei anderen Dichtern ganz andere Zusammenhänge: Z. B. daß sich das Leben verzehrt, um das „Dichterleben" zu speisen. – Immer ist das „Dichterleben" das weisere; wenn die Dichter die Feder aus der Hand gelegt haben, sind sie wieder „Philister" (Goethe) [21].

Ich darf einige zusammenfassende Formulierungen, die Hermann Bahr, gewiß vor allem aus Gesprächen mit Hofmannsthal, gefunden hat, zum Abschluß benützen [22]. „Das Kunstwerk ist Mitteilung eines Unmittelbaren, aber es ist daneben auch noch manches andere; es nimmt Züge des Menschen an; es ist nebenher auch ein Ausdruck des Menschen; man kann immerhin, wenn Holz verbrennt, die Flamme seinen Ausdruck nennen, weil sie, je nach dem Holz, verschieden brennen wird. Daß der Laut, den der Künstler von sich gibt, irgendwie mit seinem Leben zusammenhängt, wird niemand leugnen, wenngleich gerade in den höchsten Kunstwerken das Persönliche des Künstlers fast völlig überwunden scheint, und, vergleichen wir Person und Werk miteinander, im Werk gerade dort, wo es uns am mächtigsten ergreift, etwas erscheint, was in der Person offenbar nicht erscheinen kann und ebendarum vielleicht sie nötigt, ihm durch ein Werk zur Erscheinung zu verhelfen. Ja selbst jene Kunst, die von allen noch am meisten an die Person gewiesen, an die Person gebunden scheint, *selbst die Schauspielkunst* läßt in ihren reinsten Augenblicken die Persönlichkeit des Schauspielers verschwinden, sie zehrt ihn auf: die Duse war nie größer, als wenn sie dann auf einmal gar nicht mehr die Duse war. Solange wir im Kunstwerk nur einem Menschen begegnen, ist es noch gar kein rechtes Kunstwerk. Erst wenn darin das Faktum [biographisch von Bahr gemeint] wie die Person ganz erloschen und beide ganz zu nichts als Magie geworden sind, ist ein vollkommenes Kunstwerk da – was sich in der Dichtung daran erkennen läßt, daß das Wort nicht mehr redet, nur noch gestaltet, nicht mehr nur bedeutet, sondern „ist"; in der Malerei daran, daß die Farbe nur noch als valeur wirkt."

„Wenn in der Werkfolge eines Dichters düstere opera kommen, so heißt es gleich: jetzt sei der Dichter düster geworden, wohl durch ‚Schicksale'. Solcher Konstruktion bleibt es unbekannt, daß ein Dichter beim Dichten Dinge wissen kann, die er in Person nicht weiß." Man darf aus dem Divanbuch „Hafis" die Verszeile einschalten: „Er versteht nicht, was er sagt" (Anklage). „Es bleibt ihr zweitens unbekannt, daß ein Dichter durch sein Gedicht innere Zustände mitteilen kann, die er persönlich niemals erfahren hat... Was Talent ist und daß es über des Menschen, auf den es sich niederläßt, innere Verfassung zunächst noch gar nichts sagt –, daß Ausdruck des Edelsten auf gemeinem Grunde wachsen kann und daß die spaßigsten Komiker meistens gemütskrank sind, scheint niemand mehr zu wissen [23]."

V

Ich habe mit Absicht etwas bei Goethe verweilt. Hier glaubt man es am wenigsten, daß das Erlebnis und vielleicht das „Modell" nicht Grund und Kraft gewesen sei. Daß z. B. die eigentlichen Artisten mit dem sogenannten Erlebnis nicht viel zu tun haben, ist ja bekannt. [Weinhebers Gedicht „Im Grase" scheint dem Laien ganz aus der Erfahrungsecke „im Grase" hervorgegangen und von daher seinen Duft empfangen zu haben. Aus dem Sammelband der Freunde Weinhebers ersehen wir heute, daß das Gedicht „lediglich" vom Sprachlichen her, und zwar inspiriert durch zwei Verszeilen eines ihm bekannten Schriftstellers und besonders einen Reim, den er übernimmt, entstanden ist. Nach Abschluß hat Weinheber in einem botanischen Fachbüchlein nachgesehen, ob alle die Blumen und Kräuter, die das Gedicht nennt, wirklich zur selben Zeit auf einer Wiese sein können. Nur ein blutiger Laie wird ein solches Verfahren verurteilen können, obwohl es mir am Schluß zu botanisch ist.] Einer der namhaftesten deutschen Lyriker unserer Tage benützt ein Reimlexikon. Wer dagegen etwas sagt, muß noch mehr gegen den bedeutenden Philipp von Zesen sagen, der ja ein solches zur „Beförderung" der Dichtkunst verfaßt und veröffentlicht hat. Es bedeutet nichts anderes als der Proportionszirkel dem Architekten. Legitime Hilfe. Wenn nur die Hand, die den Zirkel führt, kunstsicher ist! Wenn nur das Sensorium führt, nicht das mechanische Rezept!

Wir sind an eine Grenze gekommen. Der Maler, der Musiker, der Baumeister, sie dürfen, sie sollen Artisten sein. Mit ihrem Material, den Farben, Tönen, Steinen, können sie so beweglich umspringen, wie sie wollen, wie es die Kunst fordert. Mit Worten umspringen – das heißt fast schon: mit seiner Seele umspringen. Dieses „Material", die Sprache, ist eben doch nicht ganz „Material", ist moralisch-unbeweglicher an die Seele gebunden, der es entstammt, es muß daher geradherziger „kommen" als die Farben und Töne, die rücksichtsloser behandelt werden können, weil sie nicht beseelt sind, sondern erst beseelt werden. Worte sind schon beseelt, bevor sie Kunst werden. Deshalb die Angst des wahren Dichters vor der leeren rhetorischen ars (selbst des großen „rhetorischen" Barockdichters – der vielleicht dadurch groß ist, daß er die Rhetorik zugleich verwendet und aufhebt).

Ein erklügeltes Wort ist schrecklich wie ein erklügelter Blick. Schön machen kann man ein Gedicht so wenig wie den Blick seiner Augen oder wie die rasche Gebärde. Dichtung ist Hauch (Goethe). Auch als geformtes Ding! Hier sind wir bei unserer letzten Betrachtung angelangt: der Korrektur des Bisherigen. – Sie wissen, im Gegenschlag zur hochgezüchteten Artistik des Barock und Nachbarock (z. B. der Anakreontik) ist alles schon ausgesprochen worden [24]. Es gilt die Antinomie *auszuhalten:* 1. Das Dichtwerk ist Kunst (also etwas Ziseliertes); 2. das Dichtwerk ist Hauch (also etwas Unmittelbares). Dies sind nicht meine Worte. Hören Sie jenen Goetheschen Zweizeiler, den Goethe bedeutungsvoll genug der Abteilung „Kunst" seiner Gedichtsammlung vorangestellt hat, den Zweizeiler, dessen erste und zweite Zeile fast antinomisch zueinander stehen und stehen müssen, um die Wahrheit auszusagen:

Bilde, Künstler, rede nicht!
Nur ein Hauch sei dein Gedicht!

Die erste Verszeile faßt alles zusammen, was wir früher über Form gesagt haben. „Bilden": Modellieren. Die zweite, geheimnisvollere Zeile meint: Wenn du singst, dann mußt du singen, „wie es dir aus der Seele steigt"; anders ist es übrigens auch im Reich der Vollkommenheit, im Himmel, nicht möglich; in dem eben dieser Satz zum Dichter gesprochen wird: nämlich im „Paradies" des Divan.

Der letzte leidenschaftliche Vertreter jener Anti-Artistik war bei uns Franz Werfel. Gewiß hat er Direktheit oft mit Schlampigkeit verwechselt, gewiß war sein Gefühlsausdruck auch schwelgerischer Selbstgenuß (mitunter erhitztes Schauspielerpathos), gewiß war sein größter Feind seine Geschicklichkeit im Machen – wie sie ja überhaupt der Urfeind und das Urgegenteil der Dichtergenialität ist. (Anders in den übrigen Künsten!) Und doch liegt etwas Vorbildliches in seiner dichterischen Grundhaltung, wie sie freilich erst in seiner Spätzeit hervortritt und nie völlig rein, in dieser im Kampf mit der Artistik errungenen Grundhaltung. Hier sei wenigstens auf zwei winzige theoretische Äußerungen Werfels hingewiesen, die jene von Herder kommende Linie glücklich und gegenwartsgerecht fortsetzen. Sie stehen in den Theologumena (Zwischen oben und unten. 1946). Für die erste Äußerung vergegenwärtige man sich, daß die Pointe, die elegante Zuspitzung ein gewisses Stilprinzip fast aller Artisten gewesen ist und daß besonders die Anakreontik die Schlußspitze des „Witzes", diese geistig-sprachliche Modellierung und Übermodellierung, geliebt hat.

„In der Pointe bricht die Sprache der Wahrheit die Spitze ab." (S. 325).
„Beredsamkeit, syntaktische Geschicklichkeit, geschmeidige Sprachbeherrschung, erregt durchaus nicht unsere Bewunderung, sondern vielmehr unsere Verlegenheit, als wäre man Zeuge einer käuflichen Unkeuschheit." (S. 330).

Das Wesen der Sprache wird dann nicht nur ethisch, sondern (Hamann, Böhme) religiös begriffen: sie ist Nachhall des „Heilig!" der Engel. Jedenfalls, sie ist kein Material oder Instrument.

Von Hamann bis Werfel reicht eine Linie der Artistenbefehdung, besonders als Einsicht in das Wesen der Sprache (George ist der von Werfel besonders Befehdete). Auch wenn du verbesserst, die *Korrektur* muß dann der neue „Einfall", das neue Gelingen sein. Aufmerksamkeit auf den Akt kann stören. Rem tene; verba sequuntur. Die *verstandesmäßige* aufmerksame Verbesserung, sie ist oft schwer möglich. Jeder nachträglich eingesetzte Strich steht kalt, scharf, unmelodisch in der Zeichnung, *wenn* es nicht gelingt, in den schöpferischen Augenblick selbst zurückzuschlüpfen und von daher traumwandlerisch zu sehen, nein, körperlich zu fühlen, was recht, rhythmisch ist. Der Lyriker Goethe konnte fast nie zurückschlüpfen, wie er selbst gesteht. Aufs erstemal oder nie mehr! (Zu Boisserée 8. August 1815). Selbst im Goethe-Schiller-Briefwechsel manchmal die Überzeugung von der Unüberholbarkeit, Unkorrigierbarkeit des ersten, fast bewußtlosen Wurfes. Verbessern? Ja; aber die eigene Person! Nicht den wirklichen Fund!

Die hier überall angelegte Paradoxie gestaltet sich später (zuallerletzt bei Werfel) folgendermaßen aus. Sprache ist etwas unantastbar intim Ursprüngliches, beinahe etwas Heiliges. Sie muß dadurch geehrt werden, daß sie im Kunstwerk spontan „gehaucht", „improvisiert" wird. Sie ist schon in unserer Klassiker-Ästhetik nur untergeordnetes „Vehikel". Da also, in gefährlicher Weise, das Sprachhandwerk verneint wird, haben sich begreiflicherweise Irrtümer und in der Praxis Schlampereien angeschlossen. Wie konnte es anders sein, da z. B. schon Goethe selbst den Irrtum ausgesprochen hat, was von einem Lied bleibe, wenn man es in Prosa übersetze, dies sei das Wesentliche (glücklicherweise hat er manchmal auch das Gegenteil gesagt) und da er fast nie über dem Blatt gebrütet, sondern (wenigstens die Prosa) nur zügig diktiert hat!

Ein Beispiel kann alles klären. Emil Staiger hat Kleists Geschichte vom Bettelweib von Locarno interpretiert, es ist eine seit ihrem Erscheinen geehrte Interpretation, und er hat dabei die Handlung kaum eines Blickes gewürdigt. Es ist nur der Sprachstil, der ihn fasziniert – und jedem modernen Leser wird es ähnlich gehen –, nur besonders die dramatisch-syntaktische Meisterschaft Kleists findet eine glänzende Würdigung. Was Kleist uns in der Novelle sagen wollte, das habe er uns nicht mit den Vorgängen (das habe er uns also z. B. nicht mit dem schauerlichen Ende, aber auch nicht mit den m. E. meisterhaft knapp gezeichneten Charakteren) gesagt, das habe er uns nur über seinen Sprachstil vermittelt. Das Erzählte, so sagt Staiger wörtlich, „ist weiter nichts als eine Schauermär, wie sie die Bänkelsänger vorzutragen lieben", unscheinbar und anrüchig. Bei solchem Stoff zeige sich nun triumphierend die artistische Kraft. Aus einem unscheinbaren und banalen „Thema von vier Tönen" ist ein wohlgewebtes, dramatisches Musikstück herausgesponnen. Staiger hat wie ein großer Pianist neuartistischer Schule interpretiert: die Geschichte als artistische Leistung Kleists, und er findet hohe Worte der Bewunderung für die Einheit, Folgerichtigkeit und bannende Kraft dieses Sprachstils.

Ich will Ihnen nun Kleists Meinung über solche Betrachtung von Dichtung vorlesen; sie findet sich in dem „Brief eines Dichters an einen anderen":

„... Jüngsthin, als ich dich bei der Lektüre meiner Gedichte fand, verbreitetest Du Dich, mit außerordentlicher Beredsamkeit, über die Form und ... rühmtest mir auf eine Art, die mich zu beschämen geschickt war, bald die Zweckmäßigkeit des dabei zum Grunde liegenden Metrums, bald den Rhythmus, bald den Reiz des Wohlklangs und bald die Reinheit und Richtigkeit des Ausdrucks und der Sprache überhaupt. Erlaube mir, Dir zu sagen, daß Dein Gemüt hier auf Vorzügen verweilt, die ihren größesten Wert dadurch bewiesen haben würden, daß Du sie gar nicht bemerkt hättest. Wenn ich beim Dichten in meinen Busen fassen, meinen Gedanken ergreifen und mit Händen, ohne weitere Zutat, in den Deinigen legen könnte: so wäre, die Wahrheit zu gestehen, die ganze innere Forderung meiner Seele erfüllt. Und auch Dir, Freund, dünkt mich, bliebe nichts zu wünschen übrig... Nur weil der Gedanke" – und er meint mit „Gedanke" natürlich das, was wir heute als die „Vision", das eigentlich Auszusagende, zu bezeichnen pflegen – „nur weil der Gedanke, um zu erscheinen, mit etwas Gröberem, Körperlichem verbunden sein muß, nur darum bediene ich mich, wenn ich mich Dir mitteilen will, und darum bedarfst Du, um mich zu verstehen, der Rede. Sprache, Rhythmus, Wohlklang usw.", das sei alles doch nur, so fährt Kleist leidenschaftlich fort, ein umständliches, wenn auch schönes Transportmittel, um meine Vision und meinen Drang aus meiner Brust in die Deine hinüberzubringen. Kleist sagt nicht direkt ‚Transportmittel' (ich ziehe den Gedanken zusammen); er sagt es noch erstaunlicher: alle Form sei ein ‚natürlicher und notwendiger Übelstand'. Gewiß, so fährt er fort, „ich bemühe mich aus meinen besten Kräften, dem Ausdruck Klarheit, dem Versbau Bedeutung" zu geben – das bedeutet wohl: ich bemühe mich, meine „Vision" zu versinnlichen, so daß das Sinnliche Verweis, Symbol wird (das meint das Wort ‚Bedeutung' damals), und natürlich alles so klar architektonisch und so einleuchtend wie möglich zu gestalten –, ich bemühe mich, fährt Kleist fort, „dem Klang der Worte Anmut und Leben zu geben: aber bloß, damit diese Dinge gar nicht, vielmehr einzig und allein der Gedanke erscheine. Denn das ist die Eigenschaft aller echten Form, daß der Geist augenblicklich und unmittelbar daraus hervortritt, während die mangelhafte ihn ... gebunden hält und uns an nichts erinnert, als an sich selbst [25]."

Kleist fingiert eine Versdichtung. Er hätte, bei dem scharfen Schnitt zwischen Prosa und Vers in aller damaligen Ästhetik, seinen Freund noch herber gescholten angesichts einer *Prosadichtung,* in der natürlich der Inhalt, der „Gedanke", das Erzählte (und die dadurch vermittelte eigentliche „Vision" des Schöpfers) noch vordringlicher entgegenspringen muß. Man hat mit Recht gesagt, daß die Probe darauf, ob der Bau einer Novelle gelungen sei, die mündliche schmucklose Weitererzählung bilde. Man fasse den Inhalt des „Bettelweibes" scharf ins Auge, und man bemühe sich dann, diese geheim symbolträchtige Geschichte weiterzuerzählen. Es *bleibt* ein faszinierender Handlungskern übrig, deutbar-undeutbar, unvergeßlich, wie bei einer echten Geschichte. Nicht der Inhalt eines Bänkelsängerliedes. Den Handlungskern dieser Geschichte haben Hoffmann, Eichendorff, Grillparzer geschätzt.

Wie theoretisch tiefblickend Kleist ist, enthüllt dann die Fortführung des „Briefes". Ich fasse zusammen: Es ist wie beim Gespräch zwischen Freunden. Wenn mitten im wärmsten Gespräch über ein tiefes Thema ein Gesprächspartner plötzlich sagt: Den eben gesprochenen Satz hast du so glänzend gestaltet (dieser Periodenbau!), daß ich dich loben muß; und *Dein* Stil ist's bis in die Wortwahl und bis in die letzte Kadenz hinein, dann sind wir doch peinlich erschrocken über unsern lieben entgleisten Freund und bringen ihn schnell wieder zur Sache zurück, zu dem Punkt, bei dem die Diskussion angekommen war, als er entgleiste. Wenn man sich mit dem Dichter unterhält, darf man auch nicht in dieser Weise entgleisen. Ich habe Kleists Worte natürlich modernisiert, entstellt habe ich sie nicht im mindesten. Kleist fordert am Schluß vom Freund, daß „Du dem Geist, den ich in die Schranken zu rufen bemüht war (den ich also in die Dichtung hineinbeschworen und damit in unser „Gespräch" gestellt habe) Rede stehen und *grade wie im Gespräch,* ohne auf das Kleid meines Gedankens zu achten, ihm selbst mit Deinem Geiste entgegentreten" sollst [26]. Kleists Fazit: Sprache will nicht beachtet werden; nur dann fühlt sie sich wohl. Sie will unbewußt vom Leser genossen werden; nur dann entfaltet sich ihre ganze Kraft. Erst wo sie versagt, wird sie merkbar und Kritikgegenstand. Die extreme Position Kleists: Er rückt die Dichtersprache ganz nahe an die vorkünstlerische Sprachfunktion heran. Warum? Dichten steht der geistigen Ursituation noch ganz nahe, dem Ge-

spräch. Es ist menschlicher, und damit weniger ars als die übrigen Künste.
Eine weitere Antinomie liegt nahe. Sie erinnern sich: Dichtung sollte nicht Botschaft oder gar Predigt sein; nur Bau, Vollkommenheit! Jetzt heißt es: Botschaft! Und Klarheit des Baus ist nur Mittel!
Jetzt verstehen wir das Unbehagen, das wir an jenen versgeborenen Göttern hatten oder an jenem botanischen Fachbuch. Oder das Unbehagen, das Sie vielleicht bei Bahrs Behauptung von der Irrelevanz der Persönlichkeit vor der einströmenden „Gnade" des Schaffens verspürt haben. Das ist nun durchsichtiger und fraglicher geworden. Noch eine Beobachtung! Sie werden es wohl selbst schon empfunden haben: Wahre Dichtung sollte nicht nur formstreng, gemeißelt sein; sie muß gleichzeitig etwas atmend Werdendes, jetzt im Augenblick erst Geschehendes, sie muß einen Duft des Improvisierten (ja des Tastenden, des Ungeregelten) tragen. Das, was man in der praktischen Alltagssprache als „formvollendet" bezeichnet, verträgt sich nicht recht z. B. mit Lieddichtung, wie wir sie seit Herder und Goethe verstehen. Auch hier vervollständigt sich uns unsere Antinomie – wenn Sie sich an das über strenge Form früher Gesagte erinnern. – Mit einem bewundernswerten Griff des Ausdrucks hat Goethe die Doppelnatur aller Dichtung, das Morgendliche, Schwankende, erst „Werdende" des Sprachhauchs und das fertiggeschmiedete, leuchtende So-und-nicht-anders der Form in *eine* Verszeile gepreßt: „Aus Morgenduft gewebt und Sonnenklarheit", in der programmatischen „Zueignung".

Dichter und Leser: das Verhältnis wird richtig begriffen, wenn es, wie bei Kleist, als Gespräch gefaßt wird. Auch Lesen sollte *eigentlich* Gespräch, ausgetauschte Wechselrede mit dem Dichter sein. Drucken und Lesen ist zwar nur eine verdünnte, abgeleitete Form von Gespräch, aber alle Gesetze und Regeln für ein gutes Gespräch (denken Sie an Kleists „Brief") gelten auch hier. Also auch fürs Interpretieren. Die Ursituation wäre es, am Tisch mit dem Dichter zu sitzen, der uns seine Geschichten erzählt und mit dem wir in ein lebendiges Gespräch geraten [27]. Und deshalb ist es schlimm, daß Dichter und Forscher so lange Zeit miteinander nicht recht haben sprechen wollen. Meine Auswahl der Zeugnisse war vielleicht willkürlich; ich habe die verständlichsten und befolgbarsten gewählt. Man wird nicht fertig. Und selbst wenn man fertig würde – Goethe nennt das Vortreffliche öfters „unergründlich" – „man mag damit anfangen, was man will".

Anmerkungen

[1] Trunz hat in den Bänden der Hamburger Goethe-Ausgabe ihn immer wieder mit klarem Wertgefühl zitiert.
[2] Mit manchen Punkten seiner Lehre setzen wir uns hier später (vgl. S. 18) auseinander.

³ „An jedem Kunstwerk gibt es Dinge, die niemand als der Kunstgenosse verstehen, ja niemand als er wahrnehmen wird. Man findet sie bei Eichendorff nicht weniger als bei Platen, von der Malerei ganz zu schweigen. Wo sie gänzlich fehlen, da wird auch für die exoterische Annäherung nicht viel zu gewinnen sein." W. Bergengruen, Berliner Hefte 1946 Nr. 5.

⁴ Auch der Dichter ist „angewiesen". Im Folgenden sein Wunschtraum vom idealen Kritiker, seinem lebenswichtigen, ständigen „Korrektiv". (Das kommende Zitat, aus einem modernen Roman – dessen Verfasser wir erst gegen Schluß unserer Arbeit, wo er uns entscheidend begegnen wird, verraten wollen –, ist übrigens einer langen, sozusagen eingeschalteten Ich-Erzählung eines „Schriftstellers" entnommen, der von seinen allsommerlichen Landaufenthalten bei einer befreundeten kunstoffenen Familie mit Wärme erzählt, mit einem Schwung, der sich selbst dichterisch zu genießen in liebenswürdige Gefahr gerät.) „Ich erinnere mich, daß mir dort einmal Stifters berühmte Schilderung der Sonnenfinsternis von 1842 in die Hand fiel. Nach Tisch las ich die wenigen Seiten vor. Bei der schönsten Stelle, jener, wo das ‚bleifarbene Lichtgrauen' überwunden ist, ‚die Dinge wieder Schatten geben, das Wasser wieder glänzt und die Bäume grün zu werden beginnen', warf ich einen Blick in die Runde. Unvergeßlich für immer wird mir der Ausdruck auf dem Gesichtchen der kleinen Doris bleiben, die damals noch keine dreizehn alt war. Dieses Zuhören an sich . . . dieses gespannte Versunken- und Hingegebensein, dieses ruhevolle Eintrinken der geistigen Schönheit . . . es war einer jener seltenen Augenblicke, in denen man um eines solchen Gesichtes willen von erschütternder Menschenliebe . . . erfaßt wird. – Was Zuhörer wie die A. für einen Mann des Wortes bedeuten mußten, das wird jeder verstehen. Ich ließ keine Zeile drucken, ohne sie ihrem Urteil zu unterwerfen. Und dieses Urteil erfloß weniger aus den nachfolgenden Gesprächen, es ergab sich im unbestechlichen Kaltbleiben oder Warmwerden während meines Vortrags. Dieses Auf und Ab ihres Zuhörens bildete gewissermaßen ein Fixierbad, in welchem sich Gelingen oder Mißlingen, Sauberkeit oder Fleckenhaftigkeit meines Produkts unnachsichtlich entwickelten." Also der Urakt: das „Wertnehmen". Darauf baut alles. Genau so einfach sehen fast alle Dichter, alle Künstler diesen der Wissenschaft so schwierigen Urakt. Ohne hier zu erörtern darf ich die Künstlermeinung zusammenfassen, indem ich wiederzugeben mir erlaube, was mir einmal Emil Preetorius gesagt hat: „Wertfreies Erfassen: wertloses Erfassen! Wer nicht ‚Qualität' spürt, spürt überhaupt nichts, und mag er noch so gut datieren und zuweisen können! Selbst das bekannte ‚Fehlurteil' ahnt mehr als die wertfrei-museale Pseudowissenschaft!" (In diesem Sinne ist zum Beispiel durch den scharfen Erweis des „Opferganges" Bindings als eines „Grenzfalles zwischen Kunst und Kitsch" – J. Pfeiffer in „Die Sammlung" 1952 – unsere Wissenschaft gesünder gefördert und die Spannung der Lager wirksamer gemindert als durch die übliche Behandlung.)

⁵ Grillparzer an die Kritiker seiner Zeit (das Gedicht ist „Ästhetisch" überschrieben): „‚Romantisch', ‚klassisch' und ‚modern' / Scheint schon ein Urteil diesen Herrn/ Und sie vergessen in stolzem Mut / Die wahren Gattungen: schlecht und gut." – Man wird einwenden: Aber das Werturteil ist doch das Schwierigste, das Letzte. Gewiß theoretisch! Praktisch aber ist die „Wertnahme" das unausweichlich Erste.

⁶ Kennt man die damalige Literarhistorie, so wird man den heutigen Dichtern nicht ganz das Recht zu ähnlichen Emotionen absprechen.

⁷ In der dem Vortrag folgenden Diskussion erzählte Herr Levinstein die Anekdote: Ein Literarhistoriker fragt R. Strauß: „Sagen Sie mir, verehrter Meister, warum haben Sie nie ein Gedicht von Rilke vertont?" Strauß: „Aber, lieber Professor, das müssen doch Sie *mir* sagen!" (Man wird die Obertöne der Ironie nicht verkennen.) – Ein instruktives Beispiel für das Verhältnis von Dichter und Interpret

ist in Wirkendes Wort I/5 die Interpretation einer Bergengruen-Novelle durch Erich Hock und die Antwort des Dichters auf die Interpretation. Dabei deutlich die Blickbehinderung des Dichters für sein Kind – er weiß von ihm zu viel und zu wenig – und die größere Blickfreiheit des Interpreten, der entdeckt, was der Vater an seinem Kind nie gesehen zu haben zugibt, und zwar erfreut zugibt. Jene Blickbehinderung wird oft nicht genug beachtet (z. B. von Boeckmann).

[8] Minima moralia, 1951, S. 430.

[9] Der „Schrei" ist es z. B. auch am Ende des Tasso, der zum Gesang werden wird, „... zu sagen, wie ich leide".

[10] Der Begriff der „offenen Form" spielt in den Erörterungen der Dichter, aufs ganze gesehen, eine untergeordnete, unklare Rolle. Eben da er selbst ein etwas unklarer Begriff ist und sicher nicht wörtlich verstanden werden kann. Alles, was zu seinen Gunsten in einem bestimmten kleinen Zeitabschnitt unserer Literatur verhandelt und geplaudert worden ist, findet sich in Strichs „Klassik und Romantik" gesammelt.

[11] Ergänzungen: Über Form und Tiefe in unserer Zeit das Beste bei Hofmannsthal, z. B. im „Buch der Freunde": „Die Tiefe muß man verstecken. Wo? An der Oberfläche." – „Wir vermögen nur die Gestalt zu lieben, und wer die Idee zu lieben vorgibt, der liebt sie immer als Gestalt. Die Gestalt erledigt das Problem, sie beantwortet das Unbeantwortbare." – Zu Grillparzers Wort „Die Form ist göttlich, denn sie schließt ab ... ". ein Hinweis:

„Was hier wir sind, kann dort ein Gott ergänzen ... " (Hölderlin). Der Mensch muß „ergänzt" werden; das Kunstwerk ist ganz. Der Mensch möchte erhört und „angeschaut" werden. Das Kunstwerk aber, das sich in sich rundet – wie der in sich zurücklaufende Fries auf Mörikes runder Lampe, diesem Symbol des Kunstschönen: schwebend, kreisrund, kindlich-ursprünglich und vergangenheitsschwer zugleich usw. –, das Kunstwerk also, das dabei doch die Unfertigkeit des Menschen darstellend enthüllt, so als Tragödie, *bedarf keiner* „Erhörung", wie der Mensch, keines Blickes, der seiner achtet.

Ein Kunstgebild der echten Art. Wer achtet sein?
Was aber schön ist, selig scheint es in ihm selbst.

Da also dem Menschen das Kunstwerk ein Rundes, ja ein in sich „seliges", d. h. götterähnliches Lebewesen (makar, autark) zu sein scheint, heißt's: „scheint ... " – um auf das vielerörterte Wörtchen einzugehen. Im Parlando-Ton dieses Gedichts ist nur „scheint" möglich, nicht „ist". Obertöne im Wort zeigt die Interpretation Staigers (Neophilologus XXXV) und die anschließende Diskussion.

Zum Formproblem wesentlich Staigers Aufsatz über Gluck („Musik und Dichtung" 1947). Für die Deutung von Platens Ghasel sind wir dem Hinweis von Joh. Pfeiffer in seinen „Wegen zur Dichtung" (1952) S. 19f. verpflichtet.

[12] Diese Auffassung Goethes habe ich in der Goethe-Gedenkausgabe (bei Artemis) IX, S. 744 darzustellen versucht.

[13] „Verse und Prosa sind zwei verschiedene Wesen und ohne Verbindung miteinander, und dasselbe in Prosa und in Versen sagen, heißt nicht die gleiche Sache sagen." Ch. Péguy: Pensées, deutsch Düsseldorf 1951, S. 54.

[14] Reden und Aufzeichnungen 1952; z. T. wiedergegeben auch in H. A. Fiechtner: Hofmannsthal im Spiegel der Freunde. Wien 1949.

[15] In der Goethe-Gedenkausgabe IX, 735f. habe ich dies zu zeigen versucht.

[16] Vgl. seinen Brief an Ruth Sieber-Rilke in der Corona X, 6.

[17] Für das Buch Suleika hat dies soeben ausgezeichnet Carl Becker gezeigt in der Festschrift für Karl Reinhardt 1952.

[18] Hofmannsthal hat sich früh dagegen gewendet, daß hier Konfession Beichte

von Erlebnissen bedeuten könnte. Er bekennt sich, d. h. sein Gültiges, **nicht sein Privates**. So muß es wohl sein. Denn die Scham, so meint Hofmannsthal, ohne die das Schöne auch in der Kunst nicht möglich sei, könne doch nicht die Kundgabe des Intim-Innerlichen zulassen, wo kein Beichtiger sei. Das tausendköpfige Publikum ein Beichtiger. Dann wäre Beichte etwas Unappetitliches. Gewiß bedenkt Hofmannsthal nicht, daß Goethe eigentlich „mit Gott spricht" (oder so vermeint). Aber er hat mit Recht die landläufige Auffassung der „Konfession" zurückgewiesen. Etwa auch mit dem Aphorismus: „Die Scham, von seinen eigensten Verhältnissen zu jemand reden zu wollen, ist eine Selbstwarnung des Gemütes; in jedes Geständnis, in jede Darstellung schließt sich leicht die Verzerrung ein, und aus dem Zartesten, Unsagbaren wird im Handumdrehen das Gemeine." (Buch der Freunde.) Übrigens versteht Goethe unter „Wahrheit" im Titel seiner Autobiographie keineswegs Wirklichkeitsbericht (am wenigsten über seine intima), vielmehr das „Grundwahre", Gültige aus seinem Leben, wie er den Titel am 15. Februar 1830 an Zelter erläutert.

[19] Über Goethes Masken zuletzt H. Pyritz (hinausgehend über sein früheres Buch): ‚Goethes Verwandlungen' 1949.

[20] Da die Dichter zwar gegen jede Formverkennung sehr empfindlich, aber gegen Auslegung des Inhalts, besonders des gedanklich-philosophischen, weitherzig zu sein pflegen aus innerer Einsicht in die Vieldeutigkeit, sprechen wir gern das Wort von Dilthey nach, der mehr als einmal von „jener Unendlichkeit eines dichterischen Werkes, der gemäß sein Gehalt durch ganz verschiedene begriffliche Auslegungen ausgedrückt, durch keine erschöpft werden kann", gesprochen hat. Ein Grundprinzip für das Erschließen von Dichtungen! Niemals kann es eine völlige Entschlüsselung geben, obschon sicher wahre und falsche Deutungen, wenngleich immer mehrere wahre. Denn der Kunst gemäß ist stets der „schwebende Hinweis", wie es z. B. J. Pfeiffer ausführt.

[21] Das „Dichterleben" ist „weiser"; aber nur, weil es sich nicht vom Philisterleben aufklären läßt, weil es recht eigenständig bleibt.

[22] „Sendung des Künstlers". Leipzig (Insel) 1923.

[23] „Er versteht nicht, was er sagt." Im Gelände, das er nicht kennt, besitzt der Dichter für sein Vorgehen einen Ariadnefaden besonders in der quasiorganischen Artung, jener erwähnten Form-Logik des Werks, mittels derer „ein Wort das andere gibt". Aus den unzähligen Parallelstellen zu dem Divan-Zitat seien hier nur zwei allerneueste herausgegriffen, die ausgerechnet von poetae docti stammen, also von solchen, die doch nach der üblichen Auffassung zu „verstehen" scheinen, was sie sagen. Bergengruen: „Im dichterischen Prozeß werden Dinge ausgesagt, die weit über das geistige, weit über das seelische Vermögen des Aussagers hinausgehen können. Dieser ist er selbst, er ist es im allerhöchsten Grade und ist doch zugleich ein Nichtselbst, ein Sprachrohr, ein Filter. Bilder und Worte machen sich selbständig ... Der Dichter soll fortgerissen werden ... durch die Worte, die er erschafft und die dennoch aus einem ihm unzugänglichen Abgrunde fließen. Aber wie weit darf er es wagen, sich diesem Strome anzuvertrauen? (Das Geheimnis verbleibt, 1952, Seite 123f. Dieser Band faßt die meisten seiner theoretischen Äußerungen zusammen.) – Peter Gan reizvoll prägnant: „Geh, laß dein Lied sich selber singen ... Sei ganz bewußt und ganz befangen, Ganz ungefähr und ganz genau ... Ganz Seher: blind und selige Schau" (Die Hollunderflöte, 1949).

[24] Natürlich wird man die etwas engere Bedeutung des Wortes „Kunst" damals beachten müssen. Trotzdem faßt z. B. Rudolf Borchardt die Lehre des frühen Herder ganz richtig zusammen, wenn er in seinem an Hofmannsthal gerichteten Eranos-Brief schreibt: „Der Dichter war Dichter nicht durch Kunst – es gab keine Dichtkunst. Er war es als Mensch, durch Menschheit."

[25] Grillparzer nennt die Form einmal den „Inbegriff der Mittel, um den Gedan-

ken in seiner vollen Lebendigkeit auf die Zuhörer übergehen zu machen". Studien zu Goethe und Schiller 1830 bis 1840. Halten Sie damit die früheren Grillparzer-Zitate zusammen, so haben Sie die Schwere und Fruchtbarkeit der Antinomie. – Eine weitere Antinomie: Da Dichtung das hervorgetretene Innere des Dichters ist, ebenso wie es auch die Gebärde und besonders der Blick sind, ist natürlich eine Beschreibung der ganzen „Art" eines Dichters ein Parallelunternehmen zur Analyse seiner Werke und tritt, besonders als Biographie, mit der Interpretation zu möglicher wechselseitiger Erhellung zusammen (ein Beispiel Sengles „Wieland"). Stil- und Gattungsgeschichte, Kultur- und Seelengeschichte und schließlich Geistes- und Ideengeschichte sind gewiß vordringlicher als die Biographie. Doch alle, die sie heute völlig ausschließen wollen, fassen wohl nicht recht die Wirklichkeit, die gewiß antinomisch geartete, ins Auge.

[26] Man wird also nach Kleists Anschauung den Inhalt, d. h. auch die Fabel, schwerlich von der Form abtrennen oder gar bagatellisieren dürfen. Klarheit und Prägnanz eines epischen Stils können wohl überhaupt keinen anderen Wurzelgrund haben als die im Dichter wirkende Kraft des zu Erzählenden. Bergengruen, der als Novellist nicht ohne Affinität mit Kleist ist, schreibt a. a. O. S. 122: „Vielleicht das Höchste, dem der Erzähler nachtrachten muß, ist die epische Lauterkeit. Die Klarheit und Prägnanz der Fabel wird ganz von selbst die Klarheit und Prägnanz der Sprache herbeirufen ... Es ist mir nie ein besseres Lob gespendet worden als der Tadel eines Berliner Buchkritikers, der schrieb: Bergengruens Fehler ist, daß er in der Prosa nicht Dichter genug ist."

[27] Schreiben sei ein Mißbrauch der Sprache, stilles für sich Lesen ein trauriges Surrogat der Rede und Wechselrede, so hat der alte Goethe ganz aus dem Geiste jener antiartistischen Linie gesagt. Die großen Griechen sind die Ahnherren dieser Sprach-Tradition; Platons Phaidros ist ihr erstes philosophisches Dokument, gerichtet gegen worteklügelnde oder artistisch-genüßliche „Schriftlichkeit", geistiges Leben kennt er nur als Freundesgespräch; und eines ihrer letzten Dokumente ist jene reizvolle Schilderung der durchschimmernden Ursituation (Dichter und Kritiker), die wir in der Anmerkung Nr. 4 aus Werfels Veruntreutem Himmel zitiert haben. Über die mündliche Ursituation ausgezeichnet R. Harder: ‚Zur griechischen Schriftlichkeit' in Die Antike 1943.

2. Drei Skizzen zu „Literatur und Sprache"

*Die moderne artistische Verkennung**

Hamlet bewundert den Ausbruch des vorsprechenden Schauspielers und fragt sich: ‚Was ist ihm Hekuba? ... Hätte er / Das Merkwort und den Ruf zur Leidenschaft / Wie ich, was würd' er tun?' – ohne Zweifel schlechter vorsprechen, hat ein Kenner geantwortet.

Solch artistisches Element, solche Spur herz-losen Spiels steckt in *jeder* Kunst. Sogar in den Streitschriften Bernanos', die doch eher Lavaströmen gleichen, ist es. Er hat Freunden gesagt: Gelenkte Lava. Er spricht verant-

---

* Aus der Festschrift für Emil Preetorius. Insel Verlag 1954.

wortungsbewußt; ein Kenner, ein Könner solcher Kunst. Thomas Mann hat gerne die Äußerung französischer ‚Artisten' des vorigen Jahrhunderts aufgegriffen, ein Dichtwerk, überhaupt ein Sprachwerk, müsse man so anfertigen, wie man ein Verbrechen begehe. Das heißt: mit umsichtigster Aufmerksamkeit. Auch mit kaltblütiger Unablenkbarkeit. Jedenfalls mit einer Aufmerksamkeit, die auch den kleinsten Schritt vorausdenkend überwachen und schließlich alle verräterischen Spuren der Arbeit tilgen wird.

Mag sein. Jedoch wenn der ‚Sänger', wie man noch vor kurzem den Lyriker gern nannte, uns heute, weil er doch mit hochgeladenen Partikeln wie Worten umzugehen und ihre riskanten Gruppierungen auszuprobieren habe, als eine Art Hochfrequenztechniker vorgestellt wird (‚Ingenieur' sagt schon Valéry), so ist damit ein unglaubwürdiges Extrem erreicht. Nicht anders als ehedem mit dem bezaubernden Extrem: ‚Ich singe wie der Vogel singt, / Der in den Zweigen wohnt...' (Goethe).

Nicht genug. Wenn wir im neuesten Werk über das Interpretieren (Erik Lunding) als krönenden Schlußsatz lesen: manchem deutschen Interpreten sei es ‚nicht aufgegangen, wie sehr die gut formulierte Lüge dem Dichter liegt', so können wir nur darauf vertrauen, daß dieser scherzhaft-ernste Satz eben nicht so ‚gut' (wenn auch zeitgemäß) ‚formuliert' sei, wie es vielleicht ein Dichter gekonnt hätte; denn sonst sähen wir uns ja geradewegs in die Gottsched-, in die artistische Rokoko-Zeit zurückgeworfen, da mancher Kunstfertige in seiner Schublade zwei gern geschmiedete Huldigungsgedichte – eines an Friedrich und eines an Maria Theresia – guten Kunstgewissens für alle Fälle verwahrte.

‚Formulieren'! Als ob es nicht das Gegenteil von Dichten wäre! Das eine verbraucht die Worte, das andere erweckt sie. Dort sind sie Mittel zum Ziel der Sache; hier sind sie selbst Ziel, kostbar bis in jeden Klang und Hauch, verwandelt in Teile eines Ganzen, des sogenannten ‚Wortkunstwerks', in dem sie nun, erweckt, in ihrer ursprünglichen Leibhaftigkeit [1] leben dürfen – die ihnen kein ‚gut formulierender' Dilettant geben könnte. (In Randgattungen allerdings, wie Epigramm und Roman, ist auch Formulierungsgabe dem Dichter vonnöten. Aber gerade in diesen Gattungen hat stilbedingte ‚Lüge' keinen ehrenwerten Sinn.) – Formuliert etwa Hölderlin? Oder Kleist, der stumme? Lyrische Begabungen wie Heine, Werfel, Benn fallen gerade auch ihrer Formulierungsgabe leicht zum Opfer. – Und vollends ‚Lüge'?

Zugegeben, daß zum Beispiel einem Dichter bei Hexametern Götter in die Feder kommen können, an die seine Prosa nie glaubt, eben Dichter-Götter – zugegeben, daß es deutsche Unart ist, im Dichterwort stets ‚Weltanschauung' wörtlich lesen zu wollen, da unsere mangelnde Anschauung der Welt ‚Weltanschauung' braucht, – zugegeben auch, daß man manchen deutschen Interpreten, welcher, ein ernstes Sonett betrachtend, teilnahmsvoll in Leben und Leiden des Dichters hineinfragt (des Dichters, dem vielleicht ein Gott erließ, zu leiden, was er sagte, wie etwa dem Dichter des ‚Raben', Poe), daß man also einen solchen Interpreten gerne in die Schule der spielkundigeren Romanen schicken möchte – dies alles freudig zugegeben: zur ‚Lüge' ist immer noch ein weiter Weg.

Und selbst das bekannte ‚Hochstaplergefühl' (Th. Mann) des ‚Könners', des Mimen oder des virtuosen artifex der Sprache, der etwas hervorbringt, das viel besser ist als er selbst, besser, weiser, gütiger, dank der Gunst der kundig gerufenen Muse, – es ist auch nur Abart und Ausschweifung des alten Dichterstolzes. Es ist die holde Selbsttäuschung des Gärtners, der sich als Schöpfer seiner Blumen fühlt, weil er, züchtend, so viel Kunst und Arbeit in sie gesteckt hat. Mag dies alles erst auf einer späten Entwicklungsstufe bewußt werden, die ‚Muse' ist ein altes Zeugnis der überpersönlichen Macht der Dichtung im Dichter. Selbst die Kunst eines nach Auftrag arbeitenden kalten Renaissance-Humanisten hat nichts mit ‚Lüge' zu tun, auch wenn er es zynisch behaupten sollte. Wenn nur sein Werk, so opportunistisch es entstanden sein mag, als ein rundes Kunstwerk Qualität gewann – als ein Ding, das zugleich Gewächs und Architektur und Geist ist –, dann hat die Muse es schon über das Niveau seines Entstehens hinaus geadelt. Jeder kennt diese Fälle aus der Musik- und Kunstgeschichte. Nicht anders vielleicht in der Dichtungsgeschichte – wenn man von tendenzbehafteter Dichtung als einer der Lüge fähigen Halbkunst einmal absieht.

Ratsam scheint es, nach jenem frei spielenden Ingrediens aller Dichtung zu fragen: dem Artistischen. Zunächst: Wie kam es zum heutigen Extrem?

I

‚Die Menschen werfen sich im Politischen wie auf dem Krankenlager von einer Seite zur anderen, in der Meinung, besser zu liegen'. (Goethe zu Kanzler Müller). Leider nicht nur im Politischen.

Für das allgemeine Bewußtsein der Rokokozeit war der Lyriker kaum etwas anderes als ein Verfertiger hübscher Dinge. Knapp hundert Jahre später galt er als der halbträumerische Sänger seiner inneren Zustände. Beispiele:

Noch der spätbarocke Meister setzte sich, flankiert von Lexika – neben einem mythologischen stand vielleicht ein Reimlexikon –, zu seiner Kunstübung nieder, darin es ‚fremde Gefühle' in geistreich-architektonischer Ziselierung nachzubilden galt. Nur gut, wenn man mit Hekuba nicht verwandt war und besonnen blieb! Noch Schiller meinte das, provinziell-konservativ wie er war, in seiner Bürger-Rezension. Um 1810 aber wird die folgende Entstehungsweise eines Gedichtes als natürlich betrachtet: ‚Friedrich sah noch einmal von dem Berge in die herrlichen Täler hinaus. Auch das stille, kühle Plätzchen, wo er so oft gedichtet und glücklich gewesen, besuchte er. Wie im Fluge schrieb er dort folgende Verse in seine Schreibtafel: O Täler weit, o

Höhen ...' Es folgt nun in dem bekannten Roman Eichendorffs das ziemlich lange Gedicht. Und so wie schon Goethe in den Noten zum Divan das Werk des Dichters nur als einen Ausdruck, einen Lebenshauch gelten lassen wollte und es nicht der Kunst zurechnete, so sagte auch Eichendorff einmal über Brentano: ‚Seine Lieder haben Klänge, die von keiner Kunst der Welt erfunden werden, sondern überall nur aus der Tiefe einer reinen Seele kommen.' (Man mag einen gewissen Bedeutungswandel des Wortes ‚Kunst' bedenken.) Daß hier schließlich ein Gegenschlag nicht ausbleiben konnte, ist offensichtlich.

Er kam spät. Artistische Theorie, seit Platen und Poe ganz neu ausgebildet, gewinnt erst Boden, als selbsttäuschungsfrohe Spätromantiker wunderliche Arbeitsberichte geben. Das neugierige 19. Jahrhundert hat gefragt: Woher kam denn dem Grafen Friedrich so plötzlich das lange Gedicht? Eine Antwort auf solche Frage gab der Dichterfürst Victor Hugo. Er schrieb unter die Photographie, die sein sinnendes Haupt zeigte: ‚V. H. im Gespräch mit Gott.' Von Wildenbruch wird Ähnliches berichtet. Anhänger Rilkes und Georges sorgten später für ähnliche Umwölkung.

Entnebelung und Ernüchterung nach den Weltkriegen gaben dem Gegenschlag die große Wirkung. In der Helle der Planungswelt tritt uns nun der Dichter als Feinmechaniker mit der ‚blauen Schürze' (die man gern erwähnt) entgegen, und er liefert uns zum Beispiel ‚Präzisionsetüden', wie ein beliebter Ausdruck für eine beliebte Gedichtart lautet. ‚Bekenntnisse' liegen fernab, und ein Ausdruck wie ‚gut formulierte Lüge' wird nun verständlicher. Es fehlen nicht die Analogien zu früheren artistischen Perioden: Das mythologische Lexikon, das botanische Fachbuch stehen auf dem Bücherbord Weinhebers und der Langgässer, und nur der Laie glaubt noch, daß Handbücher und Reimlexika dort ein Fremdkörper sein müßten. Und wie einst: ‚Wes das Herz nicht voll ist, des geht der Mund über' (Th. Mann).

So kam es. Gewiß: Entstehen können Dichtungen auf die verschiedenste Weise, selbst auf die künstlichste – wenn sie nur nicht künstlich werden! Analogon: Bilder können in der freien Luft – und von ihr durchweht – gemalt werden, oder sie können im Atelier, vielleicht auf listige Weise, entstehen. (Die Eichendorffsche Genese dürfte die schwierigere sein; sie setzt ein flüssigeres und dem Andrang der Natur standhalterendes Können voraus.) Ganz anders aber steht es mit den entsprechenden Theorien. Ein Gedicht ist nicht als Ausdruck zu erklären, so sehr es auch einer ist. Und ein Gedicht ist andererseits kein artefactum, wenn es auch mit ‚ars' gemacht worden ist. Eher ist es arte genitum, mit Kunst Geborenes und Gewachsenes, wie man seit der Herderzeit meist annahm. Eine Dichtung ist weder ‚Hauch' (Goethe, Eichendorff) noch Artefakt (Poe, der frühe George, die heutigen Neu-Artisten). Sie ‚hebt' vielmehr beides in einer höheren Vereinigung ‚auf'. – Unser Beitrag gilt der *Grenze* des arte factum. Die heutigen Theorien, fast alle von der artistischen Kunstauffassung bestimmt, sollen kurz geprüft werden. Die Prüfung soll sich auf das Verhältnis von Sprache und Dichtung beschränken.

II

Ein klärendes Wort hat hier Emil Preetorius gesprochen: ‚Das Kunstwerk schwebt in einer geheimnisvollen Zwischensphäre von Zeichen und Ausdruck. Nur als Ausdruck wäre es Chaos, nur als Zeichen tot.' (Gedanken zur Kunst.) Im *Strich* der Zeichnung bebt Ausdruck, ‚Handschrift', Persönliches, Zeitliches. In der *Tektonik* der Zeichnung starrt ‚Zeichen', etwas Traditionsvolles, Symbolnahes, Zeitgefeites. Wo hohe Qualität ist, verschmilzt beides zur höheren, zur eigentlichen Kunsteinheit. Bei Rembrandt zum Beispiel ist auch der Strich tektonisch. Und er ist es, auf eine andere Weise, ebenso bei Dürer.

Denken wir an den der menschlichen Brust entströmenden Seelenhauch, jenen stets vibrierend-verräterischen Zeugen des Innern: die Sprache, – was ist sie für ein merkwürdiges, schwankend-geistiges Material für Kunst! Innerhalb der von Preetorius gezeichneten Polarität wird sie dem ‚Ausdruck' nur allzu nahe stehen. Sie wird es schwer haben, Kunst zu werden. Kann man aus dem Lebenshauch etwas modellieren, aus dem heilig Unantastbaren? Eine Sonderstellung wird die Dichtkunst unter den Künsten wohl einnehmen müssen.

Die sprachliche Zelle, der Satz, hat seine vorkünstlerische Struktur: Der Weg vom Satzgegenstand zur Satzaussage, vom Subjekt zum Prädikat, spiegelt immer einen Sach-Verhalt, etwas, das draußen liegt, und übernimmt so Wahrheitspflicht. Keine Farbe auf der Palette, keine Farbengruppe als Zelle des Bildganzen kann eine solche übernehmen. Erst dem Ganzen, dem Gemälde, wird die Echtheits- und Wahrheitspflicht akut. Es ist ja erst das ganze Bild, oder die ganze Symphonie, ein *sprechendes* Gebilde; die Bausteine sind vergleichsweise tot und stumm. In der Dichtung spricht schon jeder Satz. Sprache ist jedenfalls eigenlebendig und wahrheitspflichtig *schon* im Vorkünstlerischen wie sonst kein Material, und dies bis in jede Zelle! Wer Worte despotisch einmauert in seine Verse wie oft der junge und mittlere George – und errichte er auch noch so schöne Mauern und Architekturen aus ihnen –, der hat zumindest mit der Rachegewalt des Wortes zu rechnen.

Dazu kommt das persönlich Ausdruckhafte im Sprach-Hauch, bis in jede Silbe reichend, so intensiv wie sonst in keiner Kunst. So bewegt sich also das entstehende Dichtwerk mehr vom Ausdruckspol zum Pol des festen, tektonischen ‚Zeichens' hin; es gewinnt erst so seinen geschlossen-schwebenden und auch seinen gültigen Charakter. Das entstehende Ton- oder Bildwerk dagegen wächst in der umgekehrten Richtung seiner Vollendung entgegen, aus dem Stummen und aus dem sich Fügenden zur lebendigen Ausdrucksfülle und zur sprechenden Wahrheitskraft hin, welche es dann mit der Dichtung wohl aufnehmen kann. – Die Theorien der Artisten und Dichtungstheoretiker denken heute nach Analogie der anderen Künste, ohne die Sonderstellung genug zu beachten.[2] (So haben schon einmal in der Sprach- und Formverwilderung des deutschen Barock manche Ordner die Dichtkunst in die Schule der Bild- und Tonkunst schicken wollen. Und innerhalb einer hemmungslos wuchernden Ausdrucksdichtung nach 1890 führte der junge George in analoger Weise zur Form zurück, wobei er gewiß in seiner eigenen Praxis an dem in schaffender Ungeduld fast getöteten Wort etwas von der leichenhaften Schönheit allzu gewaltsamer Kunstwerdung erscheinen ließ.) Heute sind wir völlig daran gewöhnt, im Gedicht, ja in jeder Dichtung, ein ‚aus Worten gemachtes' Gebilde zu sehen, um Mallarmés berühmte Formulierung zu gebrauchen, die nach Analogie der anderen Künste denkt. Wir haben verlernt, die innere Grenze solchen Machens, die Sonderstellung der Dichtung zu sehen. Die genannte Wahrheitspflicht etwa ist eine Grenze. Die Scham ist eine zweite (Hofmannsthal hat sie oft betont.) Die Ehrfurcht wäre eine dritte: Etwa das vorkünstlerische Gebot, den Namen Gottes nicht eitel zu nennen, wirkt unabweisbar in die Sprachkunst hinein und vereitelt von vornherein manche Hymnen und Oden Weinhebers. Andere vorkünstlerische Gebote des Taktes schließen sich hier an, und es ist ein Element der Größe Goethes und Hölderlins, daß sich ihnen das vorkünstlerische und das künstlerische Takt-Gebot so organisch verschmolzen haben. Auch wäre der Unterschied der Gattungen zu beachten. Der Lyriker wird meist etwas vom Bekenner, manchmal auch vom vates, behalten, er wird selten so sehr artifex werden können, wie es der Lustspieldichter in seiner so viel schichtenreicheren und äußerlich architektonischeren Kunst zu sein das Glück und die Pflicht hat.

Nochmals die wichtigste Grenze: Die Eigenlebendigkeit und -mächtigkeit unseres ‚Materials', der Sprache, wäre wohl nur dem organischen Ausdruck der Seele, wie er in Blick und Mienenspiel uns begegnet, zu vergleichen. Ein Gedicht kann man *dann* aus Worten machen, wenn man auch Blick und Mienenspiel aus Muskelbewegungen machen kann. Nur scheinbar liegt das Wort als ein verfügbares Ding vor unseren Sinnen – wie es die farblichen Elemente auf der Palette tatsächlich tun –, es ist mit der Seele ebenso wahrheitspflichtig *verwachsen* wie der Ausdruck unserer Augen. Noch mehr: nicht zufällig hat zum Beispiel Hamann, ehrwürdigen Spuren folgend, das Wort als heiligen Hauch, als profanes Pneuma gefaßt. Deshalb konnte Hofmannsthal sagen, daß man ein Gedicht ebensowenig schön machen könne wie den Ausdruck seiner Augen. Der willentliche Zugriff – der natürlich, wie in keiner Kunst, auch hier nicht fehlen darf – muß also von einem versteckteren, bescheideneren Punkt her den Hebel ansetzen, um die Wortmaterialien überhaupt glaubwürdig bewegen zu können und nicht nur aparte Gruppierungen von Wörtern zu schaffen – von welchen Sprach-Attrappen und

Mogeleien freilich heutige Lyrik voll ist. Auch der Schauspieler setzt ja nicht bei den Gesichtsmuskeln mit seinem Willen an, sondern bei den inneren ‚Haltungen', die das Mienenspiel organisch hervortreiben. – Und ebenso wie der Schauspieler einmal an eine Grenze des Machbaren bei aller Virtuosität geraten muß, da der Klang seiner Stimme, die Hauptmaße seiner Figur fast unveränderlich sind, genau so, ja noch früher, gerät der Dichter an eine Grenze. Hier fängt dann Eichendoffs berühmtes Wort zu gelten an – das auch Goethe gesprochen haben könnte –: ‚Was wahr in dir, wird sich gestalten, / Das andre ist erbärmlich Ding.'[3] Ein wunderbares Wort, aber nicht absolut gültig.

Dazu kommt die Sozialität der Sprache. Die Sprache eines Volkes enthält schon immer etwas von Weltbild. Das persönliche Weltbild hat sich dann gegen das im Sprachmaterial schon wohnende mächtige Schattenbild durchzusetzen – ein zentrales Problem, dem keine artistische Theorie gerecht werden kann. Der Artist wird in Theorie und Praxis zu leicht der „musealen" Ermüdung erliegen, während übrigens der Anti-Artist allzu leicht in den tagesgrellen „Nihilismus" der Zeitungssprache gerät, die dann seine Haltung zum Teil wieder aufhebt. Die ganze Unberechenbarkeit der Sprache samt ihrer sozialen Eigenmacht und ihren Entartungsmöglichkeiten wird in andeutungsreichen Worten geklärt, die Hofmannsthal, der selbst durch die Gefahren der Artistik in jungen Jahren gegangen war, im Vorwort seines Deutschen Lesebuchs geschrieben hat: ‚Wir haben solche (Autoren) ausgesucht, deren Sprache und Tonfall uns besonders wahr schien, solche, bei denen der ganze Mensch die Feder geführt hat ... Sie haben gut geschrieben, weil sie gut gedacht und rein gefühlt haben, und indem sie uns sich selbst auszusprechen meinen, wird das Volksgemüt in ihnen redend. Die Worte und Wendungen der Sprache an sich sind herzlich und geistreich ... Es ist Volksweisheit darin ... die besten Schriftsteller scheinen oft nur die Wörter hinzustellen und ihnen so viel Raum zu lassen, daß sie sich auswirken können: dann wirkt aus ihnen die unzerstörbare Wirkung der Sprache. So schreibt die bloße Ehrfurcht und Zucht schon gut ... das gibt dann einen zarten Rhythmus aus sich selber, tausend Meilen entfernt von dem abgehackten oder kraft- und fühllos aneinander gehängten Zeug, das unserer Tage in den Zeitungen und Büchern zu finden ist. Herrlich aber, wenn das Herz eines großen Schriftstellers in Zutrauen und Selbstgefühl anschwillt und seine Feder einen wahrhaft persönlichen Rhythmus anhebt, der mit der allgemeinen Sprache schaltet wie der Wind mit dem Ährenfeld ...'

III

Mit der Unterschätzung der sprachlichen Eigenlebendigkeit, Eigenkraft, geht die Überschätzung der Rolle, die man der Sprache innerhalb der Dichtung zuweist, heute Hand in Hand. Verständlich. ‚Aus Worten machen' – so hieß die maßgebende, verführerische (von Mallarmé übernommene) Formel. ‚Machen': das war die Unterschätzung; als ob die Sprache sich das Machen gefallen lassen könnte! ‚Aus Worten'; das ist die Überschätzung. Als ob Sprache etwas aus sich sei; als ob sie nicht ständig das Größere bekunde, das, woraus die Dichtung *wirklich* gemacht ist!

Eine subtile Arglist, wie Sieburg bemerkt, hatte in dieser Antwort Mallarmés an Degas gelegen – Degas, der so gern gedichtet hätte und dem keine Ideen kamen!, ‚... nicht aus Ideen, mein Lieber, sondern aus Worten!' Arglist, weil doch Worte auch Ideen ins Spiel ziehen müssen, weil sie doch nicht wie tote, versetzbare Bausteine benützt werden können, die keinen Sinn setzen. Heute nimmt man das Diktum humorlos wörtlich, und eine falsche Verklärung der Sprache kann überall Platz greifen. Geläufige Formeln: Dichterische Potenz, was ist sie anderes als sprachliche Potenz. Und oft ist dabei leider nur Formulierungsgabe gemeint, wie sie schon zu Anfang erörtert wurde. Noch dazu Formulierungsgabe, um das auszudrücken, was alle fühlen und nur nicht ausdrücken können. Das, was an vates im Dichter steckt – der viel mehr fühlt und wittert als die andern –, scheint schmählich vergessen. Weitere Formeln: Was ist ein Dichter? Ein ‚Meister der Sprache', antwortet der Titel von Schröders jüngstem Werk, welches knapp-eindrucksvolle Porträts unserer großen Dichter enthält – die mit solcher Wesensbezeichnung sicher wenig einverstanden gewesen wären, da sie sich doch für etwas Stolzeres in unseren großen Zeiten hielten als bloß für ‚Meister der Sprache' (wie es etwa auch Bismarck war), ganz abgesehen davon, daß manche die Sprache nicht bemeistern, sondern nur ihr liebend dienen zu können bekannten. – Ist es nur die Selbsttäuschung des Schöpferischen, wenn man in der Goethezeit für das Dichtwerk niemals die Wesensbezeichnung ‚das sprachliche Kunstwerk' benützt hat, wie der Titel eines klaren, modernen Lehrbuchs lautet? – Oder: Man fragt nach einem Kriterium der Qualität. Antwort: An ihrer Sprache werdet ihr sie erkennen. Und fast alles, was man etwa in der Goethezeit, als man sehr selten die Sprache eines Werkes erörterte, dafür stets seinen ‚Inhalt' (besonders die ‚Erfindung' und ihre ‚Harmonie'), an der Dichtung verherrlichte, wird heute in eine Nebenrolle abgedrängt. Spricht daraus wirklich nur unsere unnaivere, unsere schärfere Sprachbewußtheit, die wir allerdings jener Zeit voraus haben? – Oder: Was ist das Wesen dieser oder jener Geschichte Kleists, zum Beispiel jener Geschichte vom Bettelweib von Locarno? Der führende moderne Interpret hat geantwortet: Der Geist ihrer Diktion. – Und schließlich wird, über ihre Rolle in der Dichtkunst noch hinaus, der Sprache eine phantastische Rolle im Leben selbst zugewiesen, und zwar besonders dem kennerisch-artistisch geschmeckten *Wortklang*. Ein Beitrag zur Genese der Dichterliebe steht im neuesten Buch zur Poetik und Kritik: ‚Das lebendige Wesen Marianne muß mit dem Wortbild Suleika zusammentreffen und eins werden, um in Goethes Seele Epoche zu machen' (Holthusen). Liebe auf das erste Wort? Proust winkt. Aber es fehlt Prousts Ironie.

Es scheint mir leicht, zu all solcher Verkennung Gegenbeispiele zu finden. Daß die Sprachkunst Balzacs, E. T. A. Hoffmanns, Dostojewskis, Werfels, ja selbst mancher Teile Jean Pauls mitunter mangelhaft ist und der Sprach-Sorgfalt (kaum der Sprachgewalt) vieler Modernen entbehrt, kann für den Unbefangenen nicht viel bedeuten. Man bedenke etwa: Romane können übersetzt werden. Übersetzung zerstört die Sprache bis zu einem sehr hohen Grad; nichts bleibt zum Beispiel von ihrer unmittelbaren, sinnlich-künstlerischen Gestalt in Klang, Melodie, Syntax, spezieller Assoziationswelt erhalten. Übersetzung schafft dem Werk nahezu ein neues Sprachkleid. Zwar ist Lyrik fast unübersetzbar; aber selbst eine Epik wie die des späten Thomas Mann, die doch zum guten Teil sprachliches Ereignis ist, läßt sich bis zu einem erstaunlichen Grade übersetzen, wie Th. Mann selbst mit verwunderter Resignation festgestellt hat. Im Gegensatz zur Lyrik ruht eben bei fast allem Erzählen, erst recht beim Drama, gar nicht in der Sprache das Hauptfeld der künstlerischen Verwirklichung, der ‚Realisation' (wie der Maler sagt). Die Realisation geschieht vielmehr schon bei der Ausbreitung der ‚Vision' in den komplementärfarbenen Figuren und Handlungen, in den Stufungen und Steigerungen bis hinein in die Verästelungen der Szenen, wo dann freilich der Sprachbereich erreicht wird und in ihm ebenfalls ‚realisiert' werden muß. Ermattet hier die Realisation, so ist noch genug und übergenug übrig. Allerdings kann man dann das Werk nur wie durch eine leicht getrübte Scheibe erblicken: durch die Scheibe der nicht voll verwirklichten Sprache. Daß Grillparzers wahrhaft dramatische Hauptwerke mitunter sprachlich ‚dünn' sind, kann dem mit der vor- und übersprachlichen Bühnenwirklichkeit Vertrauten nicht allzuviel bedeuten. Und umgekehrt: Geibels Balladen rettet keine noch so saubere Sprachkunst, rettet vor der Lächerlichkeit kein Geschick des Tonfalls und der Melodieführung. An ihrer Sprache werdet ihr sie nicht immer erkennen. Zugegeben sei, daß einem feinen Ohr, einem diagnostischen Blick vielleicht gewisse Sprünge entgegentreten müßten. Aber: Es gibt ‚Grenzen der Physiognomik'. Paradiesisch ausdrucksklar ist selbst das Kunstwerk nicht immer. – ‚Das letzte, unwiderlegliche Maß für Wert und Wertung gibt die Sprache.' Wir müssen diesen Satz an der Spitze des neuesten Buches über – Grillparzer lesen! Glücklicherweise handelt dann der musisch sichere Autor gar nicht nach diesem (seit Gundolf steigend mächtigen) Prinzip. So bekundet sich die typische Gewalt, die allen jenen Irrtümern, ‚Häresien' eignet, die jeweils in der ‚Luft' einer Zeit liegen. Diese pflegen den Empfänglichen oft mehr zu überwältigen als zu durchdringen.[4]

Zum Schluß: Sprachliches Tun ist nie autonom. Es dient; es empfängt, auch im Künstlerischen, seine Seele stets von der ‚Sache'. Rem tene, verba sequentur. In ‚res' ist jenes ‚Größere' gegeben. Woher kommt zum Beispiel im dichterischen Kunstwerk die Klarheit des Stils? ‚Nur die Klarheit des Gedankens macht eine gute Sprache, nur die Klarheit der Anschauung ein gutes Bildwerk.' (Preetorius a. a. O.)

Hofmannsthal ist es, der auch diese Fragen mit unbefangener Sicherheit ins Lot gebracht hat. Er schreibt zum Beispiel an Richard Strauß über eine entstehende Oper „... Wir wollen uns von der Diktion *allein* auch nicht allzuviel erwarten. ‚Es ist nichts in der Haut, was nicht schon in den Knochen wäre', sagt Goethe irgendwo." Richtig das organische Bild. Diktion ist Haut. Genährt vom Innersten. Nicht autark; nicht Kernbereich. Aber Träger atmenden Reizes und vor allem, wenn sie richtig ist, getreuer Ausdruck des inneren Kunst-Lebens des Werkes. Dabei ist sie freilich etwas ganz anderes als die erwähnte ‚Formulierung'.

Es liegt nahe, am Ende Goethe aufzurufen, den großen Anti-Artisten (wenigstens nach seiner lyrischen Theorie und Praxis). Man möchte vielleicht der ‚gut formulierten Lüge' das Wort gegenüberstellen von ‚der Dichtung Schleier aus der Hand der Wahrheit' im programmatischen Gedicht seiner Sammlung. Wesentlicher aber als solche oberflächliche Gegenüberstellung ist es, zu sehen, wie alles, was an *Glück* und Fülle in Goethes Person und Schöpfertum wohnt, unsere heutige Planungswelt antagonisiert – in welche die moderne Artistik wohl mit hineingehört. Glücksfähigkeit und Fülle – bemessen sich diese beiden nicht in jedem Menschen genau nach dem Grad seiner Versöhnung mit der Überraschung? Woher diese in Goethe so deutlich wirkende Kraft solcher Versöhnung? Ich möchte annehmen, daß die folgenden Ausführungen Riemers uns etwas wie einen Schlüssel dazu geben könnten:

‚... Bei seinen poetischen Konzeptionen war eine solche Heimlichkeit für ein Gemüt wie das seinige, das die poetische Gabe als ein Geschenk Gottes und der Natur ansah, so folgerichtig als schicklich. Es liegt eine Art von Verwegenheit, ja Frechheit darin, zu sagen: Das und das will ich hervorbringen, und so und so will ich dabei zu Werke gehen!, wobei wenigstens, um den Neid der Dämonen abzuwehren, ein altes frommes ἀγαθῇ τύχῃ oder σὺν θεῷ als Stoßgebet an der Stelle sein würde. Ob es gelingt, was man vorhat, ist immer eine Frage, da man nicht Herr der Umstände, Stimmung usw. ist. Ohne Superstition pflegte Goethe bei solchen poetischen Problemen immer zu sagen: ‚Wenn es glückt, gerät, wenn es gelingt, wenn es einer trifft', und er selbst sah seine herrlichsten Sachen nur als etwas ihm Gelungenes an, also wie einen Glückswurf... Niemand war in Betreff seiner poetischen Leistungen anmaßungsloser, bescheidener und gotthaft-demütiger als eben er.'

Anmerkungen

[1] ‚In jedem Sprachausdruck ist ein Unnaives, das geht uns leicht ein, geht aber auch leicht weg..., und ein Naives, an dem stoßen wir uns, aber so wie an einem lebenden Leib.' So Hofmannsthal im ‚Buch der Freunde'. Von diesem ‚Leib' geht Dichtung als Sprachkunst aus. – Dies in größeren Zusammenhängen: ‚Im Höchstvergeistigten noch ist es die Naivetät, das irrational Körperhafte, wodurch das Geistige Bestand hat.' (Ebenda.)

[2] Dabei ist die Sonderstellung unter den Künsten im Deutschen besonders ausgeprägt, in dem man ‚nur individuell schreiben kann oder man schreibt schon schlecht', wie es Hofmannsthal in seinem unvergleichlichen Aufsatz zu ‚Wert und Ehre deutscher Sprache' ausgesprochen hat. Das strikt Erlernbare – dessen es doch so viel in Ton- und Bildkunst gibt – ist im Deutschen womöglich noch schmaler als es ohnedem in der Dichtkunst ist (bei uns besonders seit dem Weg, den ihr die Goethezeit gewiesen hat). – Die schöne Fortführung der Gedanken Hofmannsthals in R. A. Schröders Aufsätzen erläutert ein paarmal die Sonderstellung der Dichtung (zumal wohl der deutschen) unter den Künsten. Dabei wird man Schröder am wenigsten der Abneigung gegen die Nachbarkünste oder gegen das Handwerk samt seinem legitimen Maß von Artistik und Virtuosität zeihen können.

[3] Zur Psychologie des Mimen vgl. zuletzt W. Rehm in Symposion I 1948, mit reicher Literatur, F. Stepun: Theater und Film, 1952, und S. v. Radeckis Studie Theater als Erinnerung, in Wie ich glaube 1953. Der letzten Studie bin ich bis in Formulierungen dankbar verpflichtet. – Meine Gegenüberstellung von vates und artifex ist mitbestimmt von W. Muschgs psychologisch gemeinter Dichter-Typologie in seiner Tragischen Literaturgeschichte. 2. Auflage 1953. Was der zitierte Ausdruck ‚... wahr in dir' meint und wie dabei doch in keinem Fall die vis formae unterschätzt werden darf, habe ich zu zeigen versucht in ‚Dichtung, vom Dichter gesehen', siehe oben.

[4] Der Bann ist soeben nachdrücklich durchbrochen in einigen Essays C. Hohoffs in seinem ‚Geist und Ursprung' 1954. Vgl. auch kürzlich Martin Kessel in der verstreut veröffentlichten Aphorismen-Serie Letzte Dinge: ‚Die Sprache des Dichters ist nichts Primäres und Absolutes, diese seine Sprache wird von ihm erst entwickelt, und zwar aus dem, was der Sprache vorausgeht, aus der ungetrübten, dreifach gefilterten Echtheit von Erlebnis, Erkenntnis und Sinn. Diesem Spannungsgrund entwächst jeweils das einzig gemäße Wort. Ein Werk aber, das auf Sand steht, könnte auch durch raffinierteste Sprachartistik nicht denkwürdig werden.'

Über den Grundwert des stummen Spieles, der stummen Situation u. ä. bei Grillparzer unterrichtet soeben trefflich das Buch von Gerhart Baumann (es ist gleichzeitig das oben gemeinte), nachdem früher schon Kommerell gedankenreich darauf hingewiesen hat (Dichterische Welterfahrung). Grundlegend über das gesamte Verhältnis aller Schichten des Sprachlosen und des Gesprochenen im Drama handeln Äußerungen Hofmannsthals, vor allem das (fingierte) Gespräch über ‚Die ägyptische Helena'.

Nachtrag 1973. Es klingt, als lehnte ich jegliches Schaffen aus dem Sprachspiel ab. Es klingt, als riefe ich jedem Autor zu: Rem tene, verba sequentur; alles andere sei Mogelei. Das ist nicht so. „Weil ich den Gedanken beim Wort nehme, kommt er." Karl Kraus). Verba tene, res sequetur. Das gilt natürlich, wenn es auch weder im Lateinischen noch in irgendeiner Klassik vorkommt; das fiel hier etwas unter den Tisch; das lebt aber im Kontext, in dem der Aufsatz jetzt steht als Teil eines Buches. Freilich habe ich in den zwanzig Jahren seither gerade durch Kraus, Gan, Handke, Heise u. a. viel gelernt.

Weder Aussage noch Ausdruck?*

Der Fall des romantischen Gedichts

Seit Johannes Pfeiffers und Kaysers Wirken sind wir zurückhaltend geworden im Identifizieren von Gedichten mit Gefühlen, auch mit „Erfahrungen" des Autors. Wir neigen jenen alten Poetiken wieder zu, nach denen in Gedichten Nachbildungen, d. h. Kunstnachbildungen, von Empfindungen und Gedanken vorkommen, wobei schon immer stillschweigend vorausgesetzt ist, daß Kunstnachbildung etwas anderes als „Ausdruck" ist. So sehen auch wir „Ausdruck" (zum Beispiel in Gang, Blick, Stimme, Miene, Handschrift, Sprachstil usw.) als wesensverschieden vom Kunstgebilde an, das einem anderen Aufbaugesetz als der Ausdruck gehorcht, obwohl fast jedes Kunstwerk *auch* Ausdruck ist, so wie umgekehrt der vorkünstlerische Ausdruck fast fließend zum künstlerischen werden kann.

Es ist eben etwas anderes, wenn uns ein Freund seine schwermutvolle Sorge vor nahender Umnachtung anvertraut oder wenn wir das Eichendorffsche Gedicht lesen, das solche ausspricht. (Der Leser findet es am Schluß dieser Ausführungen gedruckt nach der – wenig bekannten – überschriftslosen Urfassung, die ich in meiner Eichendorff-Monographie, bei Rowohlt 1963, veröffentlicht und erläutert habe, S. 120.) Das eine ist Ernst, das andere ist hohes Kunst-„Spiel", in Strophen kunstvoller Bauart sich vollendend, – nicht minder ernst, aber in einem *anderen* Bereich! Das eine gilt einem Du, das andere einem Publikum, und sei es ein virtuelles. Das eine ist Audruck – der auch im Blick des Freundes liegen wird – und ist es bis in jede Faser und darf nichts anderes, darf nicht eigenrhythmisch sein, wenn es nicht peinlich werden soll. Das andere ist bis in jede Faser konstituiert von einem autarken Rhythmus, in dem jedes Teilchen des Werkes „sitzt", – um das Wort „Rhythmus" einmal ausnahmsweise so weit zu nehmen, wie es Staiger in seiner „Kunst der Interpretation" getan hat.

Ein großes Kunstwerk, wie es das genannte Gedicht ist, genießen wir, kunstnäher als unsere Väter (die dabei gerne an die Dichterseele dachten, wie es besonders dilettantisch-kunstfremd, besonders biographistisch Stefan Zweig getan hat), als ein in sich rundes Gebilde, als eine kleine beseelte Welt für sich, die zunächst nur mit sich selbst stimmig zu sein hat. Es ist uns heute deutlicher als früher: Das große Kunstwerk vermag, wie jene kreisrunde Ampel Mörikes, die es symbolisiert, leicht zu schweben: ein eigener, über dem Leben schwebender autarker Kosmos. Ein Mikrokosmos nahezu.

Ich glaube in der Tat, daß man das genannte Gedicht nicht einfach als eine „Aussage" nehmen darf, wie das hier fällige Modewort lautet, dieses Lieblingswort gutmeinender gestaltblinder Kunstfreunde. Aussage mag dieses

---

* Aus dem von mir hrsg. Sammelband ‚Eichendorff heute', zuerst München 1960.

Gedicht vielleicht *auch* sein, *zunächst* aber ist es, wie jedes große Kunstwerk, etwas Erfundenes, Erbautes (dabei etwas Erzeugtes sowohl als Gezeugtes, genitum et factum). Als ein neues Ding auf dieser Welt überrascht es uns. Alles an ihm, jedes Teilchen, ist aufeinander zu erfunden, jedes Wort ist im Zuge der planvoll gesteigerten Lebenskurve dieses kleinen Wesens „erfunden" (wie ein leider verblaßtes Kernwort der vorgoethischen bis nachgoethischen Ästhetik lautet). Solche Erfindung mag bewußt oder unbewußt vor sich gegangen sein. Kunstgerecht erfunden ist sogar das „ich" im Gedicht und die Stelle, wo es erscheint. Alles ist erfunden in stillschweigender Spielvereinbarung mit dem Hörer; es ist wie im Theater; wenn ein Gedicht einsetzt, ist es, wie wenn der Vorhang sich hebt: derselbe magische Augenblick, nur verkleinert und intimer geworden. Vergleichsweise bezeichnet das Wörtchen „ich" im Gedicht auch eine Rolle. Dieser „ich"-Sprechende ist ein anderer als der Autor, schon deshalb, weil er dem Kunstwerk als ein in ihm „sitzender" Teil angehört und nicht der Welt der Menschen wie der Autor. (Ja in solcher Schöpfung kann der Autor sich selbst geheimnisvoll übertreffen, wie ein Sohn den Vater, – während doch der Ausdruck die Seele, die sich ausdrückt, nie übertreffen kann.) Ich glaube mit Kayser, daß die Grenze zwischen Rollengedicht und direktem Gedicht eine sehr fließende ist, da vergleichsweise „alles" Rolle ist. Jedenfalls dürfen wir von jenem zitierten Gedicht nicht direkt auf die Gefühle Eichendoffs schließen, weil die Quasi-Rollenbildung, die Stilisierung des Ich, die die Kunst mit sich bringt, dazwischen steht.

Ähnlich in der Erzählung. Wer erzählt den Roman? So hat Kayser gefragt. Und geantwortet: ein vom Dichter mitgeschaffener, meist auf Grund künstlerischer Konventionen mehr oder minder deutlich herausmodellierter Erzähler. Das dichterische Schöpfertum beginnt bereits bei der Gestaltung der spielhaft entworfenen Erzähler-Hörer-Situation. Gegensatz: Wer erzählt den Reisebericht? Antwort: Der Autor, der gereist ist. Es kann vorkommen, daß er uns auch seine Gefühle erzählt. Der Roman- und der Gedichtautor kann und darf sie uns nicht so erzählen. Er muß spielen. Vielleicht sich selbst. Da er die Kunst gewählt hat und nicht den Bericht, ist er dazu verpflichtet. Wie oft hat dies Valéry klargestellt! (Wie wenig wird er gehört! Vielleicht deshalb, weil viele Denker gestaltblind sind, sozusagen nicht musikalisch, nicht empfindlich für die Kunst, für das Spiel, obwohl sie es zu sein glauben.) Wie gesagt: wir dürfen von einem Gedichtgefühl Eichendorffs nicht direkt auf ein Gefühl Eichendorffs schließen.

Und doch dürfen wir es. Bei Goethe, Eichendorff und anderen, aber fast nie vor der Mitte des achtzehnten Jahrhunderts, ist in manchen Fällen ein spätes Grenzwagnis der Kunst gelungen: Ausdrucksstruktur und Kunststruktur können in einigen Hauptlinien eines Gedichtes deckungsgleich werden. Jeder kennt dies aus der Musik jener Tage. Jene „Rolle" des „ich"-Sprechenden wird so gestaltet, daß sie etwas Selbstporträthaftes gibt und gewissermaßen eine Selbst-Rolle wird, also den in die betreffende Kunstwelt übersetzten Autor gibt. Er spricht in solcher Rolle, spielend, sich befreiend, seine interna vor dem Publikum aus, wie sie direkt auszusprechen die Scham ihm verböte. Er hat es gut: Er kann sich verbergen und sich ausdrücken in einem. Verbergen: hinter dem strengen Spiel der Kunst. Aussprechen: in solcher Sonderkunst dank den Ausdruckslinien, die sich darin spiegeln, dank den selbstporträthaften Zügen, die darin liegen. Solche Sonderkunst ist aber alles andere als ein bloßer vorkünstlerischer Ausdruck, wie es Schiller, antiherderisch-konservativ wie er war, in seiner Bürger-Rezension so richtig und so herb (leider) gefaßt hat. Mag er sonst in jener Rezension auch Fehler gemacht haben!

Zu dieser späten Ausdruckskunst gehört unser Gedicht. Man kann beweisen, daß es auch ein sehr persönlicher Ausdruck ist. Es gibt intime Briefe Eichendorffs und seines Bruders, welche Ansätze zu den gedichteten Gefühlslinien zeigen. Vielleicht hat Eichendorff gerade durch solche Gedichte sich ein wenig von der Schwermut, sie aussprechend, sie vergeistigend, heilen können. Man darf also selbst ein ausgesprochenes Kunstgebilde, wie es unser Gedicht oder die „Unstern"-Skizze ist, vorsichtig als biographisches Zeugnis einsetzen. Man darf es auch angesichts theoretischer Bekenntnisse Eichendorffs, der die neue Möglichkeit der Aufrichtigkeit schätzte, welche solche Ausdruckskunst bot. Ich sage: vorsichtig. Wir erfahren eben durch solche Gedichte mehr das Perfekt des Affekts als das Präsens, und vor allem beachten wir nie genug, daß die mitgegebene Selbstporträtskizze, etwas anderes als Selbstphotographie ist. Man macht sich den Grad der Gestaltung, Stilisierung, Lebensentfernung selten klar, der, trotz allem, auch in dieser späten Ausdruckskunst noch herrscht, weil sie eben Kunst ist und deshalb so hoch über dem Leben schwebt wie jene zierlich schwebende Ampel, die doch die jugendlichsten Lebensbilder trägt. Ich will dies zum Schluß an den genannten schwermutvollen Versen Eichendorffs verdeutlichen.

In diesem Gedicht ist alles wie zu einer Sage erstarrt. Ewige geisterhafte Wiederkehr Jahr um Jahr: „...Wenn sich Lenz erneut, / Geht dort ein Fräulein auf den kühlen Gängen..." Das drunten schlafende, lauernde Verhängnis, das Brüderpaar gleichen Schicksals, das Heimweh, die wilde Flucht, das sie einholende Verhängnis, der Tod im See – hier ist eine *Sage* erdichtet, der ein Brüderpaar eingewoben ist, das im Gedicht als Ich und Du erscheint. Es ist eine herrliche Erfindung: das Brüderpaar, das sich hier offenbar aus der Ferne miteinander ausspricht und das noch im Tode vereint sein wird: „Gehn wir doch unter, ich und du." Alles steht in einer vollkommen runden Handlung. Ballade? Ja: auch dies rudimentär. Und so ist übrigens auch jede Strophe, so ist schließlich das Ganze dieser drei Strophen eine runde, geschlossen-lebendige, wohlgebaute „Erfindung".

Es ist zugleich Erfindung und Wirklichkeit. Zugleich auch: Sagenton und Bekenntnisrealistik. *Beides* geben zu können ist die unerwartete Errungenschaft der Goethezeit; in der Musik (Beethoven, Schubert) kaum minder als in der Dichtung. Unerwartet: Man hielt solches vordem stillschweigend für unmöglich; und man hält es heute, so schließt sich der Kreis, wiederum für schier unmöglich, nachdem uns eben das 19. und 20. Jahrhundert auch mit allen Schrecken kunstfern entartender Bekenntnisse und Naturalismen bekannt gemacht haben. Valéry ist ein bestürzter Rückführer gewesen: „Der Ausdruck eines unverfälschten Gefühles ist immer banal. Um es nicht zu sein, muß man sich anstrengen" – es ist ein von ihm oft wiederholter einsichtsreicher Satz, gegen den wohl nur jene kleinen Einwendungen erhoben werden müssen, die auch gegen Schillers Bürger-Kritik gemacht werden könnten.

Sage und Selbstporträt zu verbinden, dieses fast Unmögliche hatte man in der Goethezeit besonders von Goethes Ganymed gelernt, dem dann bald die Romantiker mit den deutsch-volkstümlichen Abwandlungen folgten. Hierher gehört unser Gedicht. Vielleicht kann sich der Autor hier nur freischreiben, wenn er Freud und Leid bis zum Bild, gleichsam bis zur Sage erstarren und sich ausgestalten läßt und bis ins runde „Kunstgebild" hinein vergeistigt, also viel *mehr* gibt als bloßen unmittelbaren Ausdruck.

> Denkst Du des Schlosses noch auf stiller Höh?
> Das Horn ruft nächtlich dort, als ob's Dich riefe,
> Am Abgrund grast das Reh,
> Es rauscht der Wald verwirrend aus der Tiefe –
> O stille! wecke nicht! es war, als schliefe
> Da drunten unnennbares Weh. –
>
> Kennst Du den Garten? – Wenn sich Lenz erneut,
> Geht dort ein Fräulein auf den kühlen Gängen
> Still durch die Einsamkeit
> Und weckt den leisen Strom von Zauberklängen,
> Als ob die Bäume und die Blumen sängen,
> Von der alten schönen Zeit.
>
> Ihr Wipfel und ihr Brunnen, rauscht nur zu!
> Wohin Du auch in wilder Flucht magst dringen:
> Du findest nirgends Ruh!
> Erreichen wird Dich das geheime Singen,
> In dieses Sees wunderbaren Ringen
> Gehn wir doch unter, ich und Du! –

Aristoteles restitutus

Anläßlich eines sprach- und gattungstheoretischen Buches*

Wir sind gewohnt, Lyrik, Epik und Dramatik als drei Schwestern anzusehen. Es war nicht immer so; in jedem Jahrhundert gab es Leute, welche die Lyrik als ein Stiefkind betrachtet haben; auch das Umgekehrte gab es: daß die Lyrik als das Schoßkind galt. Goethe hat zum Beispiel die Lyrik einmal kurzerhand aus der „Kunst" hinausgeworfen (wobei gewiß auch der Bedeutungswandel des Wortes „Kunst" zu bedenken wäre), und zwar in den Divan-Noten, in „Verwahrung"; es gibt aber von ihm auch gegensätzliche Äußerungen. Jedenfalls gab es manchmal Leute, welche Dramatik und Epik der Lyrik schroff entgegengesetzt und statt der Dreiheit eine Zweiheit statuiert haben. Aristoteles besonders war überzeugt, daß Dichter nur heißen dürfe, wer etwas *erdichte;* es genüge nicht, Gedanken oder Gefühle zu äußern, auch wenn es die schönsten Verse würden. Man kennt die Auffassung des Aristoteles nicht vollständig, da die Poetik nur fragmentarisch erhalten ist, aber er hat immerhin dem Empedokles den Titel eines Dichters verweigert; er hat uns klar wissen lassen, was er unter „Erdichten" versteht, unter poiein; es ist für ihn fast gleichbedeutend mit mimeisthai, was besagen will, daß der Dichter Vorgänge erfindet, die vergleichbar mit wirklichen sind, also daß er z. B. Miteinandersprechen und Handeln erfindend nachgestaltet. Dichterische Sprache genügt eben nicht; Erfindung muß sein. Der Schnitt, der den Lyriker, also auch z. B. den Epigrammatiker, abtrennt, kann nicht tiefer gedacht werden.

Wer das erfaßt hat, für den ist es mit der freundlichen Dreiheit vorbei, es gibt für ihn nur noch erfindende und nichterfindende Dichtkunst. Alle andere Einteilung ist tatsächlich wohl weniger sachgerecht. Natürlich nimmt man dem Aristoteles nicht seine Verdächtigung der Lyrik ab, dafür aber seinen Einschnitt. Ich will Käte Hamburgers („Die Logik der Dichtung") faszinierendes Nachvollziehen des aristotelischen Gedankens nicht näher darstellen, will es aber an einem Fall erläutern, der die Gegenwartsdiskussion berührt, am Fall des „Erzählers". K. H. zeigt, was dies für ein unklarer Begriff ist, dieser „Erzähler"; er ist eine Äquivokation. Ich darf mit meinen eigenen Worten den Anstoß der Verfasserin und die großen Konsequenzen mittels Beispiel zusammenfassen: Nach seiner Rückkehr berichtet jemand, so nehmen wir an, von seiner Reise; er erzählt angenehm und anschaulich; wir nennen ihn einen guten Erzähler. K. H. erkennt, daß solche Erzählerqualitäten nicht als die spezifischen Qualitäten des epischen Erzählers angesehen werden dürfen,

---
* Gekürzte und umgearbeitete Fassung des Aufsatzes „Literarhistorische Erwägungen zu einer Philosophie der Literatur. Zu Käte Hamburger: *Die Logik der Dichtung*"; in: Euphorion, Bd. 58/1964.

so sehr sie sich ihnen, untergeordnet, einschmiegen können. Der bloße gute Erzähler berichtet; der Epiker erfindet. Der eine sucht mit jedem Wort etwas Gewesenes zu treffen, der andre mit jedem Wort etwas Niemalsseiendes aufzubauen, kunstvoll, Zug um Zug. Dort ist das Wort Pfeil, hier Baustein. Der eine darf nicht flunkern, der andere muß es; wir wünschen nichts anderes, als daß er es tue, und zwar: kunstgerecht. So unterscheidet Goethe zwischen „Erzähler" und „Erzähler" in den „Unterhaltungen deutscher Ausgewanderten".

Im Gedicht braucht nicht Erfindung zu sein. Aristoteles hat recht, aber selbst noch in jedem Epigramm muß „Schöpfung", genauer: Gestaltung, sein. Das ist etwas anderes. Davon spricht Aristoteles nicht. Es ist ihm wohl selbstverständlich. Aber „formen", und sei es noch so originell (also „schöpferisch"), nennt er nie ποιεῖν. (Er hat andere Wörter dafür.) Hier zögert K. H., den Aristoteles weiterzudenken und zu ergänzen, der eben recht *wenig* über Lyrik gesagt hat.

Ein Beispiel kann weiterführen. K. H. zitiert das charmante Altersgedicht des wechselvollen Gottfried Benn: „Was schlimm ist." Es lautet:

> Wenn man kein Englisch kann,
> Von einem guten englischen Kriminalroman zu hören,
> Der nicht ins Deutsche übersetzt ist.
>
> Bei Hitze ein Bier sehn,
> Das man nicht bezahlen kann.
>
> Einen neuen Gedanken haben,
> Den man nicht in einen Hölderlinvers einwickeln kann,
> Wie es die Professoren tun.
>
> Nachts auf Reisen Wellen schlagen hören
> Und sich sagen, daß sie das immer tun.
>
> Sehr schlimm: eingeladen sein,
> Wenn zu Hause die Räume stiller,
> Der Café besser
> Und keine Unterhaltung nötig ist.
>
> Am schlimmsten:
> Nicht im Sommer sterben,
> Wenn alles hell ist
> Und die Erde für Spaten leicht.

K. H. schreibt dazu: „Dieses lyrische Ich hat sich nicht sonderlich um die sprachliche Lyrisierung des Ausgesagten bemüht. Es hat die Prosa nur dadurch in Poesie verwandelt, daß es sie in Versreihen angeordnet hat (. . .). Der letzte Vers ist die ganz personale Abwandlung einer bei Begräbnissen oftmals gehörten Formel, daß die Erde ihm ‚leicht werden' [!] möge. Und wir sehen:

um dieser Aussage willen mußte sich das causierende Ich als lyrisches Ich setzen [...]". Erstaunlich die Fremdheit gegenüber dem dichtgearbeiteten „Ganzen". Dem beziehungsreich Geformten. Wenn schon Gattungspoetik, dann wäre etwa der Hinweis am Platz gewesen, daß hier die Verpflanzung eines alten Typus ins Modern-Schnoddrige geglückt ist in jener kühl-wehmütigen Alltagslyrik, die wohl von Fontanes so berlinischen Altersversen nicht unbeeinflußt ist; und der alte Typus herrscht: eine Klimax der schlimmen Fälle, vom Erzählschwank bis zum Bühnenlied Nestroys bekannt. Und wenn man schon auf die letzte Strophe Benns besonders eingeht, dann sollte man sie nicht losreißen und dadurch sentimentalisieren, da sie doch mit dem ganzen Gedicht und besonders der vierten Strophe sinnvoll verbunden ist und als Schlußsteigerung einen Hauch der Bennschen Natur- und „Auflösungsmagie" bringt. (Der Bennschen? Ja; aber es ist hier zugleich wieder etwas aus Fontanes Welt, man vergleiche dessen Gedicht Am Jahrestag.) Dieses Gedicht ist höchst geformt, eben als Gedicht. Es enthält aber nichts von Fiction. Aber ist es deshalb bloß „Aussage", wie K. H. zu meinen scheint? Führt uns der Begriff „Aussage" weiter – der scheinbar aristotelisch zu sein scheint? Ich darf etwas ausholen.

Auf 255 Seiten der „Logik der Dichtung" kommt das Wort „Aussage" ungefähr tausendmal vor. Das Wort „Spiel" erinnere ich mich nur ein Mal gelesen zu haben. Vielleicht ist die Verfasserin auch dem Reiz der so faszinierend unbestimmten, gewiß nie ganz zu vermeidenden Modewörter manchmal erlegen. Ich hätte mir jedenfalls gewünscht, daß sie die „Aussage" als etwas Äquivokes klar erkannt hätte.[1] Ich meine das so: Dieses Wort bezeichnet in seiner Kernbedeutung die Aussage eines Zeugen, z. B. vor Gericht. Es bezeichnet in einer Spezialbedeutung den Aussagesatz der Grammatik. Das sind verschiedenste Bereiche. *Über allen Gipfeln* ist *Ruh* ist ein Aussagesatz, aber keine Aussage. Dieser Vers ist ein Teil, ein losgebrochener Teil eines Kunstwerks, also weit entfernt von Aussage. Denn: Eine Aussage soll stimmen. Niemand verlangt das von unserem Satz, er kann ruhig erfunden sein, er soll nur zum Kunstwerk stimmen, dessen Teil er ist. Selbst wenn er in Goethes Tagebuch stünde, wäre er in dem Augenblick, wo er Teil eines Kunstwerks wird, nicht mehr die Aussage, die er im Tagebuch vielleicht einmal war. Er spiegelt, im Gedicht, nur noch eine Aussage *spielerisch* vor, im Sinne jenes *Spieles,* das *Kunst* heißt. Daß es Randgattungen gibt, wo unsere Unterscheidung schwer und fast unmöglich wird, wie Epigramm, Essay, Aphorismus, ja Roman (in einem bestimmten modernen Sinn), das alles enthebt nicht der Pflicht zur Unterscheidung. Man bedenke auch: Der Dichter ist in erster Linie nicht ein Sagender, sondern ein Machender als Gestaltender. Was einer *macht,* ist deutungsreicher als was einer sagt; es ist ein Ding, also eine zwar nicht undeutliche, aber vielleicht unausdeutbare Deutbarkeit, wie man getrost das Ding mit Hofmannsthal bezeichnen darf, jedenfalls das Kunstding.

Zum Schluß. Aristoteles' Schrift ist, wie gesagt, Fragment. Vielleicht schon deshalb findet sich nichts Näheres über das lyrische Kunstwerk und schon gar nichts über das eben berührte Spielelement auch im Lyrischen – obwohl er für solche Dinge viel übrig gehabt zu haben scheint.

Wer Aristoteles fortdenken mag, muß ihn also auch *ergänzen*. Ich habe es soeben versucht. Versucht in einem Geiste, der auch von Valéry (dessen Name übrigens in jenem Buch nie fällt) und Hofmannsthal bestimmt war, die vielleicht Vollender der klassischen Poetik in einigen Punkten gewesen sind.

Anmerkungen

[1] Zu meiner Freude hat die Verf. in der zweiten Auflage, vermutlich auch durch meine Kritik angeregt, dem Begriff „Aussage" ein eigenes zusätzliches Kapitel gewidmet und damit ihren theoretischen Sockel wesentlich verbessert. Etwa gleichzeitig hat – etwa in meinem Sinne – Adorno zur modischen „Aussage" im Feld der Kunstbetrachtung sich kritisch geäußert. Ich darf trotzdem, aufs knappste, meine Position im folgenden markieren.

3. Literatursoziologie

Gesichtspunkte zur Diskussion 1968*

Seit vierzig Jahren kehrt in Seminardiskussionen ein Satz immer wieder, in sehr großen Abständen, doch merkwürdig unverändert: „Aber wir müssen das alles mehr von der Gesellschaft her sehen." Dieser Satz, heute meist gegen Betrachtung „musischer" Art („von der Kunst her") gesprochen, kann einen guten Sinn haben, einen besseren oft, als es der Sprechende selber weiß.

Wer nicht historisch gebildet ist, auch sozialhistorisch, der wird Jacobis Romane, Goethes „Stella" und seine Lida-Gedichte nicht voll verstehen können (ebensowenig etwa altgriechische Liebeslyrik). Man muß ganz einfach etwas wissen, etwas anschaulich wissen von der – in den gebildeten Ständen damals so häufigen – empfindsamen „Minne" in Dreieckskonstellationen. Die Dichtung setzt solches voraus, konnte es mit Recht beim damaligen Leser voraussetzen. (Für das Griechische wäre die formenreiche Homoerotik ein ähnliches Lebenssubstrat, das der Dichter gewiß bis zum sogenannten Gültigen, Verständlichen filtern, verwandeln kann, aber nicht muß.) Also wird man dem Unbewanderten zunächst etwa Kluckhohns Buch über die Liebe

* In: Literatur und Geistesgeschichte. Festgabe für Heinz Otto Burger. Berlin 1968.

(zum 18. Jahrhundert) empfehlen, desgleichen Sozialhistorisches von Bruford und anderen.

Aber noch eine ganz andere sozialhistorische Kenntnis ist oft als Voraussetzung gefordert. Man muß fragen: In welcher Art konnte der Gebildete des 18. Jahrhunderts dichten, etwa in froher Gesellschaft improvisierend oder im Brief plötzlich zum Gedicht übergehend; wie ist es zugegangen, wenn in musikfreudiger Runde zu einer bekannten Melodie ein neuer Text gesungen wurde, manchmal plötzlich gedichtet, um eine Meinung kundzutun oder auch nur um einen Unterhaltungsbeitrag zu liefern. Man weiß, daß dies alles unzählige Male vorkam, und Goethe erzählt nur etwas recht Zeittypisches, wenn er aus seiner Straßburger Zeit berichtet, wie er für Friederike zu schreiben begonnen habe: „Ich legte für Friederike manche Lieder bekannten Melodien unter." Um also ein Gedicht *genau* genießen und beurteilen zu können, müßte man die Melodie kennen. Das ist leider nirgends der Fall bei diesen Liedern. Der Verwendungszweck bestimmt natürlich Wortwahl, Satzbau, Tektonik, im formalen und inhaltlichen Sinne; man hat ganz anders zu dichten, wenn man im Sinne einer solchen „musikalischen" Konvention dichtet, als bei einsamem Dichten für einsame stumme Leser; oft ist auch das Gedicht von Anfang an für eine Runde gedacht. Aber auch wo es zunächst nur für ein einziges Herz bestimmt scheint, ist es nicht für das Lesen allein gemacht, wie es Goethe in dem betonten Schlußstück seiner gesammelten *Lieder* (so auch in der Ausgabe letzter Hand) ausdrückt: „Liebchen, kommen diese Lieder / Jemals wieder dir zu Hand, / Sitze beim Klaviere nieder, / Wo der Freund sonst bei dir stand. / Laß die Saiten rasch erklingen / ... Nur nicht lesen! immer singen!" Kurz und gut, es mag zwar große Gedichte geben, die ohne sozialhistorische Vorbildung ziemlich verständlich sind; aber viele der Goetheschen Lieder sind es nicht. Je stärker die lieblichen Konventionen sind, die spielerisch eingehalten, ja spielerisch überspielt werden und die gewiß viel Raum für die persönliche Kunstfertigkeit, ja Schöpferkraft geben, ja sie hervorlocken, desto mehr dichtet gewissermaßen die Gemeinschaft mit.[1]

In manchen Zweigen des Dichtens wird das „Sociale", um einmal mit Hofmannsthals Orthographie und Diktion zu schreiben, besonders stark „erreicht", zum Beispiel im Lustspiel. Große Dramen, wie die Raimunds und Nestroys, bleiben uns heute in manchen Punkten dunkel, wenn wir nicht das entsprechende Publikum und seine Verhältnisse mit dazu imaginieren, das Publikum, dem die Stücke auf den Leib geschneidert sind und doch nicht ganz parieren. Es bedarf der Kenntnis der Konventionen, besonders ausgeprägt für die ortsübliche ausgelassene Posse – damit man nicht mit Hans Weigel sage, Nestroy sei ein Frauenfeind gewesen, während Nestroy doch nur ein Feind konventionsloser Poesie und ein Freund der Wünsche seines Ensembles und seines Publikums gewesen ist; da muß dann die Serie der Witwen und bösen Frauen groß und die Zahl der lieben Mädchen klein sein (eine Konvention, die noch den Nebensinn zu haben scheint, uns die Wahrheit des russischen Sprichworts beizubringen: „Alle jungen Mädchen sind gut; wo kommen nur die vielen bösen alten Frauen her?") Der todsichere gute Ausgang mit Eheschluß gibt nichts her für die Eheauffassung – nur für die Theaterauffassung dieser Gesellschaft, für ihre Konventionstreue ist er charakteristisch; etwa im 17. Jahrhundert kann die Nebenrolle des dummen Notars, des geldgierigen Juden und des ebenso geldgierigen Arztes, der mit der großen Klistierspritze die Szene betritt, nichts beitragen zur Juden- oder Rechts- oder Medizingeschichte.[2] Theatergesetzliche Chargen! Ohne Beziehungen zur Wirklichkeit! Die erst sichtbar wird im späteren Realismus und Naturalismus, aber selbst dann nur durch das (stets neuordnende) Prisma des Stils sichtbar wird, der doch nie photographisch ist, so treu er scheint. Unveraltet ist Schückings Buch zur Geschmackssoziologie, und auch Wellek und Warren sehen diese Verhältnisse, die zu weiterer Forschung locken, klar und nüchtern.

So wäre jener wiederkehrende Satz („von der Gesellschaft her") also nur zu bejahen. Aber er ist, zum halben Schlagwort geworden, meist anders gemeint. So wahr ist keine Wahrheit, daß sie es überstünde, Schlagwort zu werden.

Nämlich so: Unser Ziel, so meint man, sollte es nicht sein, die dichterischen Werke „nachträglich durch Philologie wissenschaftlich zu heiligen", als seien diese Werke etwas recht Selbstständiges, Hohes, weiter nicht Zurückführbares oder Bestreitbares, als seien sie jedenfalls etwas für sich ins Auge zu Fassendes, etwas, das wir dann gewiß durch einige Fäden mit der sozialen Welt verbunden sehen sollten (wie soeben dargestellt). Die natürliche Wertungsfreude, das Qualitätsgefühl, sollte zu wissenschaftlicher Kritik entwickelt werden, und vor allem gelte es, die Literatur nicht einfach hinzunehmen, sei es professoral oder „musisch", vielmehr sie zu durchschauen und entsprechend zurückzuführen. Und es seien nicht bloß einige „Fäden"; vielmehr sei die ganze Literatur nur verständlich und durchschaubar, wenn sie als Ausdruck und Spiegel größerer Verhältnisse gesehen und beurteilt werde. Mit einem Vergleich: Das wirre zitternde Schattengitter auf der Straße ist erst enträtselt, wenn es als Laubschatten erkannt ist.

So auch die Literatur, wenn ihr Entstehen erkannt ist, ihr Entstehen aus der „Gesellschaft" (im weitesten Sinne). Der ästhetische Reiz werde nicht geringer, sondern klarer durch Einsicht in sein Zustandekommen. Mit einer solchen Auffassung ist sofort Ordnung ins Weltbild gebracht (welcher Deutsche wäre dafür nicht dankbar). So lesen wir, ein krasses Beispiel, in einem im März 1968 erschienenen Buch des Romanisten Werner Krauss folgende ordnungsschaffende gute alte Erklärung darüber, wie es zum Realismus um 1830 gekommen sei: „Ein Durchschlag vom Unterbau her bewirkt das Ende der eigengesetzlichen Formen... Auf diese Weise erfolgte der Durchbruch des

Realismus in den dreißiger Jahren..., in einer Epoche also, in der die Wirtschaftsform des Kapitalismus ihren Siegeszug durch die Welt begonnen hatte."[3] – Ins wahrhaft fruchtbar-chaotische Hölderlin-Bild unseres Jahrhunderts hat Lukács straffe Ordnung gebracht, wenn er von dem „am verspäteten Jakobinismus tragisch zugrunde gegangenen" Schwaben spricht. Es sei, der Kuriosität halber, aus einem 1967 in rowohlts deutscher enzyklopädie zu Lukács' Grablegung erschienenen „Stichwort" (von Frank Benseler) ein Passus zitiert, der die Ordnung bis zum Gleichschritt treibt und fast im Kommandoton optimistisch spricht: „Wirklichkeit ist immer gesellschaftliche Wirklichkeit... So entwickelt sich, durch die ganze menschliche Geschichte hin umfangmäßig und intensiv im Gleichschritt mit der Vermenschlichung des Menschen steigend, Kunst als Selbstbewußtsein der Menschheit."

Allzu wohlfeile Beispiele? Sie sind jedenfalls sehr gegenwärtig (siehe die Daten; nur das Lukács-Zitat ist älter), und sie scheinen mir typisch (nicht gerade in puncto Niveau, das oft höher ist), sie scheinen mir vorbildlich anschaulich, um eine durchgehende Grundanschauung zu erläutern, die fast alle modernliteratursoziologischen Studien durchzieht. Sie veranschaulichen nämlich ein bewundernswertes, gleichsam faustisches Bestreben, bei Erforschung der Dichtung hinauszugehen über die Dichtung selbst und ihr, von einem archimedischen Punkt aus, ihr Geheimnis zu entreißen. Es ist der Ernst eines welterklärenden Systems („Weltveränderung" ermöglichend), der Ernst eines, soll man sagen, weltlichen „Glaubens", dem „Musischen" und gar dem „Kulinarischen" absagend, uns an unsere gesellschaftlichen Pflichten hart erinnernd, ein Ernst, der immer die sittlich Sensiblen bannen wird. Es ist der Ernst, der sich auch bei einfachsten Dingen kein saloppes Wort erlaubt. Es ist ein ganzes Lehrgebäude, auf das das Wort „mehr von der Gesellschaft her" verweist. Klare Architektur. Erlösung für ein suchendes Gemüt.

So also ist jener Satz gemeint. Gut gemeint und schlecht gedacht. Gespürt wird allerdings dabei ganz richtig die Öde, die unnatürliche Bewertungsscheu (wo doch im Kunstbereich kein Erkennen ohne Qualitätserkennen sein kann), der Museums- und Gruftgeruch, die weltabgesonderte Unverpflichtetheit, die philologische Selbstanbetung, diese Dinge, die mitunter in unseren Hörsälen herrschen – ähnlich der philosophischen Selbstanbetung, die nicht nur in den Hörsälen herrscht. Aber wie steht es mit dem Kern dieser Anschauung? Ohne ihm philosophisch entgegnen zu wollen, erlaube ich mir doch die Einschaltung eines allgemeineren Gedankens, bevor ich auf das Literarische kommen werde.

Entlarven, durchschauen heißt: einen Schein, eine Fassade durchstoßen und so der Sache „dahinterkommen". Wie aber, wenn Unverlarvtes, Fassadenloses begegnet, also zwar Erkennbares, aber vielleicht Irreduzibles? Wie aber, wenn, bildlich gesprochen, kein rätselhaftes, unerklärtes Schattengitter begegnet, sondern z. B. ein Baum, ein Mensch, also etwas gediegen Rätselloseres und unentlarvbar Rätselhafteres? Gäbe es keine Bäume, könnten wir sie nicht ableiten. Auch nicht aus dem Boden. Die Kunst aber aus ihrem Gesellschaftsboden? Man kann sie erkennen, nicht aber entlarven. Wer ihr „dahinterkommen" will, landet in jenem „Dahinter", im schattenhaften Hinterland, wo auch die „Weltanschauung" wohnt und die Philosophaster sich froh des verwirrend-reichen Sinnlichen entledigt fühlen. Ein säkularisiertes „reines" Dahinter.

Mit einem Wortspiel: Wer alles durchschaut, sieht nichts. Und fast scheint ihm dieses reine Ziel willkommen, da es dem vorandringenden Ich keinen Widerstand mehr entgegensetzt. Die Allentlarvung wird freilich in der Tat dann erfolgreich sein, wenn sie sich selbst zu entlarven unternimmt: als einen zu wenig reflektierten Drang. Mit anderen Worten: Nur das Scheinhafte, das gleichsam Hohle, ist entlarvbar (z. B. das Verlogene oder jenes Schattengitter), und bevor man zur Entlarvung schreitet, empfiehlt es sich, die Sache abzuklopfen, ob sie hohl klingt oder nicht.

Aber ich verlasse den Fragezeichenwald, der die Philosophenwege säumt, und erinnere mich daran, wie jüngst Beckett, als er sein Endspiel in Deutschland inszenierte, souverän betonte, das Stück sei nichts Geringeres als Spiel. Anscheinend also kein Auslegbares – er lehnt das ab –, sondern etwas Besseres; nichts in eine Mitteilung oder Verkündigung Verpackbares. Ein nüchternes Verständnis für den Rang der Kunst!

Der Begriff „Spiel", bekanntlich von Schiller bis Valéry großartig mit dem Kunstbegriff verknüpft, mag auslegungsbedürftig sein; er führt uns aber mit einem Schlag näher an die Sache heran als alle bisherigen Erwägungen. Könnte es denn nicht wirklich so sein, daß das Kunstwerk etwas – vielleicht spielhaft – Gemachtes wäre, Ergebnis eines Machens, nicht eines Sagens (obwohl mit den Mitteln des Sagens, und deshalb nicht stumm wie die Architektur, sondern sprechend und sehr wahrheitsverpflichtet trotz aller Spielelemente); könnte es denn nicht so sein, daß das Kunstwerk zunächst all jener Bindungen, mit denen wir es so gerne binden: an die reiche „Persönlichkeit", an die Gruppe, an die Verhältnisse, frei und selbstvergnügt spottet, so sehr es auch dann wieder Zeugnis gibt von all diesen Dingen, Zeugnis freilich nicht in der Form des „Ausdrucks" und nicht in der Form der getreuen Spiegelung (nur in Randgattungen und in Randstilen wie in Epigramm, Aphorismus etc. und im Naturalismus, gibt es strikten Ausdruck und Spiegelung); könnte dann das Kunstwerk nicht zuerst etwas „ganz Neues" sein, ein neues plötzlich in die Welt gesetztes spielverwandtes Ding, etwas Neues, Irreduzibles, wie es die Pflanze gegenüber dem Boden ist, der sie nur fördern oder töten kann, aber nicht machen – welches Bild ich nicht organologisch oder gar idealistisch meine. Auch sollten die Deutschen ihr Mißtrauen, ihre Verkleinerungslust gegenüber dem Spiel aufgeben (manchmal scheint diese Abschätzung alles halbwegs Freudige zu treffen, wie aus dem Impuls eines

– lange verbildeten – „Gewissens"). Dieses Mißtrauen findet sich ja kaum bei den Romanen und so manchen anderen Völkern.

Doch wem dies alles zu problematisch erscheinen sollte, der könnte doch nicht leugnen, daß bei den Unternehmungen der Literatursoziologie, worin die beiden Sachen Kunst (Literatur) und Sozietät heißen, die Kunst das schwierigere Phänomen ist, das viel schwerer zu erforschende. Die gesellschaftlichen Dinge können zum Beispiel auch einem total kunstblinden Forscher (und die Kunstblindheit ist ebenso verbreitet und unerkannt wie die leichten Grade der Farbenblindheit) sich in aller Deutlichkeit darbieten, sofern er nur die wissenschaftliche Begabung und Emsigkeit mitbringt; in welcher Weise aber die Kunstwerke zum Sprechen gebracht werden könnten, in welcher Weise diese Fremdkörper eingegliedert werden und verstanden werden könnten, das setzt vielleicht literaturwissenschaftliche Ausbildung, sicher aber Kunstkennerschaft voraus. Es genügt da nicht, intelligent und kritisch zu sein und lesen zu können. Den Wandel der Ehe, die Sitten des Musizierens und Dichtens, von denen wir am Anfang gesprochen haben, das kann jeder Intelligente erforschen, der damit noch keineswegs fähig sein muß, über Goethes Gedicht oder Stella auch nur ein Wort zu sagen. Er kann sich übertragenen Sinne, da das Kunstwerk ja in erster Linie etwas struktur- eines Werkes nicht sieht, kann es nicht erblicken, geschweige denn erklären, eingliedern, ausmünzen. Was fängt jemand mit den geldgierigen Ärzten jener Komödie an, deren Struktur er nicht kennt?

Autonomie der Kunst ist ein Schlagwort. Aber sinnvoll ist es, an dieser Stelle unseres Gedankenganges zu fragen, in welcher Sprache die Kunst spricht, da es offenbar eine Sondersprache ist, die sonst nirgends in der Gesellschaft gesprochen wird. Oder „spricht" sie überhaupt nur in einem sehr vergleichweisen Sinne, da das Kunstwerk ja in erster Linie etwas strukturbesitzendes, spielverwandtes Gemachtes (weniger: Gesagtes) ist. Wie ist überhaupt die Kommunikationsmöglichkeit der rationalen Sprache mit diesem Fremdkörper? In irgendeinem Sinne muß er doch Ausdruck sein.

Hier ist nur Raum, um zwei Fragen herauszugreifen: die Frage nach der Sondersprache der Kunst und die nach dem „Ausdruck". Und ich will nur durch Heranziehung zweier auch literatursoziologisch versierter Zeugen und durch Erläuterung ihrer Aussagen die beiden Probleme berühren. Die Zeugen: Adorno und Heine. Ich muß weiter ausholen.

Es gibt Verstehensvorgänge, die zwar höchst wach sein können, die man aber nicht als „rational" im engeren Wortsinne ansehen darf; auf der Subjektseite ist eine spezielle Begabung vorausgesetzt. Dazu gehört z. B. das Verstehen eines Gesichtes und Mienenspiels, desgleichen einer Stimme und ihrer Tönung, Melodie etc.; hier kann sich sogenannte Menschenkenntnis entwickeln, nämlich dann wenn diese Verstehensbegabung sich vergeistigt, wozu auch ein gewisses Mißtrauen gegen die „eigenen Eindrücke" gehört. Es

gibt also extrarationale Verstehensbezüge, die den rationalen Bereich erst später berühren, die aber alles andere als irrational sind, da sie ja zur Vergeistigung und Selbstkritik geradezu drängen. In einer älteren philosophischen Terminologie sprach man hier von intuitivem Erfassen – ein Wort, das leider unbrauchbar geworden ist durch den modernen Irrationalismus.
  Gehört nun das Kunstverstehen, das literarische Verstehen auch zu einer solchen Verstehensart? Ja und nein. Jedenfalls kommt man mit dem Moment des Extrarationalen, das aber zugleich dem Irrationalen feind ist, der Sache ein klein wenig näher. An diesem Punkt unseres Gedankengangs wird es interessant, wie Adorno die Frage, was Verstehen von Kunst bedeutet, dahingehend beantwortet (in Noten III, S. 138ff.), daß er zunächst „die Entdeckung wiederholen" will, „daß es wesentlich abweicht vom Verstehen als der rationalen Auffassung eines wie immer auch Gemeinten". Kunstwerke, so fährt er fort, „versteht man nicht wie eine fremde Sprache oder wie Begriffe, Urteile ... All das kann zwar in Kunstwerken ... auch unterlaufen, spielt aber doch eher beiher und ist schwerlich das, worauf der ästhetische Verstehensbegriff zielt, der heute aber als eine Art von Nachfahren vorzustellen wäre: Man versteht ein Kunstwerk nicht, wenn man es in Begriffe übersetzt – tut man einfach das, so ist es vorweg mißverstanden –, sondern sobald man in seiner immanenten Bewegung darin ist; fast möchte man sagen, sobald es vom Ohr nochmals komponiert, vom Auge gemalt, vom sprachlichen Sensorium mitgesprochen wird ... Daß Kunst dem rationalen Verstehen ... sich entzieht, ist vom vulgären ästhetischen Irrationalismus ausgebeutet worden. Gefühl sei alles. Anstelle des spezifischen Mitvollzugs ist das bloße Mitplätschern getreten ... Unbestechlich hat Karl Kraus ... nichts von der Differenz der dichterischen Sprache von der mitteilenden nachgelassen". Hier ist, gewiß in eigenwilligem Stil, etwas zum klassischen Bestand der Poetik Gehöriges sehr klar und modern formuliert; mit dem letzten Satz ist auf einen Lieblingsgedanken von Karl Kraus angespielt, Kunst sei etwas völlig anderes als Mitteilung; sie war für ihn gewiß ein ebenso soziales Geschehen wie die Mitteilung, aber von ihr eben durch die Kunststruktur, die ihm mit Recht geradezu irreduzibel schien, unterschieden. Irreduzibel, wenn auch gewiß durch sozialhistorische Einflüsse mitbestimmt.
  Ich will sogleich das Heine-Zitat anschließen, da hier nicht nur der Unterschied von der „Mitteilung" angedeutet, sondern das noch Umfassendere bestimmt wird: inwiefern es sich bei der Kunst, ja auch schon bei guter Prosa, nicht einfach um „Ausdruck" handelt. Es steht im 5. Buch der Börne-Denkschrift von 1840.
  Der Grundsatz, daß man den Charakter eines Schriftstellers aus seiner Schreibweise erkenne, ist nicht unbedingt richtig; er ist bloß anwendbar bei jener Masse von Autoren, denen beim Schreiben nur die augenblickliche Inspiration die Feder führt und die mehr dem Worte gehorchen als be-

fehlen. Bei Artisten ist jener Grundsatz unzuläßlich, denn diese sind Meister des Wortes, handhaben es zu jedem beliebigen Zwecke, prägen es nach Willkür, schreiben objektiv, und ihr Charakter verrät sich nicht in ihrem Stil ...

Ich will zur Erläuterung einen Absatz aus Nietzsche anfügen, der zeigt, wie „gearbeitet" gute Prosa ist und wie das schwierige, aber lustvolle Verstehen solcher guten, d. h. kunstnahen Prosa vor sich geht. (Das Lustvolle ist übrigens für ihn eine Voraussetzung für das Eintretenkönnen einer zweiten, tieferen Verstehensstufe.) Es ist für ihn wahrlich nicht das, was man normalerweise „rationales Verstehen" nennt, weil eben der Text selbst zunächst sich nicht rational darbietet. Er schreibt im 246. Stück von „Jenseits von Gut und Böse":

Wie viele Deutsche wissen es und fordern es von sich zu wissen, daß Kunst in jedem guten Satze steckt, – Kunst, die erraten sein will, sofern der Satz verstanden sein will! Ein Mißverständnis über sein tempo zum Beispiel: und der Satz selbst ist mißverstanden! Daß man über die rhythmisch entscheidenden Silben nicht im Zweifel sein darf, daß man die Brechung der allzustrengen Symmetrie als gewollt und als Reiz fühlt, daß man jedem staccato, jedem rubato ein feines geduldiges Ohr hinhält, daß man den Sinn in der Folge der Vokale und Diphthongen rät, und wie zart und reich sie in ihrem Hintereinander sich färben und umfärben können: wer unter bücherlesenden Deutschen ist gutwillig genug, solchergestalt Pflichten und Forderungen anzuerkennen und auf so viel Kunst und Absicht in der Sprache hinzuhorchen.

So weit Nietzsche. Er gehört zu den Begründern der Literatursoziologie. Aber seine methodischen Mahnungen, wie die eben gehörten, sind für diese Wissenschaft wenig wirksam geworden; man hält solches für „bloß ästhetisch", bloß ein Epiphänomen betreffend; man glaubt Literatur „schon so" zu verstehen, man entschließt sich selten, es zu lernen. Und so versteht man nicht einmal den Sinn der Sätze, die man liest. So versteht man – genau das sagt Nietzsche – nicht einmal in der einfachsten erörternden oder erzählenden Kunstprosa den Sinn. Wie erst bei Versen! (Vgl. S. 9/10). Wie erst bei so reichen „Architekturen", wie es Dramen, poetische Erzählwerke usw. sind.

Man ahnt, wie schwierig Literatursoziologie wird, wenn sie nicht fußen will auf ausgebildeter Kunstkennerschaft oder, noch besser, auf kunstsichtiger Literaturwissenschaft (nicht alle ist es). Daß wir auf der Soziologie fußen sollten, fordert diese unreflektiert. Gewiß, kein Fortschritt ohne rechtverstandene Soziologie! Aber auch kein Fortschritt ohne Literaturwissenschaft oder wenigstens Kunstkennerschaft. Das liegt einfach am Objekt, das zunächst keine einfache Sprache (im Normalsinn) spricht und das nicht einmal als „Ausdruck" (stricto sensu) verstanden werden kann.

Hier will ich den Gedankengang abbrechen. In einem Schlußteil sei unten von der Zusammenarbeit gesprochen, d. h. vornehmlich davon, wie vorsichtig eine von „außen" herankommende Wissenschaft wie die Soziologie hier ansetzen muß. Dabei kann manche Veranschaulichung oder Begründung zu bisherigen Behauptungen nachgereicht werden.

Ich benütze die Zäsur, um zurückzublicken. Es kommt darauf an, Soziologie zu unterscheiden von Soziologismus, oder wie immer man das vitale Kind heiße. Mit der ersten muß man zusammenarbeiten, mit dem zweiten kann man so viel und vor allem so wenig zusammenarbeiten, wie man es sonst mit einer totalen Welt-Erklärung kann, welche stets die Rollen so verteilt, daß sie mehr als führend, quasi „total", sich versteht und einsetzt, während der Mitarbeiter sich mehr als führungsbedürftig verstehen müßte. Wer die Wahrheit besitzt, kann sie nicht suchen. Die Gelehrtenrepublik sucht. Sie sucht in republikanischer Kooperation. (Sie neigt dabei leider zum Relativismus, der vom Soziologismus, das wäre nicht schlecht, bekämpft wird.) Nicht ganz zufällig fließen kommandoähnliche Wörter wie „Gleichschritt" und „Durchschlag" den Sozialisten in die Feder.

Trotzdem gelingt eine notdürftige, manchmal sogar ergiebige Zusammenarbeit auch hier, und zwar auf den – so wichtigen – „außerkünstlerischen" Gebieten: Erforschung von Autobiographie, Bericht, Essay, Trivialliteratur etc. Die Krise tritt bei der Kunst ein. Hier ist das Objekt schwierig, schon die Sprache, die es spricht, ist so schwer, daß es ganz einfach nicht geht ohne den „Sprachkundigen", d. h. ohne den Kunstkenner oder Kunstwissenschaftler bzw. Literaturwissenschaftler, der sich dann gewiß auch vom Soziologen helfen lassen muß. Der Erfolg der so notwendigen Kooperation mindert sich hier erfahrungsgemäß genau in dem Grad, in dem der Soziologe sich etwa in den Soziologisten zu verwandeln beginnt.

Die Historiker handeln, besonders in der sogenannten Kulturgeschichte, von den Literaturwerken. Sie bringen sie in Verbindung mit den übrigen Leistungen, auch mit dem Zeitgeist, und setzen dabei stillschweigend voraus, daß diese Werke mehr oder minder leicht durchdringbar seien, so wenn man Dramen Hauptmanns oder Wedekinds sowohl als Spiegel der Verhältnisse als auch als Ausdruck sozialer Bewußtheit oder Verantwortung auffaßt. Heute ist diese Zuversicht erschüttert, sie ist auch wissenschaftlich nicht mehr ganz erlaubt. Was ich oben ausgeführt habe, schließt sich mit Strömungen der Literaturtheorie, von Valery bis Wellek-Warren, eng zusammen; ich bekenne übrigens gerne, auch so kunstsichtigen Außenseitern wie Hofmannsthal, Kommerell und Pfeiffer (dessen frühere existenzphilosophische Sprache ich freilich nicht immer nachzusprechen vermochte) ungemein viel für die anschauliche Erkenntnis zu verdanken, daß das Kunstwerk in erster Linie kein verkleidetes Gedankenwerk und noch weniger ein Gefühlsausdruck, auch kein Ausdruck anderer Art (etwa der „Zeit") ist, sondern zuerst in seinen eigenen Gesetzen – wie ein Musikstück – gehorchendes Gebilde, das dann freilich auf komplizierte Weise auch allerhand zum Ausdruck bringen kann. Zum Beispiel seine Zeit. Besonders aber: Wahrheit.

Aber es bestehen sehr große Unterschiede. Unterschiede nach der Gattung: ein Epigramm ist rationaler als ein Lied, und nach dem Stil: ein Gedicht Eichendorffs steht dem „Ausdruck" näher als ein Barockgedicht.

Dazu einige Beispiele, die der Literatursoziologie zeigen können, wo sie leichter und wo sie schwerer ansetzen kann. Die Trauer in einem Gedicht erlaubt nicht auf eine Trauer im Dichter zu schließen; Gedicht-Gefühl und Dichter-Gefühl sind zweierlei und am weitesten getrennt in artistischen Stilen. Valery hat über sein eigenes Schaffen plaudernd erzählt, wie er Trauriges ohne jede Trauer geschaffen habe und umgekehrt. In der Barock- und Rokokozeit hat man ungefähr so gesagt: Wer bis über die Ohren verliebt ist, ist viel weniger in der Lage, ein gutes Liebesgedicht zu machen als ein kühler Unberührter, der eine größere Konzentration auf das Handwerk, eine freiere Wachheit beim kunstgerechten Gestalten besitzt als der durch den Affekt Benommene, sozusagen fürs Schaffen Gelähmte. Dem Verliebten strömt zwar Stoff zu, wenn er seinen Zustand betrachtet, wenn er es gern „in alle Rinden" einschnitte, aber er hat weniger Formungseinfälle.

Dagegen steht jenes nach der Mitte des 18. Jahrhunderts plötzlich eintretende Grenzwagnis der Kunst: die sogenannte Ausdruckskunst, die dann mit ihren Lockungen und Schrecknissen durch gut eineinhalb Jahrhunderte blühte – wahrscheinlich nur eine Sonderform, eine Episode in der Weltgeschichte der Kunst. Und doch ist es auch bei der sogenannten Ausdruckskunst unendlich schwer herauszubekommen, was sie ausdrückt. Ein schwermütiges Gedicht Eichendorffs – drückt es aus, daß der Dichter schwermütig ist oder daß er seine Schwermut ein wenig geheilt und vergeistigt hat? Oder ist das Gedicht vielleicht nur das klare Echo einer Schwermut, die schon viele Jahre zurückliegt, längst aus dem Dichter gewichen, in dem sie nur einige Spuren zurückgelassen hat, aus denen hier eine Melodie aufsteigt? Aber das sind alles dilettantische Fragen, die viele andere Möglichkeiten verkennen müssen und doch den Nutzen haben, uns und unsere Kollegen (die von der Geschichte und der Soziologie) zu warnen, wenn sie ungeduldig nach dem Sinn oder der „Atmosphäre" und dem Hintergrund einer Dichtung begehren.

Es ist gut, sich an die etwas kunstferneren Gattungen zu halten. Ein Aphorismus oder ein Essay oder ein dramatisches Thesenstück, wie Ibsens Gespenster oder Frischs Andorra, drücken auch reale Gedanken des Autors ziemlich unverstellt aus. Und auf der entgegengesetzten Seite (beim Handwerk des Spiels) haben eine Boulevardkomödie oder eine alte Farce ihre Bedeutung so offenkundig im gut Gemachten, daß wir gar nicht der Verführung erliegen, hier ein Gedankenwerk oder einen speziellen Gefühlsausdruck zu sehen. Wie leicht sind auch das Pamphlet, das Tagebuch, die Autobiographie in ihrem

Sinne zu fassen; wie viel geben diese Randgattungen für den Soziologen fast problemlos her, da sie zwar strukturhaltig, aber doch, mit einem Kunstwerk wie der Iphigenie verglichen, etwas strukturarm sind.

Ich stelle neben die Iphigenie noch zwei Beispiele ähnlichen (also zentralen) Kunstbereichs, um die ganze Schwierigkeit zu zeigen, der der besitzergreifende Wissenschaftler hier begegnet. Goethe hat von seinen erotischen Römischen Elegien gesagt, daß sie einen anderen Sinn bekommen würden, wenn man sie in ein anderes Versmaß umsetzen würde. Das heißt: Würde man sie aus dem entspannenden, fernenden und begütigenden Versmaß der Goetheschen Distichen herausnehmen und in die nervös-beschwingte, sinnlich und kühn zuspitzende Stanzenform Byrons bringen, so würden sie nicht nur ihr Kleid, sondern ihren Sinn und Geist verändern, sie würden „verrückt", ich habe es oben zitiert (S. 15). So groß ist die Gewalt der Musik, die sich mit der Sprache eint. Wer sie lesen wollte, wie man die Zeitung liest, der sollte bei der Zeitung bleiben. – Die Kurse amerikanischer Universitäten im Schnelllesen dürften die Arbeit der Literatursoziologen nicht fördern, solange sie z. B. das musikalische Lesen nicht lehren.

Eine musikalische, genauer: symphonische Struktur kann auch ein Roman haben. Eichendorff hat solche Deutungen Schölls für seine Werke sehr beifällig aufgenommen. Thomas Mann und Hesse haben öfter ähnlich theoretisiert, wenn sie von bestimmten Hauptwerken ihrer Feder sprachen. Interessant das Beispiel eines jüngst wiedererstandenen großen Romanciers: Joseph Roth. Seine Romane sind allerwichtigste Zeugnisse für den Soziologen. Aber wer kann sie wirklich lesen außer dem Kunstkenner. Seine Aussage, um das Modewort einmal zu gebrauchen, liegt wahrlich nicht nur in seinen Aussagen, in seinen eingestreuten Reflexionen (sie sind oft das Beiläufigste), sie liegt schon in der symphonisch rhythmischen Abfolge bedeutender Szenen, in der Gesamtarchitektur, und ferner besonders in dem damit stets zusammenklingenden Tonfall und der wechselnden melodischen Abfolge. Haben nicht auch Melodien ihr sogenanntes „Ethos", das zu besonderer Kraft kommt, wo es mit Sprache und Gedanke und Werkarchitektur zusammengeht?

Dichtung, die natürlich auch Mimesis ist, verlockt uns stets dazu, in ihren Spiegelungen die Spiegelbilder realer Zustände oder Gedanken des Autors zu sehen. Aber selbst im Realismus und in der Ausdruckskunst ist immer noch Vorsicht geboten. Wer die Abschätzung der Handarbeit in Stifters Nachsommer sofort soziologisch deuten wollte, könnte auch auf den idealen Landschaften Claude Lorrains die malerischen Fetzen, in die Hirten und Fischer gekleidet sind, direkt soziologisch betrachten. Den Konventionen der „idealen Landschaft" gehorcht zum Teil noch Stifter. Realismus ist überhaupt weniger realistisch als sein Name glauben macht.[4]

Zum Schluß denkt man natürlich wieder an die Hauptgefahren. Sie sind nichts Isoliertes, nichts Akademisches. Der soziologische Durchschauungs- und Entlarvungsmechanismus, in dem es so selten, dank dem Mechanismus, zu einem freien Blick kommt, geht wohl auf eine ältere (historisch sehr verständliche) Zeitkrankheit zurück, deren allererste Anfänge schon Heine und Grillparzer sahen, als sie die vulgärphilosophischen und ähnlichen Reduktionen beschrieben; den verhängnisvollen Fortgang hat später Scheler, als er, auf Nietzsches Spuren, das „Ressentiment im Aufbau der Moralen" wirklich entlarvte, klar erkannt.

Man glaubt nicht, wie glücklich der Mensch ist, wenn er etwas Kostbares oder Überlegenes – Kunstwerke etwa – so richtig erklären kann, bis es wegerklärt ist, so daß er schließlich sogar die Wörter und Begriffe „gültig", „kostbar", „überlegen" als verlogen oder autoritär anzusehen geneigt ist (obwohl er doch diese seine Ansicht für so „gültig" oder „kostbar" hält, daß er sie wohl sogar veröffentlichen möchte).

Er ist glücklich, wenn er von Hölderlins ungeheuren Melodien hinweg in die schlecht gelüftete Kleinbürgerstube von Hölderlins pietistischer Mutter geführt wird und nun erkennen darf, wie die in solchem Elternhaus gesäten Komplexe die Keime von Dichtungen bergen. Komplexe haben auch ich und du, und man fühlt sich jetzt ebenso geborgen, wie sich die Großväter geborgen fühlten, als sie erkennen durften, Hölderlins Dichtung verdanke sich dem deutschen Geist und dem deutschen Glauben; deutsch wie ich und du und noch der Dümmste. Es ist immer Reduktion, es geht immer ins Dumpfere. In ihr finden sich die größten Gegensätze zusammen: der Stammesglaube, der Vulgärpsychologismus und Trivialfreudianismus, der Soziologismus. Es ist ja klar, daß ein so zarter, träumerischer Schwabensohn zu spät zum Jakobinismus gekommen ist und tragisch zugrunde gehen mußte, wie wir es gehört haben.

Der spießig demagogische Zauber des gelehrt auftrumpfenden Entlarvungsmechanismus wird uns, sobald er erst einmal umfassend auf allen Gebieten wirken wird, an den seligen Nationalismus erinnern (vielleicht war das Wort „Gleichschritt" doch etwas prophetisch, S. 53), zumal auch die heißbegehrten pauschalen Haßobjekte (die „Schuldigen") dann nie fehlen. Jeder von uns hat auch einen verkleinerungssüchtigen, pöbelhaften Gemütsbezirk, in welchem Kunsthaß, Religionshaß, Individualitätshaß und Fremdenhaß schlafen, deren Betätigung uns dann als nüchterne „Entlarvung" wird vorgespiegelt werden.[5] (Den Gesichtsausdruck der Entlarver hat Werfel vorausschauend beschrieben, unten S. 167).

Diese Zusammenhänge sind nicht neu. Karl Kraus war nach 1930 über die Gebildeten und Halbgebildeten verzweifelt, als er sie alles zurückführen sah – und jetzt kommt ein wundervoller Reim – auf Rasse, Klasse und Kasse. Es reimt sich nicht umsonst so gut *zusammen*. – Natürlich ist es besser, die Kasse zu hypostasieren als die Rasse, aber unendlich besser, dem Bann dieses ganzen „Zusammen" zu entrinnen, nämlich der „Weltanschauung", jenem stolz-schnöden Dahinter-Kommen und Dahinter-Bleiben, jenem Kennerblick auf das Hinterteil der Welt, das Karl Kraus reimend meint, der gewiß nie ohne wache Hilfe für die Kassenlosen gewesen ist. „Weltanschauung": das belastete Wort, das geradezu zur Vermeidung des genauen Anschauens der Welt erfundene Wort zieht sich heute zurück. Aber die Sache bleibt und kostümiert sich neu. Dieses „Zusammen" hat, wenige Jahre vorher, Hofmannsthal auch erkannt und hat es – ich übertreibe ein wenig zum Zweck der Verdeutlichung – wie einen hippokratischen Zug dem Gesicht der Zeit eingeschrieben gesehen. Zwei Zeugnisse. Das eine, knapp, innerhalb der Aufzeichnungen zu Nadler. Das andere breiter, aber ins Private verwebt, enthalten in einem bislang unveröffentlichten Antwortbrief an Willy Haas: Haas hatte 1922 einen Aufsatz ihm im Manuskript (genauer: in den Druckfahnen) geschickt, in dem er Hofmannsthals Werk „national" (wie er sich altmodisch ausdrückte) verstand, d. h. als ein jüdisches. Hier ein Teil von Hofmannsthals Antwort: [6]

„Ich bin ebenso unvermögend mich gegen Interpretationen der vagsten Art zu wehren..., als ich mich wehren kann wenn heute ein Privatdozent irgendwo mich Faser für Faser als ‚Romantiker' anatomiert und mich als solchen für in dieser Zeit unmöglich und mein ganzes Dasein für ein Phantom erklärt, oder wenn morgen ein Freudianer meine sämtlichen Arbeiten bis aufs I-Tüpfel als infantil-erotische Halluzinationen ‚erkennt'? Das stammt alles aus *einer* Hexenküche...

Sie traten mir einmal persönlich, dann in Briefen als ein meinen Arbeiten (in ihrer Gesamtheit, worauf alles ankommt) freundlich und aufmerksam Gesinnter entgegen... Nun hat sich dies alles verkehrt, und statt eines menschlichen Gesichts sieht mir eine der häßlichsten Larven des ‚Zeitgeistes' entgegen. Es tut mir sehr leid das Ungenaue und willkürliche."

Ich schließe mit einem dazu stimmenden Passus aus den – sehr fragmentarischen – Aufzeichnungen, die er sich 1928 zu Nadlers Literaturgeschichte der Stämme und Landschaften (zur noch zahmen ersten Auflage) gemacht hat, in der bekanntlich die neuen Geister des „Abstempelns", Herunterklärens und Kollektivierens schon virulent sind. [7]

„Zur Theorie oder These Nadlers: Bedenklich Determinismus – Alles Höhere des Menschen aus seinem Niedersten entwickelt – Eine Art Freudianismus – Dem Bedenklichen der Zeit verwandt."

Mit den Zitaten von Kraus und Hofmannsthal möchte ich auch an die wissenschaftliche Aufgabe erinnern: zu untersuchen, wie es zur Literatursoziologie und dann zum Soziologismus überhaupt gekommen ist, und an welchem geistesgeschichtlichen Ort und unter welchen Verwandten (des Zeitgeistes) – davon sprechen Kraus und Hofmannsthal vorwissenschaftlichkräftig – manche ihrer modernen Formen zu finden sind.

Anmerkungen

¹ Der gleichsam kollektive Grund des Musizierens und Dichtens damals kommt glänzend zur Darstellung in der (literarhistorischen und ebenso literarsoziologischen) Abhandlung August Langens „Zur Liedparodie im deutschen Roman des 18. Jahrhunderts" in der Festschrift Walter Wiora 1967. – Es geht natürlich nie monokausal zu. Milieu, Gattungszwang, Individuum (Entelechie) und noch viele andere (oft sehr gesellschaftliche) Faktoren wirken stets zusammen oder sollten wenigstens zunächst als zusammenwirkend angenommen werden, bevor man näher untersucht. Ich möchte die Unentbehrlichkeit des soziologischen Gesichtspunktes an zwei aktuellen Beispielen veranschaulichen. Ein Modeschriftsteller unserer Tage, eigentlich Modeforscher (natürlich eine contradictio), Friedrich Heer, erleidet soeben im Neuen Forum (XV/171) eine eindringende, eine vorbildliche Rezension: Balduin Schwarz beklagt da an Heers Juden-Buch, das übrigens auch Literarhistorisches berührt, unter anderem „die Vernachlässigung der soziologischen Seite der jüdisch-christlichen Beziehungen, als ob sie in unserer eigenen pluralistischen Gesellschaft stattgefunden hätten". Der Rezensent weist dann auf „das allgemeine soziologische Problem der Existenz von Minoritäten innerhalb einer Gesellschaft" hin und erwähnt das Problem der „Griechen und Türken auf Cypern, Türken und Armenier in der Türkei" usw., es ist ihm „ein Leitmotiv der Völkergeschichte. Zumeist ein sehr trauriges." Er schreibt später: „Die Juden haben – sehr begreiflicherweise – ihre Identität bewahren wollen inmitten einer überwältigenden Mehrheit nichtjüdischer Menschen ... Die Absonderung ist nicht einfach von außen auferlegtes Schicksal gewesen, sondern auch Manifestation ihres Eigenlebens. Sie sind beides: Volk und religiöse Gemeinschaft, und damit ergaben sich die ungeheuren Probleme ... Daß die Menge sich fanatisieren läßt und, wenn eine Mehrheit in irgendwelche Not gerät, sich an den Minderheiten vergreift, ist furchtbar – aber es ist ein allgemeines soziales Tendenzgesetz. Damit kann sich keiner moralisch salvieren, denn es gibt keine soziologische Determination. Aber man muß doch wenigtens das Problem sehen, womit christliche Führer zu ringen hatten, wenn sie dem Judenhaß und der furchtbaren Sturmflut seiner Gewalttätigkeit entgegentraten, wie es oft geschehen ist: Bernhard von Clairvaux ... Hildegard von Bingen haben mit dem Mut ihrer Heiligkeit den Frieden Christi zu predigen versucht (bei Friedrich Heer kommt das alles gar nicht heraus), es war umsonst, der Mob raste ... Das allgemeine soziologische Problem ... hat Heer nicht herausgestellt, aber auch nicht das massenpsychologische. ... Er sieht nur das theologische und religionspsychologische ...". – Das zweite Beispiel ist ein persönliches Erlebnis. Vor einer Reihe von Jahren sollte ich im Ausland über die Literatur und Kritik unserer Tage sprechen, es war ein deutsch-italienischer Kongreß (1961), ich sollte deutsche Literaturgeschichte seit 1945 bieten: einen Überblick. Bei der Vorbereitung stockte ich: Ist uns denn die Literatur dieses Zeitraumes bekannt? Antwort: kaum. Schlagen wir analoge „Überblicke" auf, etwa aus den Jahren 1920 oder 1820, Überblicke über die jeweils letzten zwanzig Jahre, so vermissen wir die wichtigsten Dichter oder finden sie in die unwürdigsten Ecken gestellt: Hölderlin, Claudius, Kafka, während längst vergessene Modeliteraten vorne prangen. (Viele Gründe; vielleicht hat es stilistisches piano stets schwer, ebenso Aporetik.) Jedenfalls hängt alles mit dem soziologischen Aspekt zusammen: Literatur ist immer gesiebte Literatur. Lektoren haben gesiebt, desgleichen „öffentliche" Instanzen (z. B. die Kritik). Sie haben vom Druck ausgeschlossen oder totgeschwiegen oder hochgehoben. Die Siebung korrigiert sich erst allmählich (und übrigens nie vollständig) in Jahrzehnten und Jahrhunderten; Liliencron rät dem verkannten Dichter: „Geduld! Poet, und nicht gemuckst! / Das ist die Pille, die du schluckst. / Vielleicht nach hundert Jahren Schicht / Zieht ein Professor dich ans Licht". (Das Beste, was

wir Professoren können.) Also die Frage: welche Siebung heute, welches Wahlprinzip? Ich sammelte z. B. die Äußerungen von Lektoren, von Kritikern usw. Ergebnis: Es muß auch heute ein unentdecktes Literaturkontingent geben, dessen ungefähre Umrisse man allerdings entdecken kann. Kurz und gut, Literaturgeschichtsschreibung beginnt nicht mit den Texten, die vor uns liegen, sondern mit der Frage, wer sie vor uns hingelegt hat, also mit einer z. T. historisch-soziologischen, auch geschmackssoziologischen, Frage. (Man verwechsle diese These nicht mit meiner weiter unten S. 59 vertretenen Anschauung: daß Dichtungsanalyse gerade nicht mit Soziologie beginnen sollte, vielmehr erst im weiteren Fortgang auf sie angewiesen sei.) – Der Vortrag ist übrigens gedruckt in den „Auszügen aus den Akten der III. Internationalen Tagung deutsch-italienischer Studien", Deutsch-italienisches Kulturinstitut, Meran 1966).

² Dazu mit großer methodischer Klarheit Heinz Otto Burger, „Arzt und Kranker in der deutschen schönen Literatur des 19. Jahrhunderts", enthalten in: Studien zur Medizingeschichte des 19. Jahrhunderts, Redaktion: W. Artelt und W. Rüegg. Band I: Der Arzt und der Kranke in der Gesellschaft des 19. Jahrhunderts, Stuttgart 1967. – Wir sprechen von den Erstarrungen: den Chargen (Notar etc.) von Molière bis Mozart. Von ihrem Werden (vielleicht 100 Jahre früher) gilt anderes.

³ 1822, als das m. E. realistische Eckfenster E. T. A. Hoffmanns erscheint, kann ich freilich weit und breit noch keinen vollen Siegeszug sehen. Dies nur zu einem – gewiß unwesentlichen – Detail der obigen Sätze, die auf S. 93/94 der „Grundprobleme der Literaturwissenschaft" von Krauss stehen. – Das folgende Lukács-Zitat ist Wehrlis „Allgemeiner Literaturwissenschaft", S. 130, entnommen.

⁴ Vorsicht ist geboten. Nehmen wir z. B. das besonders einfache und faßliche späte Gedicht der Droste „An meine Mutter": ein Mittelding zwischen Gedicht und Epigramm, zugehörig einer Zeit des Realismus und zugleich einer Zeit der Ausdruckskunst (im Lyrischen). Man sollte meinen, sein Sinn und sein ganzer Ausdrucksgehalt müßten leicht zu erfassen sein angesichts dieser Gattungs- und Stillage. Das Gedicht ist auch zunächst einfach zu verstehen. Aber gerade die leicht zu fassende gnomische Schlußpointe stellt jenen Grundzug der Ausdruckskunst in Frage: wes das Herz voll sei, des gehe der Mund über. Und was über die Entstehung dieses Gedichtes, im Gedicht selbst, gesagt wird, das entspricht jener „artistischen" Erkenntnis, daß das volle Gefühl die Gestaltung des Gefühls verhindere oder erschwere; Kunst könne außerdem gerade nicht die Tiefe des Herzens „ausdrücken" und gestalten. – Wir können demgemäß fragen: Erfahren wir meist gar nicht die tieferen Haltungen, Wünsche, Überzeugungen, Bewegungen der Individuen und der Gruppen durch die Literatur? Wir stellen die Frage. – Hier das Gedicht (dem sich ähnliche, sogar aus den bekenntnisfreudigsten Zeiten, anfügen ließen):

> So gern hätt' ich ein schönes Lied gemacht,
> Von deiner Liebe, deiner treuen Weise,
> Die Gabe, die für andre immer wacht,
> Hätt' ich so gern geweckt zu deinem Preise.

> Doch wie ich auch gesonnen mehr und mehr,
> Und wie ich auch die Reime mochte stellen,
> des Herzens Fluten wallten drüber her,
> Zerstörten mir des Liedes zarte Wellen.

> So nimm die einfach schlichte Gabe hin,
> Von einfach ungeschmücktem Wort getragen,
> Und meine ganze Seele nimm darin;
> Wo man am meisten fühlt, weiß man nicht viel zu sagen.

⁵ Ich habe vom Entlarvungsmechanismus gesprochen; seine Griffe können ja auch in einem emotional getönten Ablauf, also keineswegs so nüchtern, wie es der Sache entsprechen würde, abgewickelt werden (er versucht sich an allem, aber er „schont" schließlich auch alles, denn wer alles kritisiert, kritisiert nichts, in jenem Leerlauf, der nichts bewegt als das Selbstgefühl). Es gibt dabei sehr bevorzugte Objekte der „Entlarvung", auch innerhalb der Literatur, und manchmal braucht man nur die Zeitung aufzuschlagen, um sie zu finden. In der „Frankfurter Rundschau", es war am 25. März 1968, wird die im Insel-Verlag soeben neu herausgekommene alte „fleckige" Hölderlin-Biographie Wilhelm Michels hübsch-lakonisch, wenn auch „mechanisch", kritisiert, und zwar indem daraus bloß zitiert und in den Zitaten da und dort ein Wort gesperrt wird, um den Leser auf stilistisch oder gedanklich „weiche Stellen" aufmerksam zu machen. Da steht z. B. aus Michel:

„Läßt sich also Hölderlins Vater als ein tüchtiger Mann von natürlichem Frohsinn denken ..., stellt sie (die Mutter) ein Bild schweigsam-braven und doch empfindsamen Menschentums dar, wie es im Bereich des einfachen Lebens und pietistischer Frömmigkeit erwächst.—"

Im Sperrdruck erscheint zu unserer Überraschung nicht etwa das etwas flaue Stilklischee vom Wachstumsgrund des „einfachen Lebens", sondern folgendes: „natürlichem Frohsinn", „schweigsam-braven". Von unserem geradezu nationalen Ressentiment gegen natürlichen Frohsinn habe ich schon gesprochen. Auch andere Ressentiments mögen sonst mitsprechen. Aber es wäre falsch, das Verdienst der Brandmarkung von „schweigsam-brav" ganz zu übergehen. Die subkutane Erinnerung, daß die Schweigsam-Braven einmal so fürchterlich versagt haben, macht unseren Kritiker hier allergisch hellhörig; und es ist nur schade, daß er sich sonst in modisch pauschaler Angriffslust bewegt, die eben doch mit jeglichem Pauschalismus verwandt ist. Der Mechanismus wird tragisch, indem gerade das am tiefsten Bekämpfte, der emotionale Pauschalismus, durch die Hintertür wieder hereinkommt.

Das Schuldgefühl drückt unsere Seele nun nach dem anderen Extrem: Man kann gar nicht genug entlarven. Aber der Entlarvungsmechanismus, zu dem nun die Entlarvung heruntergekommen ist (immer wach und nüchtern zu bleiben, ist uns allmählich zu dumm geworden, und wer ein Köpfchen ist, macht sich ein Rezept, einen Sicherungsmechanismus), erschwert die wirklich fälligen Entlarvungen.

Auch im einzelnen ist alles historisch-genetisch sehr verständlich. Da es so viel sentimentale Gefühle gab und gibt, ist man leicht überhaupt gegen Gefühle. Da es so viele an dubiose Autoritäten fixierte Menschen (auch „Gefolgsleute") gab und gibt, sieht man überhaupt jeden Fall der Verehrung als eine psychisch oder moralisch suspekte Fixierung an (und schont höchstens Platon als Verehrer des Sokrates und Engels als den von Marx). Nüchternheit, Wachheit, Selbstkritik: also die Heilung von der Wurzel her – das ist so schwer, so bitter, daß es nur verständlich ist, wenn wir heute alle ganz einfach lieber bloß ins andere Extrem wandern.

⁶ Für den Hinweis auf diesen Brief und für die Überlassung zur Veröffentlichung möchte ich Herrn Dr. Rudolf Hirsch ganz besonders danken. – Unter den Freudianern hat Hofmannsthal übrigens unterschieden: wenige wertgehalten, andere stets bekämpft (die wirklich lächerlichen Studien zu Schnitzler dürften für ihn eine Rolle gespielt haben.) So viel zu der in den beiden folgenden Zeugnissen vorliegenden Anspielung. (Zusatz 1973: Heute ist der ganze Zusammenhang im mittlerweile erschienenen Briefwechsel offengelegt.)

Ich berichte noch über einen kleinen Literaturstreit unserer Tage, um zu verdeutlichen, was ich unter „Abstempeln" verstehe. Die Historiker kennen Bergengruen als einen besonders unbescholtenen und unerschrockenen Gegner- und Widerstandsgeist; übrigens hat er seine in den Kriegsjahren unter der Hand weit verbreiteten

Widerstandsgedichte 1947 z. T. publiziert: „Dies irae" heißt der Zyklus, während dann in bewußter Kontrastfarbe und Ergänzung zu diesem Titel das kurz darauf erschienene nächste Gedichtbuch, ebenfalls meist Gedichte aus der Unterdrückungszeit enthaltend, den Titel „Die heile Welt" bekam (der Titel eines darin enthaltenen religiösen Gedichtes ist über die ganze Sammlung, mißverständlich, gesetzt worden). Solche Kontrast-Ergänzung ähnelt formal Schillers „Kontrast": Ideal und Leben. Dieser zweite Gedichtband schließt mit einem traditionellen „dialogischen Spiel", einem Zwei-Rollen-Gedicht, das später die Aufmerksamkeit zweier Professoren auf sich ziehen sollte, die es zwar konträr deuten, aber gleichermaßen verkennen (z. T. abstempeln). Die zweite „Rolle" dieses Gedichtes ist näher herausmodelliert: es wird von einem alten, ganz narbenbedeckten Gesicht gesprochen (was ebenfalls auf die Schläge der Unterdrücker hinweisen könnte). Diese Figur gibt im dialogischen Spiel auf die Frage, was ihr „verblieben" sei, eine verblüffende, eine danteske oder goethische Antwort, den nie verstummenden Sphärengesang erwähnend; wir werden sogleich zitieren; in dieser Strophe bezeichnet das „Ohr" das Organ freieren Vernehmens, Erkennens, während die geschlagene Haut einfach schmerzt. Bollnow schreibt (Neue Geborgenheit, 1956, S. 26f.): „Bergengruens letzter Gedichtband ‚Die heile Welt' (1950, S. 282) schließt mit dem Bekenntnis: ‚Was aus Schmerzen kam, – / war Vorübergang. Und mein Ohr vernahm / nichts als Lobgesang' ... Und Bergengruen ist bestimmt kein Dichter, dem man einen billigen Optimismus nachsagen könnte. Er berührt sich in diesem Gefühl einer tiefen Dankbarkeit mit Rilke ... "

Adorno zitiert diese Sätze Bollnows und schreibt dann dazu (Jargon der Eigentlichkeit, 1965, S. 23f.): „Der Band von Bergengruen ist nur ein paar Jahre jünger als die Zeit, da man Juden, die man nicht gründlich genug vergast hatte, lebend ins Feuer warf, wo sie das Bewußtsein wiederfanden und schrieen. Der Dichter, dem man bestimmt keinen billigen Optimismus nachsagen könnte, und der philosophisch gestimmte Pädagoge, der ihn auswertet, vernahmen nichts als Lobgesang." Man liest es zweimal. Das kann nicht Adorno geschrieben haben, der es geschrieben hat. Einer seiner Epigonen höchstens! Adorno, dem wir so viel für das struktursichtige Erfassen verdanken, sollte hier die direkte „Mitteilung" (s. oben S. 56) und das „Bekenntnis" angenommen haben? Nun, er wird eben im Eifer des Kampfes für eine Sekunde dem Bollnow geglaubt haben, sich am Gegner fixierend (es ging ihm ja nur um Bollnow, und Bergengruen stand ihm leider am Rande), so könnte man sich's erklären, wenn man nicht gar mit Mephisto sagen wollte, er habe sich für eine Sekunde vom Stil seiner eigenen starken Söhne betören lassen: „Am Ende hängen wir doch ab / Von Kreaturen, die wir machten."

II. Anwendungen

1. Wie beginnt und wie endet Goethes ‚Faust'? Eine Form- und Inhaltsfrage*

Zwei methodische Voraussetzungen zuvor. Der Regisseur Jürgen Fehling hat manchmal auf einer Probe, wenn einem Schauspieler seine Sache, bei allem Bemühen, nicht recht glücken wollte, gesagt: „Wer immer strebend sich bemüht, dem können wir nicht helfen." So sehr hat sich das Wort „streben" seit den Tagen Goethes gewandelt; in manchen seiner Abzweigungen, z. B. „der Streber", gehört es einer konträren Sphäre an. Das Wort bezeichnete *damals* weniger etwas Willentliches – das liegt vielmehr in: „sich bemüht" – als das dürstende Langen und sich Sehnen nach dem Besseren, nach dem Höheren: Die Baumkronen, die in das Luft- und Lichtreich greifen, um zu trinken, sie „streben" in den Äther, wie man damals oft gesagt hat.

Der unbeirrt ziehende Kranich oben, den der Osterspaziergang nennt, „strebt" „nach der Heimat"; natürlich geschieht es in „seinem dunklen Drange" nach der Heimat; er hängt an ihr, wie – nun, sagen wir: wie Faust, der diese Verse spricht, der sie sicher bewegt spricht, weil er an seiner Heimat dunkel hängt, am „Urquell", eigentlich „des rechten Weges" inne, wie es ja auch der Kranich ist. Wer den Kranich oben ziehen sieht, dessen Gemüt „dringt" „hinauf" und „vorwärts", so heißt es; das „Streben" also weckt einen Anklang solchen Strebens in uns, erinnert uns Vergeßliche gleichsam an eine Bestimmung, schafft uns eine Unruhe. Etwas in Faust, der hier spricht, grüßt den Zug des Vogels, erkennt sich selbst, deshalb der bewegte Klang der Verse. Wer die Lerche, so heißt es in derselben Versgruppe Fausts, „im blauen Raum verloren" entschwinden, „verschweben und verschwinden" sieht (so möchte man mit ‚Höheres und Höchstes' im ‚Divan' sagen). während ihr „schmetternd Lied" uns noch erreicht, der erlebt dasselbe: auch er dringt „hinauf und „vorwärts", es ist, als sollte hier auch auf das, was an Hingabe „Verschwinden" und „Entselbstigung" im höheren „Streben" lebt, leise hingedeutet werden: also auf stets wiederkehrende Größen im Werk des mittleren und alten Goethe, die uns besonders im Faust-Schluß entgegentreten werden. Wenn jedenfalls Goethe einmal den Herrn von Willemer – ich lenke auf sehr Profanes zurück – einen „strebenden unruhigen Geist" nennt (zu Boisserée 3. Oktober 1815), so heißt er ihn damit nicht einen Strebenden im heutigen Sinne, am wenigsten einen „Streber"; „streben" und „unruhig" passen gut zusammen, treten manchmal sprachlich zueinander. Dazu kommt, daß das Wort „streben", wenn es in einem mehr oder minder religiösen Rahmen erscheint, z. B. wenn

---

* Vortrag, zuerst gehalten auf dem Faustsymposion der Universität Leiden in Amersfort 1961, etwas erweitert veröffentlicht in: Literaturwissenschaftliches Jahrbuch (hrsg. von H. Kunisch). N. F., 3. Bd., 1962.

Gottvater sagt, es irre der Mensch, so lange er strebe, noch geladen ist mit Energien aus dem Pietismus, als ob ein Nachhall des *cor inquietum,* etwas vom unruhigen Darben, Dürsten des Herzens und Geistes nach höherer Befreiung und Bergung, an ihm noch hafte. Doch nicht nur im sakralen Rahmen; es ist, wie schon Kranich und Lerche gezeigt haben können, das Besondere an Goethe, daß er „sakral" und „profan" nicht mehr schroff geschieden kennt, daß er, gewiß nicht ohne Wegbereiter, eben das Zwischenreich, das Berührungsreich, welches die Trivialtheologie damals schon lange gestrichen und durch eine vermeintliche Kluft ersetzt hatte (sehr der klassischen Tradition des Christentums zuwider, wie z. B. Pieper in ‚Wahrheit der Dinge' dargetan hat) – also, es ist das Besondere und Neue an Goethe, daß er das Zwischenreich so breit und neu überzeugend entfaltet hat in seinen Dichtungen, mehr noch als in seinem Denken, weil er denkend zu ehrfürchtig-nüchternem Verstummen neigt. Das hat ja jüngst Flitner geklärt. Ein schönes Beispiel, wie das Zwischenreich ausdrücklich entfaltet wird und dabei, wie zu erwarten, das Wort „streben" fällt, bietet das große, bewußt grundlegende Gespräch mit Kanzler Müller 1818 in Dornburg (es verschlägt nichts, daß manche Stücke später von Müller zugefügt sind, wie Grumach gezeigt hat; übrigens kann man bei diesem Gespräch auch die Aufzeichnung eines anderen Gesprächspartners heranziehen und sieht so die bekannte Zuverlässigkeit Müllers bestätigt). Es ist ein Gespräch, das ich allen Faustdeutern empfehle, da es das höhere „Streben" erläutert wie sonst kaum eine Äußerung.

Und schließlich wäre bei Werken des alten Goethe noch zu bedenken, daß sie weitgehend in einer Terminologie geschrieben sind; viele Wörter bedeuten nicht das Gewöhnliche, wenngleich Goethe vom Alltagssprachgebrauch seiner Tage ausgeht, doch nur *ausgeht;* aus einer Privatmythologie ist ihnen „terminologisch" eine besondere Bedeutung zugefallen. – Kurz und gut, der ‚Faust' ist in einer Fremdsprache geschrieben; wir müssen ihn übersetzen.

Eine zweite Voraussetzung: ‚Faust' ist ein Theaterstück, kein Lesedrama (so wenig Goethe auch von Faustaufführungen angetan gewesen ist). Nichts sei theatralisch, als was für die Augen symbolisch sei, hat Goethe stets gemeint, und eben im ‚Vorspiel' heißt es: „Man kommt zu schauen ... am liebsten sehn. / Wird vieles vor den Augen abgesponnen ...". Und man darf, – woran Goethe, als Augenmensch, nicht ebenso stark denkt – auch die Ohren hier neben den Augen nennen. Die Vorgänge, die wir sehen und hören (nicht die Sprache, die wir hören), sagen uns etwas, sie reden eine Sprache, die vielleicht noch eindringlicher als die Sprache, welche die Figuren reden, zu unseren Augen und Ohren spricht, Sprache der Tatsachen gegenüber Sprache der Worte, die vielleicht bloß „Worte, Worte Worte" sind, wie Hamlet sagt. Ich fingiere zwei Beispiele: Ein alter, sehr männlicher, in seiner Einsamkeit festgefahrener Mann hat so unerwartet Schreckliches,

Vernichtendes erlebt, daß er dem Sog zum Selbstmord nicht mehr widerstehen kann. Er kann nicht weinen, natürlich kann er das nicht; und er spürt wohl, gleich Lear, daß ihm so das Herz zerspringen oder absterben müsse. Und nun geschieht es, daß dieser Mann, im Moment des Selbstmordes, durch ein kleines Ereignis abgelenkt und erschüttert wird, und wir ihn zusammenbrechen sehen. Mehr noch: Wir sehen ihn plötzlich weinen. Unerwarteter ist nichts in dieser maßlos männlichen, alten Welt. Und wir sehen gleichsam ein verjüngtes Antlitz sich aus den Tränen heben. Jenes kleine Ereignis bestand in einem zu ihm hereinklingenden fernen Chorgesang. In seine düster-staubige Stube tönt die junge Vereintheit chorischer Stimmen: auch ein Chor freudiger *Frauenstimmen*, die besonders merkwürdig in diese Welt hineintönen. Alles freudig, vertrauend, jung, fromm. In einem solchen Theatermoment wird alles bedeutsam, was zu sehen und zu hören ist; es gehört zum Wesen des Theaters, daß es in bewegten Momenten alle Dinge so plastisch zeigt, daß sie einen ahnungsreichen Schatten werfen, d. h. symbolisch werden; unwillkürlich verknüpfen wir in solchen Momenten alles mit allem; wir werden wohl einen Augenblick lang symbolsichtig. Wir tun es um so mehr, je sinnlicher, je theatergerechter wir erleben.

Neben dieses Beispiel – es war gar nicht fingiert, wie Sie gemerkt haben, sondern ein Teil unseres Themas – stelle ich ein zweites Beispiel aus demselben Bereich. Die unerhört starke, „mörderische" egozentrische Persönlichkeit ist nach dem Überschreiten der Todesgrenze mit einem Schlag zu einem winzigen, willfährigen, hauchleichten Luftwesen geworden, das in einem Wölkchen entführt und dann wie ein hilfloser Embryo genährt wird mit „der Geister Nahrung". Und dieses Wunder geschieht in einer nicht minder wunderbaren Welt unablässig ziehender, steigender Bewegung und Allverwandlung unter Melodien, welche einer grenzenlosen frühlingshaft-verwandlungsseligen Hingabe zu entstammen scheinen. Dann die Überraschung: Inmitten dieses Geschehens vernehmen wir plötzlich eine Stimme, die sich *nicht* verändert hat, eine Melodie, die die gleiche geblieben ist, seitdem wir sie vor „Jahrhunderten" maßlosen versunkenen Geschehens gehört haben. Als sei nichts geschehen, ertönt wieder: „... neige, DU ..." Leuchtet hier der „Dauerstern" („ewiger Liebe Kern"), wie es in dieser Szene einmal heißt?

In beiden Beispielen wird durch das überraschende *Geschehen* vieles gesagt, was dann nicht gesagt zu werden braucht. Ein theatergerechtes, möglichst sinnliches Erfassen *ergreift* das Übersinnliche – wie es sich Goethe für seinen ‚Faust' wünscht. Ein Philosoph, der mehr seinen Geist gebrauchte als seine Sinne, bliebe vom Verständnis ausgeschlossen.

Nirgends hat Goethe den Anfang so sehr betont wie im ‚Faust', sagt Gerhard Storz (in den schönen ‚Goethe-Vigilien') und er meint hier die Tore und Vorhöfe: „Zueignung" und die zwei Vorspiele, und dann meint er wohl auch das Monodrama des Anfangs, also die Osternacht bis hin zu Selbstmord und

Rettung (von Goethe gibt es ja selbst eine solche monodramatisch zusammenfassende Bearbeitung dieses Einleitungsspiels). Und nun ist dieser *Anfang* sehr auffällig verknüpft mit dem *Ende*. (Goethe hatte ursprünglich sogar symmetrische Riesenklammern um das unförmige Stück zu legen versucht: Dem Gedicht „Zueignung" entsprach das Gedicht ‚Abschied', dem ‚Vorspiel...' die ‚Abkündigung', dem ‚Prolog im Himmel ein genau ergänzend gedachter ‚Epilog im Himmel', alles mit geradezu wunderlichen Abstimmungen.) Korrespondenz herrscht auch in der Binnenhandlung: Der Dämon der Sorge ist im ersten Mitternachtsmonolog als Führer zum Nichts mächtig, schließlich ohnmächtig; und nicht anders ist es in der letzten Mitternacht des Helden. – Und überhaupt sind alle Themen des Schlußaktes: Tod, Rettung, himmlisches Eingreifen, wunderbare Verjüngung schon angeschlagen im Monodrama der Osternacht; ja schon in den Randspielen und der „Zueignung" sind sie deutlich spurenweise da; wenn Goethe schließlich ‚Abschied' und ‚Abkündigung' fallen ließ und den himmlischen Epilog eigentümlich ändernd ein wenig aus der Symmetrie heraushob – der aufschlußreichen Korrespondenzen bleiben noch übergenug. ‚Faust' ist gewiß kein richtig rundes, kein „ganzes" Kunstwerk (Staiger hat recht), es ist aber ein äußerlich „gegründetes" Kunstwerk. Man muß die zusammenhaltenden Klammern und Klänge wohl beachten; sie sind vielleicht gerade deshalb kräftig, weil das Werk mit seinem sorglosen Reichtum, seinem „barbarischen" Grundriß auseinanderzufallen drohte. Diese Ränder sind unser Thema.

Das Zueignungsgedicht ist ein Vorklang; eine Vorbereitung des Lesers. Solches war ja üblich bei großen Werken. Das Gedicht ist ähnlich programmatisch wie die berühmte „Zueignung", mit der es auch das Metrum und manches im Ton gemein hat. – Mit den Zueignungsstanzen zum ‚Faust' (sie sind eines der allerschönsten Gedichte Goethes) beginnt schon das Gewebe des Faustwerks, von hier aus gehen alle wichtigen Sinnlinien, auch die bis zur Schlußszene durchlaufenden. Es ist eine echte Ouvertüre. Kaum ist sie verklungen, vernehmen wir im Vorspiel auf dem Theater eine ihrer wesentlichen Melodien. Der „Dichter" im Vorspiel spricht formal sehr ähnlich dem Zueignungsdichter, was man bis ins einzelne festgestellt hat; auch inhaltlich nimmt er deutlich einige markante Motive auf.

Als Goethe 1810 eine Faustaufführung plante, sah er die Rezitation der ‚Zueignung' vor, wohl weil sie zum Werk gehört oder es wenigstens künstlerisch präludiert; er dachte nicht an eine biographische Einführung (weder gibt das Gedicht eine solche, wie gezeigt werden soll – noch entspricht solches Goethes Kunstauffassung).

Das Gedicht berichtet einen Vorgang. Aber nicht einen, der stattgefunden hat (so in der anderen ‚Zueignung') sondern einen, der stattfindet und überraschend weiterläuft, während er gleichzeitig berichtet wird vom Dichter, welcher also selbst Überraschungen durchmacht, während er spricht. Seit

Klopstock und Goethe ist dieser Gedichttypus beliebt geworden. In ihm ist für fließend-verwandlungsvolles Bekennen Platz, sogar für geradezu dramatische „Verwandlungen" des „Dichters" selbst. So auch hier. Am Anfang zögert der Dichter vor den sich nähernden unwillkommenen Gestalten. „Wahn" und „Dunst und Nebel" sind unfreundliche Ausdrücke; „dem trüben Blick": das ist zwar echt goethisch für die ungeklärte, noch ungereifte Erkenntniskraft der *Jugend*, klingt hier aber auch nicht freundlich. – Die Gestalten aber „drängen" sich „zu". Der Dichter gibt ihnen langsam nach. Schließlich entschließt er sich sogar, sie wieder in sich aufzunehmen, um ihren Wunsch nach Leben, nach Verwirklichung zu erfüllen durch „die folgenden Gesänge", wie es ein wenig trocken heißt. Am Ende der dritten Strophe scheint das Zueignungsgedicht zu enden; der Ton wird still und kühl, wie es dem (bisher) konventionellen Aufbau dieses echten Zueignungsgedichts wohl ansteht. Aber dieser Schluß am Ende der dritten Stanze ist ein Trugschluß. Mit einer bewegteren Melodie als je zuvor setzt eine neue Stanze, die vierte, ein und ein ganz neuer Vorgang beginnt. Es wird ein neues Motiv herrschend: Verwandlung. Von ihm soll erst im zweiten Teil des Vortrags die Rede sein, zuerst ist von dem in den bisherigen drei Stanzen maßgebenden Motiv zu sprechen: dem Motiv der „Jugend". Gewiß ist es von Verwandlung nicht ganz zu trennen, da „Jugend" im goetheschen Sinne besonders veränderungsbereit und Verwandlung meist Verjüngung ist.

Was die überraschende Umstimmung des Dichters bewirkt hat, sind nicht die Gestalten gewesen, sondern etwas, was an ihnen haftete, ein *Dunst* und *Hauch*, wie es deutlich genug heißt. Sie kamen aus der Jugend, sie bringen ein Stück Jugend mit. „Mein Busen fühlt sich jugendlich erschüttert / Vom Zauberhauch...". Das letzte Wort ist *noch keine Floskel*, wie später bei den Romantikern. Was ist das Wichtigste an diesem zaubermächtig „erschütternden" Geist der Jugend?

> Gleich einer alten halbverklungnen Sage
> Kommt erste Lieb und Freundschaft mit herauf;
> Der Schmerz wird neu...

Das sind die bewegtesten Zeilen. Ihnen entsprechen die Begriffe. „... erste Lieb und Freundschaft." Ein Kernphänomen bei Goethe. Aus vielen Werken in fast derselben Weise bekannt. Desgleichen die begleitende zauberische Erschütterung. Beispiele: Niemals habe die Welt schöner vor uns gelegen als zur Zeit der ersten Lieb' und Freundschaft, nie sei sie wahrer, tiefer gesehen worden; jeder spätere Anblick, den die Welt biete, wirke demgegenüber wie mattere „Kopie"; es sei nie mehr das „Original" – so heißt es in der Geschichte vom ertrunkenen Fischerknaben in den Wanderjahren, jener frühen Jugenderinnerung Wilhelms von unendlicher Schönheit und Tiefe, von lebensbestimmender Kraft (in der übrigens die erste Lieb' und die erste Freundschaft als gleichzeitige, parallele Phänomene erscheinen). Warum wurde damals die Welt richtig erblickt? Weil das jugendliche Herz durch die Liebe erschlossen war. „Nur wenn das Herz erschlossen, / Dann ist die Erde schön. Du standest so verdrossen / Und wußtest nicht zu sehn."

Solche Liebe aus dem Morgen unseres Daseins wird, der Terminologie von ‚Faust II' entsprechend, „Aurorens Liebe" genannt (Beginn des IV. Akts) und von ihr heißt es dort (um es zu paraphrasieren), daß der Anblick der Welt, den „Aurorens Liebe" uns erschlossen und zu dem sie derart naiv-genial unsere Augen befähigt hat, – daß dieser Anblick der Welt, hätte man ihn nur festgehalten, jedes andere Gut der Welt, jeden anderen Schatz unserer Seele übertreffen würde: „Den schnellempfundnen, ersten, kaum verstandnen Blick, / Der, festgehalten, überglänzte jeden Schatz." „Blick" meint hier auch: Anblick; Anblick der Welt. „überglänzte": Konjunktiv. Es ist hier also genau dasselbe gesagt wie in der Geschichte vom ertrunkenen Fischerknaben; übrigens ist es auch wahrscheinlich im selben Jahr geschrieben worden. Unmittelbar vor den zitierten Faustzeilen wird die Vision aus der Jugend beschrieben als „jugenderstes, längstentbehrtes, höchstes Gut". In der nächsten Zeile heißt es, sehr ähnlich den Zueignungsstanzen (besonders der letzten): „Des tiefsten Herzens frühste Schätze quellen auf: / Aurorens Liebe ... bezeichnet's mir, / den schnellempfundnen, ersten ...". Die Vision „bezeichnet" den jugendlichen Liebeszustand (Phase der „ersten Lieb' und Freundschaft"), das so erschlossene Herz, das zum wahrsten, tiefsten Blick auf die Welt befähigt wird. Auch ein so charakteristischer Ausdruck wie „längstentbehrt" hat seinen Vorklang in der ‚Zueignung, Vers 25: „längst entwöhntes Sehnen".

Aber nicht nur zu Beginn des 4. Akts kehrt dieses Motiv, dieser Akkord wieder, durch das ganze Werk laufend, tritt er immer wieder an die Oberfläche und wird am reichsten in der Schlußszene entfaltet. Carus hat in seinen ‚Briefen' über den ‚Faust' gesagt, der Grundton dieser Dichtung habe etwas Frühlingsmäßiges. (Er meint damit allerdings auch das Motiv der Verwandlung und Verjüngung, das uns erst später beschäftigen wird.) Greifen wir zunächst Stellen heraus, die den Jugendakkord bringen.

> Ein unbegreiflich holdes Sehnen
> Trieb mich, durch Wald und Wiesen hinzugehn,
> Und unter tausend heißen Tränen
> Fühlt ich mir eine Welt entstehn,
> Dies Lied verkündete der Jugend muntre Spiele,
> Der Frühlingsfeier freies Glück;

Es ist Fausts bekannte „Erinnerung" an seine Jugend, die das Giftgefäß von den Lippen „zieht". Wieder ist das *neue* Gefühl der *Welt* wesentlich. Es ist hier wohl sentimentalisch kühn ausgedrückt: „fühlt ich mir eine Welt entstehn." So spricht auch der „Dichter" im ‚Vorspiel' von „Welt" und Herz.

Woher die Erschütterung „unter tausend heißen Tränen"? Wohl aus der Seligkeit des zum ersten Male erschlossenen Herzens, das überwältigt ist von der zum ersten Male *ganz* erscheinenden Welt. Wodurch ist das Herz erschlossen worden? Es wird nicht ganz zufällig sein, daß dieser Passus mit den Versen beginnt:

> Sonst stürzte sich der Himmelsliebe Kuss
> Auf mich herab in ernster Sabbatstille;

„Sonst" heißt: ehedem; also in der Jugend. Das Wort „Himmelsliebe" bezeichnet nicht nur die Liebe *des* Himmels und bezeichnet sicher nicht eine überirdische oder eine nur dem Himmel geltende Liebe. Es wäre ungoethesch, hier zwischen irdisch und überirdisch zu trennen, noch ganz abgesehen davon, wie „Himmel" zu verstehen wäre. Goethe hat auch im Faustschluß die Liebe als etwas von oben Kommendes verstanden, worüber noch zu sprechen sein wird, und keine Scheidung ihrer Arten anerkannt. Aber schon sprachlich ist die „Himmelsliebe" ein zeitgenössischer Empfindsamkeitsbegriff, kaum viel mehr als die so oft als „himmlisch" oder als „Himmelsmacht" bezeichnete irdische Liebe. Faust spricht sehr sinnvoll in diesem ganzen Monolog stets eine sentimentalische, einer halb pietistischen Empfindsamkeit nahe Sprache (z. B. „Kuß", „Sabbatstille", „ein Gebet war brünstiger Genuß"). Dieser Vers „sonst stürzte..." meint das Aufbrechen des Herzens, sein Erschlossenwerden zur Liebesfähigkeit, das Herz empfindet in seiner jugendlichen Dankbarkeit diese Öffnung und die hereinströmende Fülle als ein gnadenartig herabgekommenes Geschenk, zumal in diesem nebelhaften Moment der Pubertät Gottesliebe und Menschenliebe noch ungeschieden sind. (Fausts Jugend ist übrigens überhaupt in eine halb pietistische Atmosphäre getaucht samt der dazugehörigen Hypochondrie: siehe Osterspaziergang.) Hier wird mit der Sprache des säkularisierten Erweckungserlebnisses unser Vorgang geschildert. Säkularisiert: besonders durch das neue Naturgefühl, das nebelhafte Allgefühl.

Nimmt man die anschließende Schilderung dazu: „der Jugend muntre Spiele, / Der Frühlingsfeier freies Glück", so hat man sich jener Sphäre wohl genähert, die sonst mit „erste Lieb" und Freundschaft" bezeichnet wird. Von dorther kommt also die Macht, die das Herz und das Auge erschließt. Der Zusammenhang mit dem Beginn des vierten Aktes dürfte deutlich sein. Diese Macht kommt also von der erweckten Liebesfähigkeit, die verstanden wird als ein Geschenk von oben. Sie so zu verstehen ist ja auch sonst goethesch; die überraschenden guten Gaben und Fügungen des Lebens werden immer wieder so gesehen, seitdem Iphigenie ihr großes Gebet begonnen hat: „So steigst Du denn, Erfüllung, schönste Tochter / Des größten Vaters, endlich zu mir nieder!" Sprachliche Formulierungen wie „Geschenke von oben" oder „Geschenk Gottes und der Natur" finden sich sogar zur Bezeichnung guter

Einfälle, Aperçus; besonders finden sich solche, gewiß von der Empfindsamkeit mitbestimmte Ausdrücke, um die Herkunft von Liebe und Gegenliebe zu kennzeichnen.

Hier sei sogleich eine Korrespondenz mit der Schlußszene herausgegriffen. Der Satz „...Stürzte sich der Himmelsliebe Kuß / Auf mich herab..." erscheint ins Sinnfällige übersetzt, wenn die Engel Rosen, als die wirksamen Boten der Liebe, herabstreuen und wenn die Engel später die Liebe so verstehen: „Und hat an ihm die Liebe gar / Von oben teilgenommen." Die „Liebe" ist eben „Himmelsliebe", irdisches Ereignis überirdischer Herkunft, überirdisches Geschenk. So erscheint sie in den Augen der Engel, so erschien sie dem ahnungsvollen Blick des Jünglings. So erscheint sie keineswegs dem normalen Blick des Menschen, der die „Genialität" seiner Jugend wieder verloren hat. (Auch in diesen berühmten Faust-Versen ist *vielleicht* Liebe und Geliebtwerden gemeint. Kommerell hat das Zusammendenken von Liebe und Gegenliebe bei Goethe richtig dargestellt in seinem Aufsatz über die Schlußszene.) Die berühmten sechs Zeilen beginnen: „Wer immer strebend sich bemüht, / Den können wir erlösen"[1], und dann folgt unser Nebensatz, der die zweite Eigenschaft Fausts nennt, die, die dazu qualifiziert, von den Engeln bewillkommt werden zu können. Die *erste Eigenschaft* lag in dem „strebend sich bemüht", wobei in „strebend", wie gesagt, auch das liegt, was Goethe „höheres Sehnen" nennt (dieser Ausdruck z. B. im Schlußstück der ‚Trilogie der Leidenschaft'). Die *zweite Eigenschaft* heißt: „Liebe". Faust war liebesfähig, so überraschend dies klingen mag, so sehr dem ein kongenialer Betrachter wie Carus widersprochen hat, wenn er sagt, daß dem Faust bei dem unendlich Vielen, was er besaß, das eine gefehlt habe, die Liebe. Wann ist uns Faust als Liebesfähiger entgegengetreten? Nun, ganz offenkundig zunächst als Jüngling, so wie er sich selbst schildert, sicher aufs wahrste schildert in dieser furchtbaren Erschütterung der Osternacht. Aber man wird einwenden: So ähnlich dieses Teilnehmen der Liebe von oben dem „Kuß" der „Himmelsliebe" auch sein mag, – das eine fand im Leben statt, das andere nach dem Leben. Ich muß dagegen sagen: Goethe stellt nie dar, was nach dem Leben ist; er tut es nie im Ernst; er hielt es für unerlaubt. So gewiß er ein todüberlegenes Sein des Menschen annimmt, so weit ist er, auch im ‚Faust', von Darstellung, gar von Ausmalen des „Posthumen" entfernt. Den Tod stellt er im ‚Faust' dar und gibt *dann*, wie zu erwarten, eine Gesamtbilanz, oder besser: ein Gesamtbild von Fausts Wesen. Goethe hat es einmal anders geplant gehabt, er ging viel weiter in der Anknüpfung an den Prolog. Christus als „Reichsverweser" Gottvaters sollte gezeichnet werden, Christus hatte jedenfalls darüber zu entscheiden, ob der Teufel die Seele bekommen solle oder die Beute den Engeln verbleiben dürfe: ‚Gericht über Faust.' Christus aber, so geht die Erzählung weiter in der Skizze, braucht nicht zu entscheiden; der Teufel zieht mit seiner Forderung ab, sowie er erfahren hat, daß der „Reichsverweser" herrsche, weil von ihm kein „Recht" zu erwarten sei. Der *jetzige* Schluß ist viel einfacher, eigentlich auch einfacher zu verstehen; er geht viel weniger weit, er erzählt überhaupt viel weniger. Er gibt nur ein Bild des Zustandes der Seele durch Vorführung *zweier* gleichnishafter Vorgänge. *Einmal* benutzt er die alte Sage vom Kampf der Teufel und Engel, benützt sie natürlich im äußeren Sinne, um zu zeigen, *wie diese Seele ist*. Engel und Teufel kämpfen um sie. Nun, das haben sie lebenslang getan. Es sind aber ganz bestimmte Teufel und ganz bestimmte Engel, die lebenslang, als Kräfte, an dieser Seele gearbeitet haben. Da ist vor allem Mephisto, der die Sinnlichkeit ins Spiel gebracht hat, der ihm dann Gretchen erobern half. Da sind auf der anderen Seite immer jene oberen Mächte gewesen, die sich herabbeugten und die nach oben zogen, der letztere Vorgang ja auch im großen Verbindungsstück der Teile, das der Eingangsmonolog des vierten Aktes bildet. Die Bilanz der gegensätzlichen Kräfte wird durch den Gleichnisvorgang so veranschaulicht, daß die Engel, nicht ohne Mühe und Anstrengung, einen sonderbaren Sieg gewinnen. Es hat sich vor allem die Rechnung Mephistos als falsch herausgestellt, der von der Sinnlichkeit annahm, sie sei eine zu seinen Gunsten wirkende Kraft. Auch die grotesken Vorgänge dieser Szene sind wohl auslegbar. Höchst sinnvoll wird das Wesen der Sinnlichkeit und ihre Verschmelzbarkeit, ja Affinität mit der Liebe in immer neuen Formen in dieser und in der nächsten Szene umspielt.

Der *zweite* große gleichnishafte Vorgang ist die Verwandlung Fausts; durch verschiedene Stufen hindurch geschildert samt den bewirkenden Mächten. Auch dies dient u. a. der abschließenden Enthüllung von Fausts Seele, also der „Gesamtbilanz". Wurde durch den ersten Vorgang gezeigt, daß ein liebesfähiger Kern, wie unentwickelt er immer auch gewesen sein mag, in Fausts Seele ist, so wird durch den zweiten Vorgang gezeigt: Faust ist verwandlungsfähig. Durch beide Vorgänge wird das, was man aus dem Stück schon geahnt oder gewußt hat, verdeutlicht und uns so das Urteil über Faust erleichtert. Das Wort Urteil spricht man hier nicht gerne aus. Und es ist charakteristisch, daß auch jene Christusskizze den Reichsverweser nicht urteilen ließ (obwohl Goethe vielleicht einmal in diesem Zusammenhang ein geheimnisvolles „Gericht über Faust" geplant hatte). Auch die berühmten Worte der Engel dürften kaum als ein genaues Urteil einer zum Richten befähigten Instanz ausgelegt werden, sie sind wohl mehr Ausdruck von „Liebe" und „Gnade" (geradezu Synonyma, wie etwa Bruchstück Witkowski I 15 zeigt), wenn sie auch eine genaue Aussage machen darüber, warum sie Fausts Unsterbliches aus den Klauen der Bösen befreien („erlösen") und ihn sogar bewillkommnen durften. Die künstlerische Absicht war, dem Zuschauer eine Anschauung zu vermitteln, dann mag der Zuschauer urteilen, wenn schon geurteilt werden muß. Dann mag er sich auch sagen, wie die Abmachung zwischen Gott und dem Teufel endet; dann begreift er, warum es keines ausdrücklichen Pendants zum ‚Prolog im Himmel', warum es keines ‚Epilogs' bedarf. Anschauung: man mag sie transrational nennen, es bleiben in ihr trotzdem die beiden fast rationalen Ergebnisse erhalten. Um sie zu wiederholen: Die Gleichnisvorgänge zeigen, daß in Faust auch zwei Züge wohnen, die bisher im Stück, besonders im fünften Akt, zurückgetreten sind: Erstens: Er ist verwandlungsfähig und -bedürftig, ja fähig eines so vollkommenen Stirb und Werde, auch einer solchen Wiederverkindlichung, daß er sich nahezu entfausten kann (denn Ähnliches geht mit der Entelechie in der letzten Szene vor sich, wenn man sie im Kontrast zum Tun des so harten hochbetagten Faust erblickt). Das Überraschendste ist, daß er kindlich werden kann und geradezu selig-bewußtlos-hingegeben. Einem genaueren Blick würden sich freilich die spurenweisen Ansätze dazu schon in früheren Lebensdaten Fausts, etwa als er in Gretchens Zimmer allein weilt, zeigen; insofern dürfte man nicht von Entfaustung sprechen. Zweitens: Er ist liebesfähig – so sehr auch dies überrascht. Aber auch hier gilt, daß ein genauerer Blick die Spuren in der Jugend entdecken würde. – Diese beiden Züge entsprechen genau dem berühmten Kommentar der Engel (mag dieser auch keinen genauen Richterspruch enthalten). Sie nennen Faust erstens „strebend"; und das bedeutet in diesem „sakralen" Zusammenhang: im Sinne des „höheren Sehnens" verwandlungsgewillt und verwandlungsfähig. Sie bezeichnen ihn zweitens als einen, dem Liebe zuteil geworden sei, das heißt: der liebte.

Man darf also wohl den „Kuß" der „Himmelsliebe" in der Jugend zusammendenken mit dieser von oben geschenkten Liebe, zumal das Verbindungsglied des Eingangs des vierten Aktes dazwischen steht. Hier ist es gut, sich klar zu machen, daß das Motiv der Jugend, wie es uns zuerst in der ‚Zueignung' entgegentrat, alle Rahmenzonen des Werkes durchdringt und damit die Umgebung schafft, in der das Thema der jugendlichen Liebesfähigkeit anschaulich werden kann. Da ist der „Dichter" in dem ‚Vorspiel auf dem Theater'. Er ist ganz Sehnsucht nach der Jugend zurück, nach ihrem „tiefen, schmerzensvollen Glück". Die Anknüpfung an die ‚Zueignung' ist hier sehr vielfältig in vielen Zeilen, bis zu den negativen Kennzeichen der Jugend, besonders der Pubertät: „Da Nebel mir die Welt verhüllten", dieser Satz entspricht dem „trüben Blick"; auch in den Paralipomena zum ‚Vorspiel' gibt es solche Anknüpfungen an die ‚Zueignung'. Die Worte des Dichters sind die sentimentalische Variation der ‚Zueignung'. Das Thema der Jugend springt sogar in die Rede der „Lustigen Person" über, das Gespräch der Drei fährt sich mehrmals „unlogisch" fest am Problem der Jugend.

Im ‚Prolog im Himmel' wird überhaupt das ganze Leben von Gott gesehen wie eine Jugend, der die Reife später folgt („Weiß doch der Gärtner..."). Fausts Leben wird als eine stürmische, bizarre Pubertät von Mephisto beschrieben. Sein Vokabular („Gärung", „in die Ferne", „Tollheit", „halb bewußt", „Vom Himmel fordert er die schönsten Sterne") entspricht genau den damals geläufigen Schilderungen der Pubertät des „Jünglings". Das Gespräch der beiden fährt sich fest am Streitpunkt, wie „Jugend" von so intensiver Art zu beurteilen sei: als Weg hinauf oder hinab. Nicht anders, als sich der Vorhang über Faust hebt. Wem nicht schon im ersten Monolog ein jünglinghafter Geist, trotz des Alters, fühlbar würde, dem würde er klar werden durch den Kontrast, als Wagner auftritt, an Jahren so viel jünger, an Seele so viel älter. Dann der zweite Monolog. Ich brauche nicht auszuführen, daß ein Bewegendes zum Selbstmord der unerträgliche Schmerz über den Verlust der Jugend, der Jugend als Sorgefreiheit, ist. Dann endet das Monodrama mit den Ostergesängen, die freudig und jugendlich hereinklingen, frühlingliches Leben, wie es soeben schon in den Worten Fausts anklang: „Der Frühlingsfeier freies Glück", und vorher in den Worten des „Dichter" im ‚Vorspiel'. Dann später die vitale Verjüngung in der Hexenküche.

Die Ostergesänge haben die größte Ähnlichkeit, es ist bekannt, mit Gesängen des Faust-Schlusses. Nachdem die einleitenden Monologe der Patres verklungen sind, ist die nun anhebende Szene ganz in Jugendlicht getaucht, es ist eine Steigerung der frühlinglichen „Werdelust" aus der Osternacht. Beispiele: Pater Marianus spricht wie ein Jüngling. Die Büßerinnen sprechen eine eigentümlich naive, fast rührend brave, zugleich sublimbedeutungsschillernde Sprache (worauf Adorno hingewiesen hat). Vom ganzen „Rhythmus" der Szene haben wir schon gesprochen. Er lebt auch im Jugendton Gretchens, in den Worten der „jüngeren Engel", so heißen sie, und erst recht natürlich im Kinderchor und in der allerdings unanschaulichen, zu erster Jugendkraft verwandelten Seele Fausts. – Ich gebe diese Zusammenstellung, die fast nur Häufung beliebiger Beispiele ist, damit die Umgebung deutlich werde, in der hier in den Randzonen des Werks unser Thema von der jugendlichen Liebesfähigkeit entfaltet ist. Hier befindet es sich in der angemessenen Umgebung [2].

Es ist mit dem zweiten Kernthema nicht anders, von dem wir nun, im zweiten Teil des Vortrags, zu reden haben. Dieses zweite Thema heißt „Verwandlung" in einem noch zu bestimmenden Sinn. Wir gehen wieder von der ‚Zueignung' aus.

Das Gedicht schien sich mit der dritten Stanze seinem Ende zuzuneigen. In herkömmlicher Weise wurde gesagt, wem das Werk zugedacht, zugeeignet werde; sogar das Wort „Beifall" fällt; die Stanze ist kühler als die vorausgehenden; durch solche Anzeichen meldet sich, wie gesagt, der nahende Schluß, der Trugschluß, an. Eine neue Stanze setzt ein, bewegter als je zuvor, leitet langsam hin zu dem neuen Thema, das sich erst im letzten Wort der Stanze ganz enthüllt, in dem Wort „Wirklichkeiten", das nach dem Sprachgebrauch des reifen Goethe den genauen Kontrast zur Sehnsucht und zum Geist der Jugend, soweit er ein sehnsüchtiger ist, bezeichnet. Zunächst aber die ersten Zeilen:

> Und mich ergreift ein längst entwöhntes Sehnen
> Nach jenem stillen, ernsten Geisterreich,
> Es schwebet nun in unbestimmten Tönen
> Mein lispelnd Lied, der Äolsharfe gleich,
> Ein Schauer faßt mich ...

Der Dichter, der am Ende der ersten Stanze dem „Zauberhauch" erlag, so daß er sich schließlich zum Werk entschlossen hat, wird nun offenbar von diesem Zauberhauch noch tiefer, noch zauberischer erfaßt und durchdrungen. Bisher stand er der Macht gegenüber; jetzt ist sie in ihm. Es scheinen lang verleugnete und vergessene Grundwasser der Seele aufzusteigen und sie zu überfluten. Das ist der Augenblick, wo der Dichter die ersten Töne seines Werkes vernimmt, Töne, „der Äolsharfe gleich". Das ist der neue Werkbeginn, so mühelos, so bewußtlos hervorgebracht, wie die wehenden Töne der Äolsharfe. Fast wie unverständliche Naturlaute, wie von Geisterhand hervorgebracht. Der Dichter erschrickt vor seiner eigenen Stimme. „Ein Schauer faßt mich." Er versteht sein anhebendes Werk noch nicht. (Es ist eine bestimmte bei Goethe oft geschilderte Art von Inspiration; noch im ‚Divan' heißt es einmal vom Dichter: „Er versteht nicht, was er sagt.") Es ist eine „jugendliche" Art von Inspiration. Das „Sehnen" nach der Jugend scheint als eine „produktive" Sehnsucht jetzt ein schlummerndes Stück Jugend in der Seele aufgeweckt zu haben. Mit dem „Geisterreich", dem die Sehnsucht gilt, ist wohl die versunkene, die „gestorbene" Jugend gemeint samt manchen mittlerweile gestorbenen Freunden und vor allem „erster Lieb' und Freundschaft" und das „freundliche Gedränge". (Ein Frühlingsmoment: die Geister kehren wieder. Dieses Zusammendenken von Frühling, Totenreich und Inspiration mit dem besonderen Motiv der lispelnd halbverständlichen Laute aus der wehend bewegten Harfe – das muß wohl alles sehr auf Mörike gewirkt haben.) – Das Gedicht endet dann folgendermaßen:

> Ein Schauer faßt mich, Träne folgt den Tränen,
> Das strenge Herz, es fühlt sich mild und weich;
> Was ich besitze, seh ich wie im Weiten,
> Und was verschwand, wird mir zu Wirklichkeiten.

Bisher hatte sich im Gedicht schon viel ereignet, es hatte sich die zweiflerische, dann herablassende Miene des Sprechenden aufgehellt zur Sympathie, schließlich zur Ergriffenheit. Aber der Sprechende war gefaßt geblieben und hatte mit fast zeremonieller Überlegenheit zum Hörer gesprochen, im herkömmlichen Stil einer ‚Zueignung'. Nun verliert er plötzlich alle Gefaßtheit, stammelt unter einem Tränenstrom, den wir aus ihm brechen sehen, von einem in eben diesem Augenblick eintretenden Ereignis in seinem Innern, das er uns nicht völlig begreiflich machen kann. Er kann nur sagen, wie ihm zumute ist. Er muß darauf vertrauen, daß wir aus den Anzeichen: „Schauer", Tränenstrom und seinen geheimnisvollen Andeutungen es uns erschließen können, was hier vorgegangen ist. Um es sofort mit einigen trockenen Worten zu bezeichnen, es ist eine Überwältigung, die zur Verwandlung wird, und zwar zu einer Verwandlung im Sinne einer „wiederholten Pubertät", vielleicht einer ganzen, verjüngenden Umbildung des Seelenkernes. Daher der Schauer, daher vor allem der Tränenstrom; er wäre sonst nicht zu erklären. Auch das Wort vom Schwinden des Besitzes und schließlich das betonte Schlußwort „Wirklichkeiten", das sind alles goethesche Begriffe, um die in diesem Augenblick stattfindende Verwandlung zu kennzeichnen. Eine Kühnheit: Verwandlung des Sprechenden selbst. Man lasse sich nicht durch ein Wort wie „weich" in der drittletzten Zeile irreführen. Es ist ein in solchen Zusammenhängen vorkommendes Wort und deutet eben auf das wieder-flüssig-Werden, das jung Werden. Es bezeichnet nicht nur eine Stimmung. Als sich der Chor im dritten Akt verwandelt, fühlt er sich „als frisch genesen, / ... zur Tränenlust erweicht". Auch hier wieder die Träne als Zeuge der umschmelzenden Kraft. Oft in solchen Zusammenhängen das Wort „weich", z. B. wohl auch nicht zufällig „weiblich" (Adverb) in der Schilderung der Maria Magdalena am Schluß, als sie von dem Moment spricht, der sie verwandelt hat.

Man ist immer schnell mit der Auslegung zur Hand gewesen, die ‚Zueignung' sei eben eine Elegie, eine richtige deutsche Elegie des ausgehenden 18. Jahrhunderts mit der bekannten wehmütigen, tränennassen Zurückzauberung in die Jugend. Das Schlußreimpaar besiegle – eine rationale Rahmung, wie bei Stanzen zu erwarten – lediglich auf eine epigrammatische Weise die vorher in Stimmung getauchte Flucht und die Heimkehr zu den alten „Wirklichkeiten". An dieser gewiß hochgebildeten Auffassung ist alles goethefremd. Jenes beliebte elegische Thema birgt immer die Auffassung in sich, die Jugend sei schön und kehre nicht wieder. *Hier* aber kehrt sie wieder. Der goethesche terminus technicus „Wirklichkeiten" läßt daran nicht zweifeln; in diesem Gedicht kann der Dichter, wie im ‚Faust II', „sehnsüchtiger Gewalt / Ins Leben ziehn die einzigste Gestalt", sie aus dem Totenreich und dem Reich der Phantome ans Ufer ziehen, wo die „Wirklichkeiten" wohnen (ein Vorgang, der soeben von Gottfried Diener in seinem Werk ‚Fausts Weg zu Helena' auf sehr subtile Weise Wort für Wort interpretiert worden ist). Nun gibt es gewiß eine *scheinbar* ähnliche Perennierung und Neuverwirklichung des Jugendgeistes im heroischen Gedicht Schillers und anderer. Der Unterschied: Im feurigen Aufschwung trocknet dort die elegische Träne. Hier Erschütterungsausbruch im Beginn der Neuverwirklichung. Kurz, weder in die heroischen noch in die elegischen Fühlformen paßt unser Gedicht hinein. Es ist der plötzlich sprengende „Schauer" und dann besonders der paradoxe Tränenstrom, der sich keiner derartigen Erklärung fügt. Es wird besser sein, wenn wir all diese Vorgänge und Symptome streng aus dem goetheschen System, aus dem System seiner „Gefühle" und vor allem seiner

Symbole zu fassen versuchen. So allein kann auch dem Einwand begegnet werden, daß wir die Dinge dieses Gedichts überbetonten. Man muß sie zusammen mit den Parallelen im „System" sehen.

Symbol? System? Man hört es nicht gern angesichts dieses offenkundig impulsiven, bekennenden Gedichts. Bekennen, das ist es gewiß. Aber gewiß nicht, wie es sich der Laie vorstellt. Bekennen ist hier ein Stil. (Noch abgesehen von der Eigenart schon des mittleren Goethe in einem System zu dichten.) Der Bekennende ist zugleich Ich und Rolle. Seit dem Rousseauismus müssen diejenigen Dichter, welche dem neuen Stil folgen (Schiller tat es nie), bekennen. Es ist ganz einfach Stilzwang. Sie sind also Bekenner oder tragen die Kunstmaske des Bekenners. Genauer: Sie tragen, wenn auch noch so natürlich, stets diese Maske, da bloßes Bekennen nur im Leben seinen Platz hat und nicht in der Kunst. Bei den Meistern dieses Stils (Goethe, Beethoven, die großen Romantiker) ist es dann freilich so, daß Gesicht und Maske ununterscheidbar sind. Mit anderen Worten: Diese ‚Zueignung' ist ebensosehr Herzenston und Naturlaut als sie Kunstton ist, sie enthält zugleich freimütig „ausgeplaudertes" Geständnis über den Arbeitsprozeß und ist doch die berechnetste, prägnanteste Ouvertüre. Mehr noch: Dieser Tränenstrom ist zugleich echt und doch nur ein Stück aus dem Symbolarsenal des Dichters, um den geheimnisvollen Vorgang des Gedichtes signalisierend aufzuhellen und um einen symbolischen Grundklang zu schaffen, der von dieser Ouvertüre aus durch das Stück läuft. Keiner kann ihn wissenschaftlich erklären, der nicht das Arsenal kennt.

Also, ein „Schauer" zuvor. Es ist zunächst ein Schauer wie bei Erscheinen eines Geistes („Geisterreich" und „Äolsharfe"). Aber es ist auch ein Schauer der „neuen Fühlung"; unwillkürlich drängt sich der Ausdruck aus dem größten Gedicht über das Stirb- und Werde-Thema auf. Es liegt in dem Schauer auch ein gewisses Erschrecken des Dichters vor der eigenen Stimme; das Gedicht ist eine Selbstbegegnung; daher der Schauer vor der Zeitentiefe des Lebens, der Verwandlungsmöglichkeit. (Vielleicht so wie Goethe sich selbst als Geist sich entgegenreiten sah.)

Aber der Tränenstrom? Er mag mit dem Schauer so zusammenhängen: Das plötzliche Auftauchen aus dem Strom des Alltäglich-Selbstverständlichen, aus dem abstumpfenden, natürlich-resignativen Leben, ein solches plötzliches Wiedererblicken des verlorenen „höchsten Guts", um mit dem Eingangsmonolog des vierten Akts zu sprechen, ist immer wie ein Abgrundblick, wie ein plötzliches schmerzliches Gewahren der „Nacht der Ferne" („Wiederfinden"), ein Gewahren des „sittlichen Todes", in dem wir unser gewöhnliches Leben zubringen, wie er einmal an Frau von Stein schrieb. Hier ist ein gewisser Ansatzpunkt, um den Tränenstrom psychologisch zu verstehen. Aber diese Ausgangsbasis ist noch zu schmal, und ein naheliegendes Mißverständnis ist abzuwehren.

Wie sehr, wie schmerzlich es auch ausgedrückt wird, was man mit der „Jugend" verlor, – es wird bei Goethe nie vergessen, was man mit der Reife gewann. Ein „empfindsamer" Autor würde kaum den Blick der Jugend „trüb" nennen, er würde von den inmitten einer edlen Jugend (oder bald nach ihr) „Frühverstorbenen" kaum sagen: „die, um *schöne Stunden / Vom Glück getäuscht vor mir hinweggeschwunden*". Blicken wir nur auf das unterdrückte Gedicht ‚Abschied', das als genaues Schlußpendant zu unserem Gedicht damals entstanden ist. Es ist ein Preis der Reife, ein Ausdruck des Unmuts gegenüber faustischen Jugendstufen. Die *freundlose* Einsamkeit des gereiften Dichters, die in der ‚Zueignung' ergreifend geschildert ist, wird in geradezu grotesker Weise durch die *Gegenbehauptung* im ‚Abschied' kontrastiert („Ihr Freunde, die das Leben mir gesellt / Ihr fühlt mit mir, was Einigkeit bedeute..."), woraus man sehen mag, wie gottverlassen die biographischen Ausleger urteilen und was es mit dem „Bekennen" auf sich hat. Aber dieses Gedicht ‚Abschied' hat einen Punkt – den wichtigsten – aufs genaueste gemein mit der ‚Zueignung': den Preis der Veränderungsbereitschaft, des Frühlings: „...Mit jedem neuen Frühling lockt auf neue Flur... Er schreite fort." Mit solchen Klängen und Gedanken wollte Goethe also das Gesamtwerk *einkreisen*, um uns über den Sinn etwas zu verraten. Er hat später das Gedicht ‚Abschied' durch neue Konzeptionen ersetzt, so durch den jetzigen Schluß, der zugleich Handlungsende und eine Art „Abschied" ist. Der *Sinn blieb.* Selbst eine Nuance wie die des Frühlings blieb. Vom Sinn des unterdrückten Gedichts später!

Wir fragen nun, ob und wie dieser rätselhafte Tränenstrom vielleicht mit der goetheschen Auffassung der Verwandlung zusammenhänge. Zunächst einfache psychologische Beispiele aus dem Zeitraum, dem unsere Verse angehören. Wir nähern uns damit zugleich wieder dem Nerv der Faustdichtung.

Warum hat Goethe in Verona geweint, als er die ersten, ach so harmlosen, gut-provinziellen griechischen Originale gesehen hat? Eine höchst unantike Reaktion – die er später gestrichen hat, als er die Briefe für die ‚Italienische Reise' zurechtmachte, gestrichen sicher deshalb, weil diese Reaktion als leidige Empfindsamkeit, als etwas recht Unantikes mißverstanden werden konnte. Warum hat er geweint? Wohl deshalb, weil er Befreiung, Genesung, Verjüngung sofort geahnt hat in dieser hier zum ersten Male geschmeckten neuen „Geister-Nahrung", die er viele Jahre so entbehrt hatte, daß er gleichsam an einer Mangelkrankheit dahingesiecht hatte. Es waren sehr persönliche Tränen und alle Aufzeichnungen in Verona aus diesen Tagen (studieren Sie sie bitte!) zeigen, daß er die *Gegenwelt* zu Frau von Stein, zu Empfindsamkeit, Traum, Naturferne, Metaphysik so inbrünstig sucht wie ein krankes Tier das Kraut, das es zu seiner Rettung braucht. Diese Tränen sind den bekannten Tränen der Rekonvaleszenz nahe, wenn die krankhaft festgefahrenen Grundvesten wieder ins Gleiten kommen und die neue Unsicherheit wie ein Vorgefühl des Frühlings ist, der Genesung. Deshalb auch die Metapher in diesem Passus aus Verona, nämlich die Erfindung eines heranwehenden Windes, der den Duft vieler Rosen bringt. So sei der Wind, heißt es, der von diesen Kunstwerken herwehe. Das heißt: die Genesung weht von dort. Die Fesseln beginnen zu fallen, die kaum noch gehoffte Wiedergeburt deutet sich an. Wie so oft bei Goethe geschieht es unter Tränen, diesem Ausdruck umschmelzender Kraft, daß eine lang verleugnete Wesensschicht des Innern, die hier besonders durch Frau von Stein hinweggedrängt worden war, wieder mächtig wird. Der Blick geht zur Erde, es ist ein wenig wie im ‚Faust', als ein Stück lange verleugneter Jugend ihn wieder übermannt hat: „die Träne quillt, die Erde hat mich wieder." (Weinen-Können ist noch eine Kraft aus der *Jugend* der Seele, deshalb ist die *Reihenfolge* der beiden Sätze wichtig: „Die Träne... die Erde... ") In diesem Augenblick hat es sich entschieden, daß von den beiden Mächten: dem Hang zum Tod und dem Trieb zum Leben (den man fast der entelechisch fortwirkenden Jugendkraft gleichsetzen darf), die zweite Macht stärker ist. Man wird einwenden: Dieser erste Teil des ‚Faust' samt der ‚Zueignung', das sei doch konträr zu Verona; dort komme der Wind aus Hellas, hier aus der Heimat. Ja: konträr, und deshalb um so mehr Beweis. Die Verwandlung hat beide Male genau die gleiche Tiefe erreicht, eben die Tiefe, welche die Träne ruft. – Nun seien Beispiele aus besonders naher zeitlicher Nachbarschaft zur ‚Zueignung' gewählt.

In diesen Jahren entstehen über das Thema der Verwandlung die kleinen versepischen Gedichte: ‚Der Gott und die Bajadere' und ‚Alexis und Dora'. Die Bajadere – im Kern eine Maria Magdalena etwa in dem Sinn wie die *magna peccatrix* des Faust-Schlusses – „weint zum ersten Mal" und bekundet so die in diesem Augenblick geschehende Umkehr, Verwandlung; sie *wird* jetzt eine der „reuig Zarten" (Faust, Vers 12 097; „zart" bezeichnet die Verjüngung). Die Verjüngung der Bajadere vollendet sich in der phönixgleichen, gottvereinigten Auferstehung aus dem „Flammentod", nach dem sie sich „gesehnt" hat, um mit den beiden Worten aus der ‚Seligen Sehnsucht' zu sprechen.

Dem Paar ‚Alexis und Dora' ergeht es in dem Augenblick, der ihr Leben umprägt, kaum anders als den übrigen Gestalten, die in eine Wandlung treten. „Da floß / Häufig die Träne vom Aug mir herab, Du weintest, ich weinte... ". Unmittelbar voraus geht: „Amors Hände fühlt ich: er drückt' uns gewaltig zusammen, / Und aus heiterer Luft donnert' es dreimal." Der Donner: das Ja des Kosmos. Er triumphiert, gemäß dem berühmten Wort im ‚Winckelmann'. Das mag auch anzeigen, daß in den Beiden die Steigerung, der Eintritt in eine vollkommenere Form jetzt eben stattfindet: Das Wort „ewig" bekundet es dann. (Ich habe es zum erstenmal 1949 in meinem Goethe-Buch dargestellt.)

Zum ‚Faust' selbst. Wir haben schon gesagt, daß der antike Chor im

Augenblick seiner Verwandlung in einen modernen Chor sich plötzlich durch Musik zu „Tränenlust" bewegt findet. Ebenso haben wir schon von der Osternacht, ihrer Jugendvision und ihren Tränen, gesprochen. Wir fügen hier nur hinzu, daß auch das Motiv des Frühlings, das wir schon im Vorspiel als Begleiter der Jugend kennengelernt haben, nicht fehlt, ebensowenig das Stichwort „Sehnen", auf das sich „unter tausend heißen Tränen" reimt (dieser Reim auch in der ‚Zueignung' und in der ‚Aussöhnung'). In den abschließenden Chören der Osternacht heißt es: „Ließ er die Seinen / schmachtend uns hier zurück; / Ach; wir beweinen, / Meister, dein Glück!" In diesem „schmachtend" ruht ein Anklang an jugendliches „Streben" und „höheres Sehnen", wie der ungemein prägnante Ausdruck aus der ‚Aussöhnung' heißt, welche den „Götterwert der Töne wie der Tränen" preist. „Beweinen": wieder jene Träne, die zugleich schmerzlich und glücklich der Verwandlung des „Meisters" gilt, die in den allgemeineren Zusammenhang der „Werdelust", eines höheren Frühlings, gestellt ist. Wir brauchen die Ähnlichkeit mit der ‚Zueignung' nicht mehr zu betonen; wir blicken jetzt auf die Schlußszene, in der Faust in ähnlicher Weise von oben gerettet wird, wie es schon in der Osternacht geschah.

Der bahnbrechende Vorgang ist wohl den Büßerinnen zu verdanken, die den streitenden Engeln die Rosen gegeben haben und später für Gretchen Fürbitte einlegen, für Gretchen, in deren Schule der anscheinend entfaustete Faust zu weiterer Entwicklung gegeben wird. Die erste der Büßerinnen ist Maria Magdalena (die deutlichste Gestalt für den Zuschauer: eben das denkbar größte Beispiel einer Umkehr, Verwandlung, Verwesentlichung). Sie beginnt mit den Worten: „Bei der Liebe, die... Tränen ließ... fließen...". Sie spricht hier von den Tränen im Augenblick ihrer Verwandlung; es ist ein Augenblick, den Goethe sicher ähnlich, womöglich noch sublimer gesehen hat als jenen Augenblick, als es von der Bajadere hieß: „Und sie weint zum ersten Mal."

Wenn so die Träne als ein stetes Anzeichen der Bewegung in den Grundvesten der Seele, einer heilsamen, fruchtbaren Bewegung, Metamorphose besonders in den Randzonen begegnet ist, so müssen wir wohl noch einen Augenblick darüber nachdenken, wie der alte Goethe die Träne sieht, die zu seinen zentralen Motiven gehört. Es ist von der vitalen Seite des Weinens auszugehen, wie sie etwa in der ‚Pandora' geschildert ist, wo von der „Tränengabe" (also dem alten *donum lacrimarum*) die Rede ist und es von den Tränen heißt, daß sie fließen, „wenn's im Innern heilend schmilzt". Die Genesung, der neue stauunglösende Rhythmus, dem man sich anheimzugeben vermag, wenn man weinen kann, werden immer hervorgehoben (z. B. in ‚Aussöhnung', in ‚Äolsharfen' usw.). Im Vitalen findet ein Neubeginn statt, wie wir ihn zum Beispiel auch aus dem Erleben eines Gewitters, d. h. aus der vitalen „Auferstehung" nach einem Gewitter kennen. Auch das „Schmelzen" und der fruchtbare Regen gehört zusammen. In einem großartigen nachgelassenen Divangedicht werden die beiden Motive verbunden. Es wird das Wunder erzählt, wie der Wüstensand durch die herabtropfenden Tränen des einsam sitzenden Liebenden fruchtbar zu werden beginnt wie nach Gewitterregen; schon steigt die feuchte Wachstumsahnung in die Luft, „schon grunelt's" [3]. – Im Schmelzen liegt aber noch etwas anderes: Die Selbstbehauptung weicht. Wer weint, kapituliert. Er läßt sich los, er ergibt sich. Für Ergebung in den Willen Gottes benützt Goethe das Weinen als Symbol. So im ‚Divan', der sehr oft von der Ergebung (Islam) handelt. Diese Ergebung ist das schönste Wunder. Sie verwandelt uns ganz und verwandelt damit auch alles uns Zustoßende. Genau dieses Wunder der Ergebung ist in der Parabel ‚Wunderglaube' des ‚Divan' geschildert. Die unvergeßlich schöne Parabel handelt vom Weinenkönnen. An ihm gewinnt der Dichter das religiöse Symbol für die Ergebung. – Die vitalen Vorgänge sind für Goethe immer die symbolfähigsten. Das hängt damit zusammen, daß sie die verständlich-eindrucksvollsten sind. Nachbar unseres Symbols ist zum Beispiel der Eros der Liebesnacht aus der ‚Seligen Sehnsucht' oder der Sturz des Tropfens ins Sturm-Meer und seine Rettung, wie es die erste Divanparabel erzählt. Aber in den Umkreis dieser Verwandlungs- und Steigerungssymbole gehört auch die Metempsychose, mit der Hatem spielt, und eben vor allem der Durchgang durch das Gewitter. Das letzte Symbol ist für die im Tod geschehende Verwandlung mitbenützt in der Grablegungsszene. Es sei nur zitiert, wie es *nach* dem schwefligfeurigen Höllenkampf heißt: „Luft ist gereinigt: / Atme der Geist!"

Damit sind wir zum Thema zurückgebogen. Wir gehen nun davon aus: Die neuere Forschung bestreitet es nicht mehr (was schon Carus sagte), daß der ganze ‚Faust' wohl eine Art Grundthema habe, daß eben dieser goethesche Mythos von der starken Entelechie, die der ‚Faust' ist, wohl der Frage nachgehe: Wie ist Verwandlung möglich?, salopp gesprochen: Wie kann ich aus meiner Haut? Und besonders: Wie ist Verjüngung möglich? Es ist übrigens ein Thema, welches um 1800 allenthalben blühte. Faust ist der Vielverwandelte. Er ist der in wiederholten Pubertäten, höheren und niederen, mehrmals Verjüngte, der aus Erstarrungen wieder zurückgeholt wurde, am erstaunlichsten am Schluß. Das Drama beantwortet tatsächlich die gestellte Frage, natürlich durch die Anschauung, nicht den Begriff. Auf diese Frage nach der Verjüngung – mag sie nun das eine Grundthema sein oder eines unter verschiedenen – werden wir unvergleichlich anschaulich vorbereitet durch die ‚Zueignung', die Vorspiele und das Monodrama. Nehmen wir das ‚Vorspiel auf dem Theater'! Nichts wünscht sich der Dichter inbrünstiger als Verwandlung, Verjüngung. Immer wieder reden sich die drei Personen am Thema der Verjüngung fest. Selbst die „Lustige Person" steuert (fast ein Stilbruch) Sublimes zum Thema „Alter und Jugend" bei. Oder den

‚Prolog'! Worüber unterhalten sich Gott und Teufel, was wollen sie abwarten? Wie sich Faust, der immer noch jugendlich Gärende, für Mephisto lächerlich Jugendliche, wandeln wird. Augenblicklich macht er ja weder dem Teufel noch dem Herrn reine Freude. Alles ist Pubertät. Sie ist in diesem Gespräch der Streitpunkt. Deshalb die Wette. Man kann wetten, weil er so unüberblickbar wandelbar scheint. Dann das Monodrama. Es gipfelt in Todesnähe und Rettung, Rettung durch die unerwartete Verwandlung; und dabei bestanden die riesigen Monologe vorher aus einem einzigen Schrei nach Verwandlung. Faust führt den Giftbecher an die Lippen. Der Tod scheint zu kommen. Es kommt die Verwandlung. Als Faust hundert Jahre alt ist, kommt der Tod. Aber als er da ist, ist er die Verwandlung. Die Ähnlichkeit der Chöre (auch rhythmisch-musikalisch) ist schon bemerkt worden. Es sei kurz noch auf das Frühlingssymbol hingewiesen, das die Schlußszenen durchdringt („Am neuen Lenz" sagen die jüngeren Engel), nachdem es schon im ‚Vorspiel' in der Welt des „Dichters" und erst recht in der Szene der Osternacht gelebt hat, ja verborgen schon durch die ‚Zueignung' und ihre Verjüngung uns nahegebracht worden war. Besonders um die Büßerinnen gleitet ein frühlingliches Licht wie ein verjüngendes Element. Reue, Buße, Wiedergeburt wird wohl von ferne verglichen mit dem Übergang aus dem Winter in den Frühling. Sie werden genannt „ein zartes Völkchen" oder unter die „reuig Zarten" eingeordnet, zu denen übrigens auch der verjüngte Faust gehört, die aufgefordert werden, sich „zu seligem Geschick / Dankend umzuarten!" Es wird von einem „büßenden Gewinnen" gesprochen, und solche Heilung und Steigerung durch das Ergreifen der schmerzlichen Wahrheit (also durch „Reue") ist vorher von den Engeln erläutert worden: „Wendet zur Klarheit / Euch, liebende Flammen! / Die sich verdammen, / Heile die Wahrheit..." Natürlich ist mit solcher Reue und Buße das Gegenteil von Selbstzerfleischung gemeint. Es ist eine Art von wirksamer Veränderungsbereitschaft, von höherer „Ergebung", die mit Verjüngung und Heilung gesegnet wird. Begleitende Symbole, wie der Frühling, der Durchgang durch das Gewitter, die Träne und ähnliche Symbole scheinen mir dahin mitzuwirken, daß man diese zunächst überraschenden Vokabeln in solchem Sinne verstehe. Und diese Symbole sind meist lange vorbereitet, besonders in den Randzonen des Werkes.

Es ist wohl ein genialer Zug in der Konzeption des faustischen Charakters, daß dieser Charakter Unvereinbares vereint, ohne für den Blick des Zuschauers zu zerfallen, der gerade darin etwas Menschliches erkennt. Goethe hat den ‚Faust' selbst so gesehen (vergleiche ‚Zahme Xenien': „Seid ihr verrückt..."). In das schrecklich Düstere des faustischen Wesens („düster" sagt Goethe selbst mehrmals, und es ist gar kein freundliches Wort in Goethes Sprachgebrauch) sind andere zarte, „warme" Züge eingelassen, verschwimmend mit dem Düster. – Der Düstere war scheu ergriffen, als er allein in

Gretchens Zimmer stand, er wird für einen Augenblick hell, zart, allbereit, wenn er zu sich sagt: „Und du, was hat dich hergeführt ... Der große Hans, ach wie so klein / Läg hingeschmolzen ... " Am Schluß wollte Goethe einen vollen Lichtstrahl auf leicht zu übersehende Züge lenken. Faust ist, und sei es nur zart und spurenweise, veränderungsbereit und liebesfähig. Ein Element der Jugendlichkeit verbindet diese beiden Züge. Das wird dadurch ausgedrückt, daß sie in einer himmlisch märchenhaften Handlung entwickelt werden in einem Maße, daß uns Faust, der schließlich ganymedisch Verjüngte, geradezu entfaustet scheint, weil ihm alle Selbstbehauptung (und welche ungeheure faustische Selbstbehauptung ist es), Bewußtheit, Männlichkeit genommen ist. „... ach, wie so klein." Diese Seelenspur wird nun mächtig. Der Sinn dieses wunderbaren Wandlungsmärchens ist die Hinführung des Zuschauers zu einer Gesamtanschauung von Faust (also „Bilanz"), vor allem zu einer Anschauung der unendlichen Entwickelbarkeit eines solchen Wesens: Anschauung mit den Augen der Liebe. Wir sollen ihn so sehen, wie ihn Gretchen sieht. Die Frage aus dem ‚Prolog', wer Faust ist, muß am Schluß durch *Anschauung* beantwortet werden. Wenn diese Anschauung die beiden genannten Eigenschaften ins Licht rückt, so sind wir jedenfalls schon lange, schon von der ‚Zueignung' an, genau auf diese beiden Eigenschaften vorbereitet worden – Eigenschaften, die man sonst so leicht übersehen würde, es sei denn, daß man sehr aufmerksam etwa die Osternacht oder die Begegnung mit Gretchen, in all ihrer Lieblosigkeit und ihrer *Liebesfähigkeit,* lesen würde.

Die Faustdichtung ist gewiß ein uneinheitliches, an Widersprüchen und Brüchen nicht armes Werk; aber *wie* Anfang und Ende der Dichtung *zusammengedacht* sind, das scheint mir bewundernswert. Diese Kunstleistung ist sicher zum größten Teil eine bewußte; aber instinktiv-unbewußt Getroffenes wird nicht fehlen. Diese Unterscheidung ist nicht wichtig. Wichtig ist, in diesem Anfang und Ende nicht bloß Erbauung oder Philosophie zu sehen, sondern zunächst eine sinnvolle, ja sinngebende zusammenklingende Komposition und Anschauung.

Zum Schluß noch eine Vermutung. Als Goethe den „Abschied" dichtete, dachte er vermutlich an einen Rahmen folgender Art. Der „Abschied" entspricht und widerspricht genau der „Zueignung". Am Ende der „Zueignung" stürzte der Sprechende vor unseren Augen in die Verwandlung. Am Anfang des „Abschieds" taucht er aus Verwandlung und Werk wieder auf. Er hat sich freigeschrieben. Sein Werk ist vollbracht und ihm schon fremd. Seine Stimme klingt jetzt verjüngt; frisch und beschwingt gehen die beiden letzten Stanzen schnell zu Ende; sein Sinn ist geheilt, sein Auge befreit, er sieht jetzt die Freunde, die ihn umgeben, er will mit ihnen wirken, zukunftsfroh, gerichtet nach der Himmelsgegend des Sonnenaufgangs.

In der ‚Zueignung' hatte er keine Freunde erblickt, die doch da waren.

Vergangenheitsschwer, gegenwartsfremd, sah er sich vereinsamt. Ein Sehfehler! „Du standest so verdrossen / Und wußtest nicht zu sehn." (S. 34) Es bestünde die wunderlichste Unvereinbarkeit dieser beiden Gedichte (aus derselben Schaffensphase stammend) — wenn man sie nicht als Anfang und Ende einer Geschichte aus Krise, Wandlung, Heilung, Verjüngung sehen könnte. Held: der „Dichter".

Dieser später wieder verworfene Rahmen des Werkes zeigte also, so scheint mir, eine wohlkonstruierte Handlung. Das Thema des weitläufigen Werks erschien hier; es erschien sogar sinnfällig: darin, wie sich das Antliz des „Dichters" verjüngt. — Ich spreche zum Schluß mit den Worten der lustigen Person, die im Nachspiel auf dem Theater das Riesendrama, das kein „Ganzes" ist und doch Anfang und Ende so ausgeprägt besitzt, mit folgenden Worten abschließen sollte:

> „Den besten Köpfen sei dies Stück empfohlen...
> Es hat zwar einen Anfang, hat ein Ende,
> Allein ein Ganzes ist es nicht.
> Ihr Herren, seid so gut und klatscht nun in die Hände."

Anmerkungen

[1] Was die beiden von Goethe in Gänsefüßchen gesetzten Zeilen betrifft, so sei zu den noch nicht hinlänglich erklärten Anführungszeichen bemerkt, daß sie vielleicht die beiden Zeilen als einen geläufigen Glaubenssatz weltlicher Art, der ein Fundament des Stückes ist (Gottvater hat nicht ganz Unähnliches im Prolog im Himmel gesagt), kennzeichnen sollten. Ein solcher „Glaubenssatz", erstaunlich ähnlich unseren beiden Versen, steht bei Kant und er war, besonders dieser kantischen Formulierung, eine Grundüberzeugung des Humanismus geworden, in der sich viele Bekenntnisse finden konnten. Auf die Kantstelle hat Gabriele *Rabel* hingewiesen in ihrem wenig bekannten zweibändigen Werk, auf das mich mein Kollege Hermann Strasburger aufmerksam gemacht hat: Goethe und Kant, Wien 1927, und zwar im zweiten Band S. 580ff.

[2] Über die Stellung der Gretchentragödie zum Schluß der Dichtung schreibt *Kommerell* in seinem bekannten Aufsatz über die letzte Szene: „Es muß vom Leser im Verstehen der faustischen Liebe jener Akt der Verallgemeinerung vollzogen werden, ohne den die ferne und sublime Reminiszenz der letzten Szene allzuwenig mit der wirklichen Gretchenepisode zusammenhinge. Darum stellt der Anfang des 4. Aktes einen Übergang her, sofern Faust, angesichts der zweiten Wolke, nicht von Gretchen im konkreten Sinne, sondern ganz allgemein über die erschließenden Wirkungen erster Liebeszustände spricht..." Besonders der zweite Satz scheint mir inhaltsreich. Dankbar weise ich überhaupt auf das hin, was der hier vorliegende Vortrag den Forschungen Kommerells verdankt.

[3] Aus den unzähligen Zeugnissen Goethes zur Metaphysik der Träne sei hier nur noch an ‚Trost in Tränen' erinnert, das in zeitlicher Nachbarschaft zu ‚Zueignung' und ‚Abschied' steht. —

2. Gattungs- und Sinnbestimmung untrennbar: ‚Die Wahlverwandtschaften'*

Den Weg zu dem Roman ebnen Äußerungen Goethes. Er hat zum Beispiel ein paar Jahre nach der Niederschrift, genauer: nach dem Diktat (das 1808/09 vor sich gegangen war) in „Dichtung und Wahrheit" über die Hauptgestalt des Romans sich geäußert, dort, wo er vom Jahr 1770 spricht und einen Ausflug zur Stätte der Bistumspatronin von Straßburg erwähnt: „Einer mit hundert, ja tausend Gläubigen auf den Ottilienberg begangenen Wallfahrt denk' ich noch immer gern. Hier ... sollte sich in Ruinen und Steinritzen eine schöne Grafentochter, aus frommer Neigung, aufgehalten haben. Unfern der Kapelle ... zeigt man ihren Brunnen und erzählt manches Anmutige. Das Bild, das ich mir von ihr machte, und ihr Name prägte sich tief bei mir ein. Beide trug ich lang mit mir herum, bis ich endlich eine meiner zwar spätern, aber darum nicht minder geliebten Töchter damit ausstattete, die von frommen und reinen Herzen so günstig aufgenommen wurde."

Also eine lange gereifte Gestalt. Alle großen Gestalten und Szenen Goethes sind so gereift. Was man damals auf dem Ottilienberg „Anmutiges", also: Schönes, freundlich Bezwingendes, „erzählt" hat, wissen wir nicht. Das Auffallende dieses Berichtes ist die Wärme des Tones, der Anteil. Goethe hat nicht oft von seinen Figuren so liebend gesprochen. Schon der Ausdruck „geliebte Töchter" überrascht – keineswegs gibt es in Goethes Sprachschatz die entsprechenden „Söhne" (wenn man von dem herrlich allegorischen Knaben Lenker absieht). Wenn Goethe von der thematisch ähnlichen „Novelle" geschrieben hat, „daß sie sich vom tiefsten Grunde meines Wesens losgelöst hat", so meint er wohl eine ähnliche Geburt. Vergleichbar – doch minder persönlich! In jenem Teil des Romans nämlich, der Ottilie heißt, ist ein Wesen geboren, das dem Autor offenbar noch eigener, noch ersehnter im Herzensgrund war als irgendein Zug oder ein Wesen der „Novelle", ein Geschöpf, das mehr Liebe seines Vaters auf sich gezogen zu haben scheint als sonst eines seiner „Kinder".

Wer dies nicht annehmen möchte, der schlage nur das Gespräch mit Boisserée auf, das im Oktober 1815 stattgefunden hat. Darin: „Unterwegs kamen wir dann auf die Wahlverwandtschaften zu sprechen ... Die Sterne waren aufgegangen; er sprach von seinem Verhältnis zu Ottilie, wie er sie lieb gehabt, und wie sie ihn unglücklich gemacht. Er wurde zuletzt fast ahndungsvoll rätselhaft in seinen Reden." Keine Frage, daß er dem jungen Mann, dem er wahrhaft gut war, ja den er liebte, hier mehr gesagt hat als sonstwem.

---

* Erschienen als Nachwort in der Goethe-Ausgabe des dtv-Verlags, Bd. 19/1963. – Ein Teil des vorstehenden Essays ist identisch mit Ausführungen in meinem Buch ‚Wege zum späten Goethe'. 3. Aufl. 1970.

Mehr sogar, als er wollte! Er fühlte sich am Vorabend einer Katastrophe. Boisserée schreibt über den Morgen, der dieser Nachtfahrt folgte, in seinem Tagebuch: „Morgens Goethe will plötzlich fort, sagte mir: Ich mache mein Testament." Er berichtet weitere Zeichen von Goethes physischer und psychischer Erschöpfung, die schon am Vortag kenntlich geworden war. Uns kann von allem hier nur *ein* Zusammenhang interessieren: daß ihm nämlich diese Schwäche ein Geheimnis entrissen hat. – Für den Biographen mag sich schon aus den bisherigen Zeugnissen ergeben: Die Hervorbringung dieser Figur gleicht zwar einem autobiographischen Ausdruck und ist „Konfession" (nicht anders als die Hervorbringung ihrer älteren Schwester Eugenie), aber es handelt sich um ein viel eigeneres Erschaffen und Bekennen, seit Jugendtagen gereift, als daß es aus einer einzigen Begegnung oder gar aus einem Modell (zum Beispiel Minna) erklärt werden könnte – noch ganz abgesehen davon, daß wir über die Begegnungen, die wirklichen, dieses klug und tief verschwiegenen Sechzigjährigen zu wenig wissen. Das schließt nicht aus, daß wir hie und da einen Farbtupfen wieder erkennen, der in der stillen Welt der Minna Herzlieb zuhause ist. (Solche Farbenspuren scheinen wie mit modernem Pinsel in den legendär-novellistischen Figurenumriß eingetragen, um einen trauteren Lebenston hineinzubringen.) Aber nur ein Kunst- und Lebensfremder wird das Geheimnis der Figur auf detailbiographischem Wege zu lüften hoffen. Wie aber könnte man es bezeichnen?

Goethe hat des Romans an autobiographisch wichtiger Stelle gedacht. In seinen Annalen, also den späten „Tag- und Jahresheften", schreibt er zu den Jahren 1807 und 1809: „Die bereits zum öfteren genannten kleinen Erzählungen beschäftigten mich in heitern Stunden, und auch die Wahlverwandtschaften sollten in der Art kurz behandelt werden. Allein sie dehnten sich bald aus; der Stoff war ... zu tief in mir gewurzelt ... Pandora sowohl als die Wahlverwandtschaften drücken das schmerzliche Gefühl der Entbehrung aus und konnten also nebeneinander gar wohl gedeihen." Erläuterung: In „heitern Stunden", also: in klaren, aufgeräumten Stunden (dies die Wortbedeutung) war er mit den sogenannten kleinen Erzählungen der Wanderjahre, wir sagen heute: Novellen, beschäftigt. „Entbehrung"? Was das Wort bedeutet, wird klar, wenn wir zu dem Annalen-Kapitel schreiten, das dem Jahr 1809 gilt: „Niemand verkennt an diesem Roman eine tief leidenschaftliche Wunde, die im Heilen sich zu schließen scheut, ein Herz, das zu genesen fürchtet ... die Ausführung erweiterte, vermannigfaltigte sich immerfort und drohte die Kunstgrenze zu überschreiten ..."

Man darf diese souveräne Äußerung nicht so nehmen, als habe der Dichter hier lediglich von einer Wunde, die ihm geschlagen, einer Entbehrung, die ihm damals auferlegt worden sei, etwas verraten wollen. So ist die Art der Annalen nicht. Der hochbetagte Künstler, der hier spricht, klärt uns einfach darüber auf, welcher Geist in dem Roman wohne, von welchem „Klang" her er konzipiert sei. Er sagt uns vor allem, wo der Roman in seinem, Goethes, geistigen Kosmos zu lokalisieren sei; er bestimmt diesen Ort nach Künstlerart durch „sinnlich-sittlich", anschaulich farbige Bezeichnung; ich darf sie paraphrasieren: Der Klang und Sinn des Ganzen sei wie ein nicht-aufgelöster schmerzlicher Akkord, wie eine Sehnsucht, die wund und offen bleiben möchte, obschon sie sich bereits aufzulösen, zu heilen beginne; ich sage „Akkord" und denke an jenen platonisch-christlichen Klang der Mignon-Lieder, die sich vor der Entspannung zu scheuen scheinen, als sei der Friede mit der Erde ein Verrat am Himmel. Goethe faßt jedenfalls in den Annalen die künstlerische und die metaphysische Kennzeichnung untrennbar zusammen in solcher „sinnlich-sittlichen" Einheit des Ausdrucks.

Wohin gehört also das Werk? Nun, anscheinend in die Reihe, die von der Frankfurter Zeit ausgehend wie auf einer Nebenstraße, *neben* der klassisch beruhigten Bahn, bis ins Alter läuft: bis zu Pandora und den gleichzeitigen Sonetten und von da immer weiter. Hier ist eine Linie der Entselbstigung gegeben gegenüber dem Stil der Persönlichkeit und Verselbstung, eine sehnsüchtig „ganymedische" Linie gegenüber der „prometheischen" oder später klassischen Linie (er hat selbst diese beiden Gedichte als Pendants in seiner Sammlung kontrastierend zusammengeordnet, weil er sich selbst über die beiden sich ergänzenden Grundkräfte klar war), Frankfurter Zeit: Ich denke etwa an die dem Kirchenlied nahe „Sehnsucht" (1775): „Dies wird die letzte Trän' nicht sein, / Die glühend Herz-auf quillet / Das zu unsäglich neuer Pein / Sich schmerzvermehrend stillet!" Oder aus demselben Jahr: „Trocknet nicht, trocknet nicht, / Tränen der ewigen Liebe! ... der unglücklichen Liebe!" Das scheint mir alles ähnlich den Formulierungen der Annalen; ich hätte aber auch aus den Sonetten zitieren können. Gewiß, jener Passus in den Annalen mag vielleicht noch konkretere biographische Anspielungen enthalten. Aber sein Hauptsinn scheint mir in jener Zuweisung des Romans zu einer Gruppe zu liegen.

Wenn Goethe sagt: „drohte die Kunstgrenze zu überschreiten", so hat er nur allzu recht. Sie ist wohl überschritten. Das Schwellen einer Novelle zum Roman steht meist unter einem künstlerischen Unstern; erst recht, wenn ein legendärer Einschlag von Anfang an mitkonzipiert ist. Unstimmigkeiten sind die Folge: Ottilie blieb Novellenfigur; Eduard wurde Romanfigur. Sie ist mit knappen ahnungsvollen Strichen umrissen, er mit reicher Innenmodellierung psychologisch ausgestaltet. Er konnte umkonzipiert werden, sie nicht. Roman, Novelle, Legende: das ist zu viel in einem Werk; man hat es damals nicht geglaubt, man hatte eine sehr weitherzige Auffassung vom „Roman" (dem damals noch nicht voll entwickelten, der aber gerade den Entwicklungsschritt zu seiner scharfen Ausprägung mit den Wahlverwandtschaften machte), man hielt den Roman für ein Allfähiges, Allversöhnendes. So auch Goethe – schon als er die Lehrjahre schrieb. So noch bei den Wahlverwandtschaften. Er glaubt, er könne die schwellende Novelle, die sich „erweiterte, vermannigfaltigte", mit der wachsenden Romanpsychologie und natürlich dem Legendenelement verschmelzen, weil die Romanform (mehr Unform als Form) eben alles verbinde. Er arbeitet fort; und erst die nachzüglerische Reflexion bringt Bedenken. Er hat die Schere nicht geschont, als er alles für den Druck fertig machte (alle Vorarbeiten hat er übrigens dann verbrannt). Die kaum bemeisterten Schwierigkeiten waren ihm offenbar bis in die Zeit der Annalen erinnerlich.

Für den heutigen Betrachter liegt es nahe, die drei Elemente zu sondern. So im Folgenden. Zuerst sei Novelle und Legende, dann der Roman betrachtet. Formen sind ja in der Kunst niemals bloß Formen, und die im Buch geschehenden „Wunder" haben auch einen novellistisch-legendären Sinn. Die Novelle kennt das Unerhörte; die Legende hat es schon immer gekannt, auf ihre Weise. Das Buch ist auch aus diesen Gattungen zu verstehen. Gattung und Gehalt wählen einander.

Jede Novelle enthält ein zugespitztes Geschehen; Ereignisse verblüffen und lassen in uns einen Denkstachel zurück. Die Novelle ist zunächst eine mündlich-gesellige Form; die kühne Zuspitzung ist dem Erzählenden willkommen: im Freundeskreise sie zum besten gebend, setzt er ihrer Unwahrscheinlichkeit seine kühle wissende Miene entgegen und steuert zur Schlußpointe; das erweckte Problem wird Gesprächsstoff bieten. Goethe hat fast alle seine Novellen, bevor er sie niederschrieb, behaglich erzählt. So auch die Wahlverwandtschaften, zu einem Zeitpunkt, als sie noch Novelle waren. (Es war jedenfalls jener Teil, der dann im „Ersten Teil" ausgebreitet wurde.) Das geschah auf einer Wagenfahrt am 1. Mai 1808.

Das verblüffende Geschehen heißt hier: die Untreue in der Treue, der Ehebruch im Ehebett. Ein echtes Novellenthema. Die Gatten finden zueinander, weil sie zu den fernen Geliebten streben; einander gehörend, gehören sie den Fernen; späte Biegsamkeit der Seelen ist vorausgesetzt, die sich spalten und wegbiegen können vom Gatten, den die Arme umschlingen. Alles ist Zeitkritik; ähnlich in den Wanderjahren, wo es oft um solche Kulturkrankheiten geht. Das erweckte Problem lautet: Ist das Ehebruch? Goethe hat sicher geglaubt: Es ist nicht *nur* Ehebruch, sondern auch Verrat am fernen Geliebten. Das erste hat Goethe direkt ausgesprochen (zum Beispiel gegenüber Joseph Stanislaus Zauper), das zweite hat er jedenfalls gestaltet. Eduard, Charlotte, Ottilie: In jener Nacht hat er der Geliebten seine „Gegenwart", der Gattin seine Liebe versagt; er ist ein Sohn seiner Zeit, welche Liebe und „Gegenwart" zu trennen weiß „dank" der Sehnsucht, dieser von Goethe vielfältig angeklagten Erfindung einer späten unseligen Zeit. (Auch Adalbert Stifter ist ein Enkel dieser Zeit. Er schreibt an seine Freundin über seine Braut: „... sollte mir ihr Kuß Wohlgefallen sein, so mußte ich mir *Deine* Lippen dazu denken.") Goethe hat die Antwort auf das „Problem" gestaltet:

durch den Gegensatz der wahren mit der wahnbefangenen, das ist: der zeitgenössischen, Welt. Die *wahre* Welt steht in der eingeschalteten Novelle von den Nachbarskindern vor uns, in der Einheit des Sinnlich-Sittlichen, in der gesunden „Gegenwärtigkeit" der Liebenden, ihrem Stirb und Werde; dadurch leuchtet die Novelle wie ein befreites Dur-Thema aus dem Zwielicht des Romans, der dieses Thema nur in verschleierten und gebrochenen Ausgestaltungen kennt. Die wahre Welt hat Goethe auch gestaltet in der frommen Ursprünglichkeit Ottiliens. Den Gegensatz der beiden Welten hat er geformt, indem er Ottilie in die Trübung der Zeitgenossenschaft führte und die Erwachende daraus wieder auftauchen ließ. Sie wird sehend. Sie sühnt. Sie ergreift die Wahrheit, die für sie selbst tödlich wird. – Eine Worterklärung: Gegenwart bedeutet damals auch Leibesgegenwart. Diese Bedeutung schließt Goethe deutlich mit ein bei seinem Gebrauch, wobei das alte Wort ihm zudem erlaubt, zwischen Leib und Seele nicht allzu fühlbar zu unterscheiden: sehr nach seinem Sinn! (Wenn später Wilde gesagt hat, wer die beiden so genau unterscheide, drohe keins von beiden zu haben, so war das in seinem Sinn.) Das Wort „Gegenwart" konnte so zu einem Lieblingswort des Dichters werden, nicht der Häufigkeit, aber dem Gewicht nach; es stellte sich so klar der empfindsamen oder trivialromantischen „Sehnsucht" entgegen, welche geistig-selbstbewußt, träumerisch die Leibesgegenwart überspringen wollte und so aus der guten alten Einheit des „Sinnlich-Sittlichen" herausgefallen war. In jener Einheit schien das Wort „Gegenwart" noch ein wenig zu leben. Verständlich, daß es der Dichter liebte.

Sehnsucht? Hat nicht auch Ottilie an ihr teil? Gewiß, sie nimmt an den beiden gegensätzlichen Formen teil. Es gibt eine *wahre* Sehnsucht; es ist die „Wunde", von der wir gesprochen haben, eine vielleicht christlich-platonisch zu nennende Sehnsucht. Sie lebt in der Zartheit und Demut Ottiliens, schließlich in der Entschlossenheit, mit der sie die irdischen „Bande" unter sich läßt. Aber von der anderen, der verderblichen zeitgenössischen „Sehnsucht" wird sie ebenfalls erfaßt: als der Geist der Gesellschaft auf dem windstillen, träumerischen Landedelsitz wie eine Krankheit in sie eindringt. Deshalb hat Goethe gestanden: „... wie er sie lieb gehabt, und wie sie ihn unglücklich gemacht." Der Roman unterscheidet aufs genaueste die beiden konträren Formen; er ist ein Agon mit der unterscheidungsblinden Romantik. Man wird nicht daran zweifeln, wenn man den Weg Ottiliens überblickt:

Ottilie, ruhend in ihrer „wunderstillen Güte" (dieser Ausdruck eines Zeitgenossen drängt sich auf), gleicht den mädchenhaften Madonnen der Frührenaissance. So erscheint das zarte „liebe Kind" am Anfang des Romans, auf die wohlgeahnte Tragik der Welt antwortet es mit stets gleicher Hilfsbereitschaft, Gegenwärtigkeit, mit anmutig lächelnder, alles entspannender Güte. Dann erscheint ein unmerklicher Übergang. Sie verändert ihre Handschrift, sie findet das falsche Flötenspiel schön, schließlich sehen wir sie wunderlich modern geworden: sie trägt gehend das Kind auf dem Arm und liest *gleichzeitig* ein Buch, „nach ihrer Gewohnheit"! Welche Bücher? Moderne: „Das Buch war eines von denen, die ein zartes Gemüt an sich ziehen und nicht wieder loslassen. Sie vergaß Zeit und Stunde und dachte nicht, daß sie... noch einen weiten Rückweg... habe." Ähnlich wird ihr sehnsüchtiges Hinausträumen auch früher bei der Lektüre geschildert. Man muß nicht erst Goethes Abneigung gegen solches träumerische Lesen, seinen pädagogischen Unmut gerade gegen solche Mädchenlektüre kennen, um zu sehen, daß er hier die Selbstentfremdung eines ursprünglichen Wesens durch den Zeitgeist andeuten will. (Warnung vor solcher Lektüre, vor solcher Verführung durch den Zeitgeist ist ziemlich häufig im 18. Jahrhundert gewesen. Ein zeitgenössischer Leser des Romans hat Goethes Andeutungen sicher schnell realisiert.) Was ich zitiert habe, steht am Beginn der Katastrophe. Schon ist Ottilie benommen, der „Gegenwart" entfremdet durch das Buch. Sie wird bald darauf schrecklich-neu sich selbst entfremdet, aus ihrem Selbst geworfen durch das plötzliche und rücksichtslose Eindringen Eduards. So kann das Unglück geschehen. Eduard ist in ihr, der das Kind nicht will. So versagt sich ihr die angeborene Sicherheit und Geschicklichkeit der Hand (ob ihrer Gewandtheit, mit der sie das Ruder handhabe, den Kahn steuere, hat sie erst kürzlich der „Engländer" seinem Lord gerühmt). Die Hand, die das Buch hält, kann das Kind nicht greifen, als sie stürzt. „Kind und Buch, ..., alles ins Wasser": ein grausamer Lakonismus des Erzählens.

Ottilie verkörpert noch eine andere Spannung. Sie ist sittliche Freiheit und Naturschwere in einem; „Heilige", die sich der Welt entzieht, und Verfallene, die es ins Wasser herunterzieht. („... büße ich in demselbigen See mein Vergehen, mein Verbrechen"). Sie ist so jung, daß dies noch alles unausgegliedert ist. Niemand bedürfte *mehr* der liebenden Erziehung. Sie ist maßlos offen, jugendlich suggestibel. Nachdem sie erwacht ist, ist sie maßlos verschlossen, stumm, um sich aus der Verwirrung zu finden, sich zu sammeln zur Einheit, zu sich selbst. Sie ist „sittliche Natur, die sich durch den Tod ihre Freiheit salviert", wie Goethe zu Riemer gesagt hat, eine Formulierung, die an den Schritt der (freilich *viel* direkter entschlossenen) Emila Galotti erinnert. Inmitten der Menschen, die sie lieben, zu lieben vermeinen, die sich so viel um Erziehung, auch um Veredelung der Pflanzen, bemühen, – inmitten dieser Menschen verhungert sie. Aber der Fall der gleichaltrigen Luciane ist nur scheinbar anders. Auch ihre Erzieher sind ihre Verderber. Durch Verwöhnung. Sie wird einer schrecklichen Verselbstung überlassen, so wie Ottilie einer schrecklich einsamen Entselbstigung.

Ein Schicksal wie das Ottiliens ist nur als Novellenschicksal denkbar; eine Psychologie aber wie die dieser Gesellschaft nur als Romanpsychologie. Der Strang des Novellistischen läuft durch das Buch bis zum Ende, ihm entspricht eine knappe, tiefernste, ahnungsschwere, immer wieder dem Verstummen nahekommende Erzählweise. Der eigentliche „Roman" dagegen verwirklicht sich in einem gesprächigeren, fast zweideutigen, mitunter halbironischen Stil. Nur angesichts dieser Zweiheit kann man verstehen, wie aus dem novellistischen Grundereignis *einerseits* die sehr novellistisch-legendären Folgen sprießen, so die mirakulöse oder scheinmirakulöse Ähnlichkeit des Kindes, bei dessen Taufe der ungewollte Mord am Priester vorfällt – Vorspiel des Todesstoßes, den Mittler gegen Ottilie führen wird –, schließlich am Ende die Reihe der legendenhaft leuchtenden Wunder. Aber so kann man *andererseits* verstehen, wie all dies knapp Novellistische ins Element skeptischer Klugheit und Zersetzung, romanhafter Ausbreitung und Exkurslust versetzt wird, weil eben die Novelle zum Roman geworden ist. – Nur in der Novelle kann eine Figur so sehr „Geheimnis" sein, wie es Ottilie ist. Nur in der Novelle kann man so schnell zum Schluß eilen, wie es hier geschieht. („Er legte Gewicht darauf, wie rasch und unaufhaltsam er die Katastrophe herbeigeführt." So Boisserée.) – Ob das künstlerische Wagnis gelungen, ob das Wachsen der Novelle zum Roman unter einem künstlerischen Glücksstern stand, ist schwer zu entscheiden, Goethe selbst hat gezweifelt. Aber die Genialität des Wagnisses sei zum Schluß an einer Gegenüberstellung von Eduard und Ottilie und einer Kontrastierung der beiden Stile verdeutlicht.

Ottilie ist kindlich, Eduard ist unreif. Ottilie erkennt mit der Ahnungskraft des Kindes die tragische Einrichtung der Welt; so schon am Anfang, als sie von König Karl I. erzählt; so erst recht am Ende. Eduard ist jünglingshaft optimistisch. Erst am Ende bricht sein Selbstgefühl zusammen und ein Hauch der Demut, die Ottilie schon immer besaß, breitet sich auf kindlich rührende Weise jetzt über sein Leben: „... was bin ich unglücklich, daß mein ganzes Bestreben nur immer eine Nachahmung, ein falsches Bemühen bleibt! ... es gehört Genie zu allem, auch zum Märtyrertum." Erst in diesem Augenblick liebt er „unbedingt", wie es Goethe von ihm rühmte, der ihn ansonsten „nicht leiden" konnte. –

Ottilie, die zerbrechliche, ist stark. Eduard, der gewinnende, vitale Mann, kreist in sich, seine Entelechie ist schwach. (Anders nur in der allerletzten Lebensphase.) Ein Beispiel: „Ich schreibe süße, zutrauliche Briefe in ihrem Namen an mich; ich antworte ihr und verwahre die Blätter zusammen." – Er ist der Spielball der Eindrücke, der Einflüsse. Er lebt nicht aus sich. Er liebkost den Fuß seiner Frau, weil es ihm fünf Minuten vorher der Graf suggeriert hat. – Auf seine Zweideutigkeit antwortet der Erzählton mit grausam zweideutigem Lakonismus, mitunter mit Ironie. Als er in knabenhafter Ungeduld die groteske Idee ausgeheckt hat, sich vom erfolgten Scheidungskonsens durch einen Kanonenschuß benachrichtigen zu lassen und als er tatsächlich, in der großen Szene mit Ottilie, den Schuß zu hören glaubt, spricht der Erzähler folgendermaßen: „Horch, rief er aus, indem er aufsprang und einen Schuß zu hören glaubte, als das Zeichen, das der Major geben sollte. Es war ein Jäger, der im benachbarten Walde geschossen hatte. Es erfolgte nichts weiter ... "

Ottilie kennt die „Mächte" und die Gegenmacht des „Heiligen" (im damaligen Sinn des Wortes; siehe etwa Schillers aufschlußreichen Brief an Goethe vom 17. August 1795). Es gibt keine Anzeichen, daß Eduard etwas davon ahnt. Ottilie erblickt in sich, wie sie selbst sagt, „eine geweihte Person ..., die nur dadurch ein ungeheures Übel für sich und andre vielleicht aufzuwiegen vermag, wenn sie sich dem Heiligen widmet, das, uns unsichtbar umgebend, allein gegen die ungeheuren zudringenden Mächte beschirmen kann."

Am aufschlußreichsten sind die Worte, die der Erzähler der abgeschiedenen Ottilie nachsendet, im Gegensatz zu den Worten, die er nach dem Tode Eduards findet. Der Architekt sucht die Abgeschiedene nachts in der Kapelle auf, wo sie von der naiven, durch Verehrung verwandelten Dienerin Nanny bewacht wird. „.. als er sich im Schmerz aufzulösen schien, sprach sie mit so viel Wahrheit und Kraft ... ihm zu, daß er, über den Fluß ihrer Rede erstaunt, sich zu fassen vermochte und seine schöne Freundin ihm in einer höheren Region lebend und wirkend vorschwebte. Seine Tränen trockneten, seine Schmerzen linderten sich, kniend nahm er von Ottilie, mit einem herzlichen Händedruck von Nanny Abschied und noch in der Nacht ritt er vom Orte weg, ohne jemanden weiter gesehen zu haben." Vernichtender kann über die Gesellschaft nicht geurteilt werden, als es im letzten Nebensatz geschieht. – Der ungeheuer gedrängte Passus ist der Schluß der „Novelle".

Ganz anders der Schluß des „Romans". Der Zweideutigkeit Eduards antwortet die Zweideutigkeit des Erzählers. „.. und wie er in Gedanken an die Heilige eingeschlafen war, so konnte man wohl ihn selig nennen ... so ruhen die Liebenden nebeneinander ... heitere verwandte Engelsbilder schauen vom Gewölbe auf sie herab, und welch ein freundlicher Augenblick wird es sein, wenn sie dereinst wieder zusammen erwachen." Diesen Schluß, im Rahmen der pränazarenisch ausgemalten Kapelle, umschwebt Ironie. Goethe hielt es für unerlaubt, sich das Drüben auszumalen, an das er glaubte. Im vollen Gegensatz zu diesem melancholisch halbironischen Schluß-Schnörkel, dieser nun vieldeutig gewordenen Herkömmlichkeit versöhnlichen Abschließens – so romanhaft-zeitgenössisch, wie es eben Eduard selbst ist, der sich sogar seinen schönen Namen „Eduard" romanhaft erträumt und erteilt hat – steht der tiefernste „novellistische" Schluß der Kernhandlung. Kein Zweifel an Ottilie, wie sie „in einer höheren Region liebend und wirkend" lebt und vielleicht „hinan" „zieht" (Faustschluß). Man könnte diesen Glauben Goethes auch sonst belegen

Es mag gewiß schwer sein, die beiden Stile stets zu unterscheiden. Unser Versuch hat nur helfen wollen, den Blick des Lesers auf den Kern zu lenken, zugleich auf jenes metaphysische Zentrum, das Goethe selbst in der kleinen

Selbstanzeige des Buchs im „Morgenblatt" bezeichnet hat, als er sagte, daß „auch durch das Reich der heitern Vernunftfreiheit", also das Reich des Geistes (es scheint klar, nebelfrei, ungetrübt, das meint „heiter" – nach damaligem Wortgebrauch –, weil hier der Mensch sich in Vernunft und Freiheit selbst besitzt), „die Spuren trüber leidenschaftlicher Notwendigkeit sich unaufhaltsam hindurchziehen die nur durch eine höhere Hand, und vielleicht auch nicht in diesem Leben, auszulöschen sind."

Für den Leser ist es nicht leicht. Die Stimme des Erzählenden ist leise, diese Stimme klingt belegt. Verwundetsein, Bitterkeit, Hoffnung: das ist ein Grund des Buches, Goethe sagt: „Wunde", wir haben es gehört, ein Wort so schwer deutbar wie alle zentralen Wörter des Alterswerks. Jedenfalls: Wer mit unruhiger Hand nach diesem Buch greifen würde, so sagt Hofmannsthal, dem würde sich dieses Gebilde verschließen, „wie eine Muschel sich zuklappt".

3. Die freie Porträtkunst Eckermanns und anderer Gesprächspartner

Goethes Gesprächspartner und ihre Leistung*

Jede halbwegs vollständige Sammlung der Gespräche mit Goethe läßt an einen Raum mit Spiegeln denken, deren jeder den Hausherrn von einer anderen Seite und in anderem Ausschnitt zeigt. Ein jeder Bericht erfaßt die Gestalt Goethes von einem anderen Standort aus und nach dem Maße der eigenen Fassungsweite. Dennoch gibt es etwas, das diese Weite oder vielmehr: Enge sprengen kann: die Verehrung. In ihr liegt das Geheimnis eines Eckermann und Voß und, in anderer Art, eines Müller und Soret. Verehren bedeutet nicht: sich begeistern – das hieße leicht: sich genießen –, auch nicht: aufgehen im anderen – das hieße: Echtheit und Klarheit überspringen –, vielmehr: festen Herzens der Größe sich beugen, sich mühen um Verständnis und Nachfolge.

Die beiden wichtigsten Zeugen, zwei grundverschiedene Naturen, Eckermann und Kanzler von Müller, der eine der zarte Diener und Jünger Goethes, der andere der kernige Widerspruchsgeist, sie sind dennoch beide durch die echte, durch die klarblickende und klarmachende Ehrfurcht geläutert und gereift: sie fangen wie zwei helle, große Spiegel die Gestalt auf, der eine gewissermaßen von vorn, der andere im Profil; es ist ein überraschendes Profil, scharf und nahezu sarkastisch. Außerdem läßt Eckermann unter dem Hauch der Verklärung manches verschwimmen, was der realistische Kanzler

---

* Nachwort zu der vom Verfasser getroffenen Auswahl ‚Gespräche mit Goethe', als Band der ‚Weltliteratur', Müller und Kiepenheuer Verlag 1950. (überarbeitet).

Müller in seinem Respekt vor jeder Einzelheit streng verzeichnet. Jeder entfaltet so seine Stärke, und wir Nachlebenden, im Besitze dieser beiden verschiedenen Bildnisse, werden dadurch der Goetheschen Persönlichkeit nur um so näher geführt.

Über seine Gespräche mit Hofmannsthal schreibt einmal Wassermann, der Jahrzehnte hindurch dessen persönliche Nähe genossen hat: „Damit man verstehen könnte, was das Gespräch mit ihm war, müßte ich eines reproduzieren können; dazu bin ich außerstande. Obgleich ich mir im Laufe der Jahre öfters Notizen gemacht habe, fand ich doch bei der Durchsicht, daß vom Eigentlichen nichts darinnen war, es fehlte das Bestrickende der redenden Person, Bewegung, Geste... Das Wesentliche ist nicht erfaßbar, weil es in einer Folge von Augenblicksentzündungen bestand. Soviel vor allem: daß es wirkliches Gespräch war, eine immer seltener werdende Form der Äußerung und Selbstgestaltung: Austausch, Stichwort auf Stichwort, nicht Monologisieren... Sein ganzes Gespräch war inspirierte Improvisation... Ich müßte ihn mit seinen eigenen Worten und Bildern sprechen lassen; aber in dem Punkt bekenne ich meine Unzulänglichkeit. Da liegt ja auch der wahre Mangel aller Schilderung geistig überragender Persönlichkeiten; die unzureichende Kapazität auf der einen Seite verkleinlicht alle Maße auf der anderen..."
Alles hier Gesagte halte man sich auch für die Gespräche mit Goethe vor Augen, vor allem den Schlußsatz: Alle Biographie, alle Literarhistorie „verkleinlicht" notwendig; sicher banalisiert sie, wenn die Ehrfurcht zu ermatten beginnt.

Angesichts dieser Schwierigkeit, dieser, soll man sagen, Unmöglichkeit ist die Leistung der berichtenden Zeugen staunenswert. Selten hat ein Genius das Glück solcher Spiegelungen erfahren. Viele Faktoren haben günstig zusammengewirkt: eine wunderbare Kultur des Sprechens und Schreibens unter den damaligen gebildeten Ständen, das Walten echter Ehrfurcht bei zahlreichen Gesprächspartnern und schließlich ein starkes Künstlertum in vielen Berichten. So gelingen plötzlich auch unbekannten Federn nie zu vergessende Leistungen. Es sind gewissermaßen Werke Goethes, die er nicht geschrieben, die er gelebt und durch einen anderen zur Sprache gebracht hat.

Künstlertum: Der Vergleich mit dem Spiegel reicht nicht aus. Eckermann und Falk sind Porträtisten, künstlerisch Gestaltende, nicht Naturalisten, nicht Photographen. Dadurch, daß sie umzustellen und umzuschmelzen, Neues zu erdichten und vieles wegzulassen sich erlauben mit dem Ziele einer Porträteinheit, welche die planvoll gesteigerte Sichtbarkeit des Wesentlichen erreicht, dadurch beschwören sie gewisse Züge plastischer und treuer, als es dem notierenden Philologen möglich ist, zum Beispiel dem schätzenswert exakten Riemer. Diejenigen Eckermann-Gespräche, die (denken wir an Petersens und anderer Forschung) gleichsam eine zweite Abteilung bilden, sind erwiesenermaßen fast völlig erdichtet. Nicht anders wohl manche Falkschen Gespräche.

Doch dieser „Goethe", der bei Falk liebevoll geneigt mit der Natter spricht und dann am Gartentischchen, während er zeichnet, so weise plaudert, ist richtig und schön imaginiert. Hier kann Dichtung ein inneres Stück des Genius zur Sichtbarkeit erlösen, das sonst kein Bericht zu erreichen vermöchte.

Doch der gestalterischen Eigenmächtigkeit solcher Deutung sollte man sich dabei bewußt bleiben. Falk ist sehr kühn: Er taucht das große Gespräch nach Wielands Tod in eine fast romantisch stimmungsstarke, etwas ungoethesche Atmosphäre, und sein Ausschweifen in kosmische Raumtiefen entspricht hier wohl zu sehr dem empfindsam-philosophischen Zeitgeschmack. Auch scheint das allzu Enthüllende dem Goetheschen Lakonismus zu widerstreiten, jenem ehrfürchtig-nüchternen Verstummen bei höchsten Themen. Doch zum Inhalt dieses Gesprächs: Viele Gedanken dieses lusus ingenii – ein solcher ist das Gespräch – sind auch sonst aus Goethe belegbar.

Das Problem liegt ähnlich bei Eckermann. Das meiste, was der Eckermannsche Goethe sagt, kann man auch bei Goethe selbst finden. Und man findet es dort besser, sinngeladener, beziehungsreicher. Eckermann, Kind einer zahmen und weichlichen Zeit – wie der undurchschaubare Alte ihn gerne neckt –, liebt eine pädagogische, nazarenisch-reinliche, zugleich bequem-biedermeierliche Linienführung. Schon der sprachliche Ausdruck Goethes erscheint spannungsloser, zuweilen edel verharmlost. Und doch ist alles überzeugend. Dieser blaß-bescheidene Mann, ein Kind des Volkes, zuhause zwischen Geest und Marsch, ist ein natürliches Erzählertalent, beschaulich-sinnennah, allem Dramatisch-Antinomischen fern. Er kann nur arbeiten mit einer entspannten Sprache. Er lebt episch, undwillkürlich episiert er alles. Das ist seine Art, gewissermaßen sein Pinselstrich. Goethe hat nicht so akademisch gesprochen, wie er in der Rede spricht, die wir an die Spitze unseres ersten Teiles als Motto gestellt haben. Aber der Inhalt stimmt. Man könnte es beweisen. Man hat solches übrigens in analogen Fällen bewiesen. Es stimmt – auch wenn alles erfunden sein sollte (unwahrscheinlich). – Eckermann ist ein Augenmensch; in seine kindliche Seele haben sich die Bilder des Erlebten wunderbar eingeprägt. (Manches hat er anderthalb Jahrzehnte nach Goethes Tod niedergeschrieben). Solche Erinnerung klärt und verklärt. So kann er zum epischen Beschwörer einer „Welt" werden, in der, nach episch-novellistischem Kunstgesetz, jene Gespräche kommen und gehen, aufsteigen und verklingen.

Der eigentliche Goethe bleibt hinter den vielen Bildern, deren jedes richtig und jedes unzulänglich ist, streng verborgen. Er bleibt es auch deshalb, weil er schweigt. Dieser in bequemer Unbefangenheit stets sich gesprächig Ausgebende ist immer wunderbar verschwiegen. Er bekennt stets, aber er bekennt stest nur Vorletztes. – Zartheit und Schreckbarkeit seiner inneren Natur, und dann besonders seine Angst, etwas zu zerreden, machen ihn so oft unbegreiflich stumm. Die entscheidenden Worte wollen ihm nicht aus der Brust – so bekennt er's ja selbst seinem Freunde Schiller. Zu seiner „Lieblingsform" wird die Ironie, wie es Kanzler Müller feststellt, eine oft schwer merkbare Form tief eigenartiger Ironie. – Es ist aber auch so, daß ihm die Ehrfurcht vor jedwedem „Ehrwürdigen" oft den Mund verschließt und nur Gebärde und Schöpfung als Ausdruck zuläßt. Auf diese Weise legt er auch sein religiöses Bekenntnis schweigend ab: durch Darleben und Werk. Sein Werk: wahrer als sein Wort. Gefäß des Unausredbaren, aber Gestaltbaren. – Den „Ort" der Gespräche in seinem Leben bestimmt er einmal in einer humorvoll tiefen Weise (die nur scheinbar im Gegensatz zu dem eben Gesagten steht): „In meiner besten Zeit sagten mir öfters Freunde, die mich freilich kennen mußten, was ich lebte, sei besser als was ich spreche, dieses besser als was ich schreibe, und das Geschriebene besser als das Gedruckte." Dies alles weist auf ein Grundsätzliches hin, das er einige Tage vor seinem Tod in einem Brief abschließend ausdrückt: „Das Beste unserer Überzeugungen ist nicht in Worte zu fassen. Die Sprache ist nicht auf alles eingerichtet." Die großen Porträtisten unter den Aufzeichnern haben sogar diesen Zug zu vermitteln vermocht.

Neben den Gesprächsaufzeichnungen stehen die halbverbürgten Anekdoten. Sie weisen manchmal eine ähnlich freie, aber auch ähnlich treffsichere, ja schöpferische Gestaltung auf. Diese Erzähler sind wahre Künstler, jedenfalls große Kenner. Ich schließe mit drei (absichtlich gekürzt nacherzählten)

Nach Sorets späterer Ausschmückung *(1808)*

Proben, die das belegen mögen.

Goethe ging eines Abends mit einem Freunde im Schloßgarten spazieren; sie sahen am Ende der Allee ein Paar ruhig nebeneinander dahinwandeln, – als sich plötzlich die Gestalten zueinander neigten und sich einen Kuß gaben. Goethes Freund fragte sofort: „Exzellenz, haben Sie gesehen?" – „Gesehen wohl", erwiderte Goethe, „aber ich glaube es nicht."

Nach E. M. Arndt *Sommer 1806*

Der Weimarer Gymnasialdirektor Böttiger gehörte eine Zeitlang zu dem klassischen Kreise um Goethe, Schiller, Herder, besonders um Wieland, entzweite sich dann aber mit ihnen und zog nach Dresden, von wo er brav gegen die einstigen Freunde arbeitete und allerlei üble Geschichten von ihnen aufbrachte. – Einmal, als Goethe zur Kur in Karlsbad war, kam er von einem Morgenspaziergang nach Hause und sagte: „Man stößt in der Welt doch immer und allenthalben auf unsaubere Geister! Da habe ich von fern einen Mann vorbeirutschen gesehen, der Kerl hat mich ordentlich erschreckt; ich glaube den leibhaftigen Böttiger erblickt zu haben." – „Oh", erwiderte ein Freund, „Ihre Augen haben sich da nicht versehen. Es war wirklich der leibhaftige." – „Gottlob, gottlob!" atmete Goethe auf, „daß Gott nicht noch ein zweites solches Arschgesicht geschaffen hat!"

Sckell [ungekürzt] *Dornburg, Sommer 1828*

Als Goethe und ein Gast an einem Rasenplatz vorübergingen, lag dort ein kleiner hübscher Knabe in süßem Schlummer. Der Fremde machte Goethe auf ihn aufmerksam. „Wir wollen ihn nicht in seiner Ruhe stören, denn solchen Kindern ist das Reich Gottes", versetzte Goethe. Kurze Zeit darauf kam er allein zurück, betrachtete den Kleinen, griff dann in die Westentasche, nahm ein Geldstück heraus und steckte es ihm sachte in die gefalteten Hände.

4. Moderne zwischen Genialität und Trivialität

*Der kluge Kopf im Atelier: Der Essayist Jakob Wassermann**

Jakob Wassermann gehört zu jenen modernen Geistern, deren Stärke das Verstehen ist, deren erspürendes Vermögen das schöpferische überflogen hat. Wir staunen, wie sich ihnen das Wort leiht; fähig das Erspürte suggestiv auszudrücken, sind sie zu Vermittlern bestimmt. Wassermann ist ein Meister im kritisch-essaystischen Fach, wie Polgar oder Hofmiller, kulturkritisch und kunstphilosophisch gerichtet. Er hat diese Gattung auf seine Weise zur Höhe der Kunst gehoben; sein Porträt Hofmannsthals ist dafür ein Beispiel. – Das neben seinen Romanen bestehende essayistische Werk sollte in das Allgemeinbewußtsein treten, dem es fremd, dem es teils entfallen, teils noch gar nicht recht nahegekommen ist (wie dies schon das Erscheinungsjahr 1933 der „Selbstbetrachtungen" verständlich machen kann).

Es wird kein Zufall sein, daß in ihm immer wieder der Geist Hugo von Hofmannsthals beschworen ist – auch wenn der Name nicht fällt, wie in der großen „Rede über Humanität", wo hinter der gewinnenden Gestalt des auftretenden „Humanus" die Umrisse der Persönlichkeit Hofmannsthals kenntlich werden. Wassermann ist eben von seinem Freund geprägt – selbst wenn seine Romane sich manchmal weit vom Geist seines „Lehrers" entfernt haben mögen. In den Essays geben sich die Grundauffassungen als Niederschlag der Gespräche mit dem großen Freund leicht zu erkennen. (Denn wenn auch zwischen beiden die Wechselwirkung innigen Gebens und Nehmens bestanden hat – ein herrliches Zeugnis dafür hat Hofmannsthal seinen Gesammelten Werken eingefügt: die „Unterhaltungen über ein neues Buch", nämlich über Wassermanns „Schwestern" –, so blieb im Gedanklich-Philosophischen doch Hofmannsthal der Führende.) So spricht also der sublimste Literaturhistoriker, den wir in Deutschland kennen, durch das fremde Medium dieser Essays zu uns: Hofmannsthal, poetarum philologissimus, philologorum poetissimus, wie Walther Brecht gescherzt hat. Hofmannsthals Gedanken erscheinen gebrochen und gefärbt, manchmal auch neubelebt im Element des andersartigen, aber verstehenden Freundes. – Ergänzend tritt jenes Bildnis dazu, das Wassermann von ihm entworfen hat, ein groß angelegtes Porträt, an dem Liebe und Psychologie, selbstvergessenes Entzücken und geistige Nüchternheit gearbeitet haben: eine Verbindung, die man hier als vollkommen natürlich empfindet. Es ist eine Mischung, wie sie ähnlich im achtzehnten Jahrhundert ein Wurzelgrund aller großen Leistungen gewesen ist.

---

* Zuerst veröffentlicht als Nachwort der vom Verfasser hrsg. ‚Betrachtungen und Bekenntnisse' von Jakob Wassermann. Bamberg 1950.

Dieses Porträt des Freundes zeigt beispielhaft die Möglichkeiten solcher Essaykunst. Was der Romancier Wassermann zeitlebens in immer neuen Versuchen leidenschaftlich-tragisch erstrebt hat, hier ist es ihm plötzlich beschieden: die *künstlerische* Gestaltung, die vollkommen Anschaulichkeit, die gesteigerte Sichtbarkeit des Wesentlichen, kurz: jene Unvergeßlichkeit und Klarheit, mit denen sich ein echtes Bild, zu Symbolwirkung geläutert, unvermerkt in unser Herz gezaubert hat, um ihm die längst vergessene Ahnung einer helleren Lebensklarheit wieder zu schenken. Hier ist ein fast makelloses Werk – das keine Erdichtung ist, sondern Wahrheit, Dokument, aber die vollkommen ergriffene und vermittelte Wahrheit, und deshalb Literatur als Kunst. Hier ist ein gewissenhafter Bericht des Erlebten, hier spricht zweckfreie Anschauung, hier die Freundesliebe zum Toten. Welche Verwandlung des Romanciers Wassermann! Seine orientalisch reiche Fabulierlust, sonst so leicht verführt zu romanhaft Erregendem, hier ist sie durch die Wahrheitspflicht zurückgepreßt, jetzt ist sie nur noch Phantasie der Wortwahl, der Farbabstimmung, des Tonfalls – und welch eine musikalische Phantasie des Tonfalls in diesem gedämpften Stück; jetzt ist sie zurückgeführt zu ihrem Ursprung: zur Phantasie des liebenden Herzens, die zärtlich-genau den Pinsel führt, ohne sich einen Lyrismus zu gestatten. Hier ist ihm seine beste Dichtung gelungen, seine zwingendste, weil er nie ungezwungener war. – Was in der heutigen Krise der Dichtungsgattungen immer wieder erfahren wird: Die scheinbar kunstferne Aufgabe, etwa Bericht und Erinnerung, begünstigen die künstlerische Gestaltung, während die Gedicht- und Romanform sie wohl eher gefährden.

Noch eine allgemeine Erfahrung kann an dieser Gestaltung abgelesen werden. Wenn Wassermann hier gleichsam über sich hinausgewachsen ist, so hat daran wohl die verwandelnde Wirkung der reinen Verehrung teil, jener Verehrung und Liebe, die nicht blind macht, sondern sehend, sogar schöpferisch. In der völligen Hinwendung zum Du, wie in dem Nachruf auf Hofmannsthal, scheinen in der Seele Kräfte wach zu werden, die sonst gefesselt liegen. Der gesammelten Seele glückt jetzt das rechte Wort; sie zieht mit sicherer Hand die Linien zur Einheit der Bildniszeichnung zusammen. Wassermann, gewillt und begabt zur Verehrung, ist auch in seiner ganzen künstlerischen Entwicklung ein tröstlich ermutigendes Beispiel für die Verwandelbarkeit der Seele, für die durch Verehrung mögliche Entwicklung. Welche Verwandlung schon des Stils (wenn man sich an das Eilig-Unsichere erinnert, das seiner Kunst früher manchmal anhaftete)! – Wenn er einmal von seinen Gesprächen mit Hofmannsthal erzählt: „in seiner Freundlichkeit betrachtete er mich als kompetent im epischen Handwerk; es beliebte ihm in der ihm angeborenen Courtoisie, mein Gemachtes gelten zu lassen," so enthält diese Bescheidenheit das Geheimnis seines Wachstums. In ihm hat stattgefunden, was Werfel einmal so ausdrückt:

„Das echte Talent erkennt man weniger in seinen erstaunlichen Anlagen als in der selbstlosen Fähigkeit, die überlegene Leistung eines Andern glühend zu verehren. Das ist die Noblesse der Ebenbürtigkeit. Möge es auch eitel sein, das Talent, es läßt sich nicht verblenden. Sein schmerzlich waches Unterscheidungsvermögen für Wertgrade ist der Stab, an dem es höher klimmt. Der unrettbare Dilettant hingegen verrät sich in der ahnungslosen Freiheit, mit welcher er selbstberauscht, selbstzufrieden und selbstbeschränkt ist." So auf S. 345 in „Zwischen oben und unten".

Bekanntlich sind die Gespräche, welche die Künstler in den Ateliers vor ihren Bildern zu führen pflegen, sehr verschieden von den Gesprächen der Kunstgelehrten vor diesen Bildern. Sogar theoretisch begabte und wortmächtige Künstler, wie Adolf von Hildebrand oder Emil Preetorius, pflegen in ihren kunsttheoretischen Büchern ganz andere Dinge systematisch zu entwickeln als jene Forscher – deren Hauptanliegen vielfach Strömung und Biographie, Entwicklung und Weltanschauung ist. Der Künstler steht vor einem Bild, und was er zu sagen hat, demonstriert er gern ad oculos mit dem Stift auf dem Abreißblock. Über Bücher der Künstler – bezeichnend ist der Hildebrandsche Titel „Das Problem der Form" – pflegen Menschen mit viel Wissen und wenig Auge zu bemerken, sie seien „bloß ästhetisch". Der Kunstfreund aber ist glücklich, hier fernab von „Deutungen" den Boden der Anschauung wieder zu betreten, der Anschauung als eines so sinnlichen wie geistigen Aktes, eben dessen „was die *Augen* denken" (Cézanne).
Es gibt in der Literaturwissenschaft eine ähnliche Zwiespältigkeit der Betrachtung, wenn auch lang nicht so schroff geschieden, wenn auch nicht so von Mißverständnissen durchwirkt (vielleicht schon deshalb, weil das Organ für Dichtung häufiger ist als das kunstoffene Auge). Wassermanns Betrachtungen kommen aus dem „Atelier"; auch er spricht viel von der „Form", also vermeintlich „bloß ästhetisch"; aber sie bilden auch eine ausgezeichnete Vermittlung hinüber in das andere Lager, da einerseits Wassermann selbst gründlich historisch gebildet ist, auf der anderen Seite die Theorie der Schaffenden schon immer die größte Teilnahme der Literarhistoriker erregt hat. – Wassermann gibt aus der Kennerschaft des Handwerks wertvolle literaturwissenschaftliche Winke. Wie viel enthalten selbst flüchtige Notizen, wie die den „Wahlverwandtschaften" gewidmeten. Die „arglistige Einfachheit" dieses Buchs, besser kann man es nicht sagen! – Besonders Fragen des künstlerischen Schaffensprozesses werden geklärt. Daraus ein Beispiel:
Die Philologie hat die Vornotizen, Pläne und Skizzen zu Werken, so zum „Faust", uns zugänglich und schließlich den Entstehungsweg anschaulich gemacht. In diesen Notizen und Plänen erscheint nun vielfach, so immer bei Goethe, das Wichtigste nahezu verschwiegen, gewissermaßen ausgespart. In den Plänen sind oft die schönsten und zartesten Einfälle unter einem beson-

ders unscheinbarem Stichwort festgehalten, als ob sie geflissentlich verhüllt werden sollten. Das kommt daher: Der Künstler hütet sich, das Werden eines dichterischen Keimes mit allzu kühlem Stich- und Merkwort zu stören. Deshalb enthalten auch die Pläne echter Dichter kaum Aufschlüsse über den Sinn, etwa über die Bedeutung von Symbolen, oder über den „Grundgedanken", wie man leider sagt – als ob es den Dichtern um den Gedanken ginge, und nicht viel mehr ums Bild im weitesten Sinne des Wortes. Das Bild, das von Gedanken zwar trächtige, aber mehr als sie bedeutende und gewissermaßen gedanklich unauslotbare. Besonders anschaulich ist dies etwa in den Plänen Goethes zur „Novelle" (Pläne, die der Schreiber dieser Zeilen im 9. Bande der Goethe-Gedenkausgabe im Artemis-Verlag Zürich abgedruckt und erläutert hat). Je wichtiger und symbolischer eine Einzelheit, desto kärglicher die Plan-Notizen Goethes.

Den Sinn solcher Schaffensweise macht uns die Parallelität der Berichte Wassermanns in „Selbstbetrachtungen" verständlicher. Er sagt: „Da sie [die Vision, Konzeption eines Werks] auf Schauen beruht..., bedarf sie keiner Gedächtnisstütze... Die Aufgabe heißt vor allem, die Distanz festzustellen, in der man gegen sie zu verbleiben hat. Deshalb mache ich stets nur Notizen, die das Einzelne der Ausführung, niemals solche, die den Gang und die Haltung des Ganzen betreffen. – Im Lauf der Zeit bin ich dahinter gekommen, daß alle stimmungsmäßigen Einschläge die Reinheit des Urbildes trüben und ich daher für eine Art von Durchkältung der gefühlsbetonten Teile sorgen muß." („Vision" ist übrigens nicht als starre, sich nicht verwandelnde, schon fertige „Eingebung" zu verstehen.)

Inmitten einer Welt, in der wir seit hundert Jahren den Menschen immer mehr der Sache unterworfen und System und Zweck immer zudringlicher vorherrschen sehen, ist Wassermann der Anwalt des Menschen gewesen, des Individuums, der Fürsprecher eines hofmannsthalschen Lebensideals des Taktes und der edlen Distanz, der freiheitgebenden Ehrfurcht vor jedem Du. Der Begriff „Takt" ist hier der aufschlußreichste; man nehme ihn sowohl im Sinne des Herzenstaktes als auch in dem des intellektuellen Taktgefühls und Gewissens, dessen weder die praktische noch die wissenschaftliche Erkenntnis vor den Zufälligkeiten, vor den glücklich-unglücklichen Inkonsequenzen des Lebens entraten kann, wenn sie nicht zur Doktrin oder Schulmeisterei erstarren will; es ist das zarte Taktgefühl vor dem Lebendigen, dem schon einmal vor hundert Jahren, als es vom neuen Rationalismus der entschlossen alles erklärenden philosophischen Systeme verschlungen wurde, in Grillparzer und Carus zwei stille aristokratische Anwälte erstanden waren. Beide Arten des Taktes kommen aus derselben Wurzel: Zurückhaltung, Einfühlung, letztlich: Ehrfurcht eines nie trägen Herzens. Wassermann zitiert in seiner „Rede über die Humanität" jenen einzigartigen Brief Kleists über seinen Freund

Brockes und verfolgt dann die „Herzenstugend" bis in ihre alltäglich kleinen, um so verräterischeren, Ausprägungen:

„Ich getraue mich, einen Menschen, der Humanität besitzt, an der Art zu erkennen, wie er eine Tür aufmacht und in ein Zimmer tritt. Und erst recht daran, wie er einen Stuhl nimmt und sich mir gegenüber setzt und mir zuhört. In diesen humanen Menschen ist das Bedürfnis vorhanden, Ehre zu erweisen, jedem seine menschliche Ehre, und nicht mit der Elle und der aufgeschriebenen Gegenseitigkeitsrechnung, sondern frei ... (allen frei). Er mißt nicht ihren Geist, ihre Verdienste, ihren Rang, ihre Nützlichkeit, er empfängt sie als ebenbürtige Geschöpfe ... es ist eine beständige Aufmerksamkeit der Seele in ihm."

Dieses Lebensideal hat, wie gesagt, seit hundert Jahren eine besondere Gefährdung durch den Geist mehr oder minder monistischer Wissenschaft, durch die Systemphilosophie in der Nachfolge Hegels und schließlich durch die Ideologien erfahren. Sie alle wollten die rational gestraffte, entbildete, von Überraschungen gesäuberte, schließlich vielleicht mathematisierte „Welt", in der ich dann mit Nummern zu schalten und selbst Menschen solchermaßen naturgesetzlich zu betrachten und zu behandeln, für einen Zweck zu „erziehen" berechtigt bin. Dem Taktvollen von ehedem war keine Begegnung „Fall", jede war ihm „Sonderfall" (für die er sich Zeit ließ, auch wenn er keine hatte). Er bejahte und genoß das unberechenbar Individuelle. Er fühlte von vornherein den Raumanspruch des Du (vielleicht, zuhöchst, auch den des göttlichen). – Sein Gewissen vernahm ein „unbegründbares" Soll. Daher die Noblesse! Sie ist uns noch fühlbar – ein einseitiges und doch erquickendes Beispiel – in dem Wort Max Schelers, der, von der geheimnisvoll-unantastbaren Ewigkeit jedes Du tief durchdrungen, von sich bekannte: „Ich habe mich nie eine Sekunde lang zu jemand pädagogisch verhalten." – Ratio kennt meist nur sich selbst und erschleicht sich im philosophischen System die Stelle eines weltüberblickenden Gottes. Vollends in der „Volksausgabe" des Systems dringt sie gar nicht mehr in die Tiefe der Erscheinungen, sondern kommt ihnen „dahinter" (und dort bleibt sie). Größter Gegensatz dazu Goethes „Staunen": „Ich habe die Welt immer für genialer gehalten als mein Genie."

Das Wort „Takt" hat eine sinnvolle Doppelbedeutung. „Takt zu halten" bedeutet: bescheiden-verständige Einschmiegung in gewisse mich übergreifende Zusammenhänge, sei es der Musik, sei es des Lebens. Der Taktvolle erlauscht das Gebot der Stunde, das nie berechenbare; und fühlt dabei die stete Verletzlichkeit des Du. Ebenso behandelt er als wissenschaftlich Erkennender seine Objekte behutsam, von ihrem Rhythmus sich tragen lassend zur Erkenntnis. In all dem deutet sich schon jene letzte, höchste Bedeutung des Wortes an (die am meisten dem Rationalismus entrückte): Im Takt spricht das Gewissen. Er ist wie dessen profanste Abart. Der Impuls des Gewissens, den ich lautlos empfange, läßt sich nicht deduzierend „begründen"; wenn ich es tue, so ist er schon gewelkt, zerdacht und seine verwandelnde Kraft erloschen. Als Europäer betrüge ich mich gern mit dem Argument des Rationalismus. Auch den Kopf sollte das Gewissen richten, so wie der Kopf das Gewissen prüfen sollte.

Wenn wir hier allgemeinere Gedanken Wassermanns dargestellt und ein wenig weiterzudenken uns erlaubt haben, so deshalb, weil von hier aus sein kunstphilosophisches Ziel geklärt werden kann. Wassermann kann dartun, daß bei Einzelnen wie bei Völkern nur auf dem Wurzelgrund der Ehrfurcht, des Taktes und des Gewissens und nur innerhalb einer das Berechenbare verschmähenden Vitalität die Kunst gedeihen kann, vor allem die Kunst der Menschengestaltung in Epik und Dramatik. Die Gestaltenwelten von Shakespeare bis Dickens und Leskow sind auf diesem Boden gewachsen. Wassermann zeigt klar: Sobald der Künstler allzu demutlos „weiß", wo es mit seinen Gestalten hinauswill, sobald er sie etwa von Anfang an auf ein tendenziöses Ziel gerichtet hält, und sei dieses edel wie beim späten Tolstoi, beginnt er seine Gestaltung zu zerstören. Erst recht, wenn er alles Tun der Figuren rationalistisch konstruiert (was durchaus nicht mit der geforderten Wachheit und Vernunft des Schaffens zu verwechseln ist, am wenigsten mit dem künstlerischen „Gewissen", das die Vision rein erhält und den zuströmenden Einfällen die abdämmende, auslesende Kritik entgegenstellt und schließlich die handwerksgerechte Ausführung überwacht); dann hängt der Blick seiner Figuren immer an seinem Dirigentenstab; sie leben nicht aus sich; sie sind nicht rund. Der Künstler hat dann etwas wie ein System, er will nicht mehr der ratlos Staunende vor der Welt, er will nicht mehr der töricht Empfangende oder der „gewissenhafte" Handwerker sein, kurz: er ist sich nicht mehr der Unüberblickbarkeit des Lebens bewußt. Man könnte auch sagen: er läßt die entspannt-ironische Beziehung zu seinen Figuren fallen, die geltenlassende, natürlich väterliche Beziehung. Er identifiziert sich zum Beispiel mit der Ansicht einer seiner Figuren. Er weiß nicht mehr, daß für den Künstler eine Ansicht immer und überall nur eine „Ansicht" im optischen Sinne ist, ergänzungsbedürftig durch die Ansicht eines anderen Ichs aus anderem Blickwinkel. Er ist dann der Parteinehmende für eine seiner Figuren oder für eine zwischen den Zeilen erscheinende Ansicht, anstatt allen Figuren und Ansichten Vater zu sein, aus dem Bewußtsein, daß keinem Ich die volle Wahrheit gewährt ist. Gerade im Moralismus ist das lauschende Gewissen übertönt von der Stimme der selbstsicher monologisierenden Ratio. Wassermann drückt es so aus: „Völlig verschwunden scheint mir heute jenes edle Vermögen der Selbstspaltung, ich finde kein anderes Wort dafür, das dem Künstler eine Dualisierung der Erscheinungswelt ermöglicht und das einem Faust den Mephistopheles, Don Quichotte den Sancho Pansa, Othello den Jago als Wegbegleiter gab. Das ist die Spiegelungsweisheit im Kunstwerk, das eigentliche Movens der Gestalt, das bauende Element, ohne das es zu einem widerhallslosen Monologisieren wird."

Mit drei Aphorismen Hofmannsthals (aus dem „Buch der Freunde", enthaltend den Niederschlag von Gesprächen mit „Freunden", Wassermann gehörte zu ihnen) kann der ganze Umriß dieser Auffassungen nochmals angedeutet werden: „Was man in der dichterischen Darstellung das Plastische nennt, die eigentliche Gestaltung, hat seine Wurzel in der Gerechtigkeit."

„Die Natur durchsetzt alles mit dem Geheimnis des Nichtverstehens: dieses waltet noch zwischen dem geistigen Produkt und dem eigenen Erzeuger."

„Das Fragende in den menschlichen Gesichtern ist Geist, die Behauptungen sind Behauptungen der Materie."

Dies alles ist nicht neu. Die großen Künstler haben es schon immer gewußt, mitunter auch ausgesprochen. Es persönlich-neu und überzeugend-zeitgerecht formuliert zu haben ist das Verdienst Hofmannsthals und Wassermanns. Alle Punkte unserer letzten Betrachtung, angefangen von der Selbstüberschätzung der mathematisch-naturwissenschaftlichen Denkweise bis zu der genannten edlen „Selbstspaltung" finden wir etwa auch bei Goethe oft erwähnt, zusammengedrängt schließlich in dem folgenden Aphorismus aus den „Maximen und Reflexionen":

„Was hat denn der Mathematiker für ein Verhältnis zum Gewissen, was doch das höchste, das würdigste Erbteil der Menschen ist, eine inkommensurable, bis ins Feinste wirkende, sich selbst spaltende und wieder verbindende Tätigkeit? Und Gewissen ist's vom Höchsten bis ins Geringste. Gewissen ist's, wer das kleinste Gedicht gut und vortrefflich macht."

Nachtrag 1973

Die erfreuliche Entdeckung und Veröffentlichung (1973) eines unbekannten autobiographisch getönten Romans des zweiunddreißigjährigen Jakob Wassermann mit dem Titel „Engelhart" kann uns samt dem kundigen Begleitwort von Wolfdietrich Rasch heute manches Neue über die Persönlichkeit des Autors lehren und mag manche der von mir oben gezeichneten Züge in ihrem Ursprung erklären, soweit solches möglich ist. Roman und Begleitwort sind mir in manchen Punkten eine willkommene Ergänzung und Bestätigung.

Das Rätsel der Romane Werfels*

Das Spätwerk Franz Werfels, und nur um dieses geht es, sollte man, fast als ob es von einem anderen Dichter stammte, von seinem früheren, jedenfalls dem vor seiner Lebensmitte entstandenen Werk abheben. Er überrascht zuletzt mit Wandlungen die niemand ahnen konnte, so zum Beispiel mit dem Aufleuchten eines freien, tiefen Humors, der das meiste in der Emigration (1938 bis 1945) Entstandene, also das ‚Spätwerk', durchzieht. Mögen gewisse Unsicherheiten, Unvollkommenheiten – oder vielmehr: Vollkommenheiten billigerer Machart – sich immer gleich geblieben sein und so bis zum Ende bekunden, daß der Feind des Genius Geschicklichkeit und Ungeduld heißt, – Werfel hat jedenfalls längst nichts mehr mit einem ‚Expressionisten' zu tun, der er einmal war und der er für Literaturgeschichten noch immer zu sein scheint.

Er hat sich auch selbst von frühen Phasen ausdrücklich distanziert, er hat leidenschaftlich manche Züge seiner expressionistisch-avantgardistischen Jahre bedauert und verworfen. So schreibt er – während des Krieges – in den *Theologumena* (1944): „Ich habe viele Arten von Hochmut erlebt, an mir und an Andern. Da ich aber in meiner Jugend eine Zeitlang selbst dazu gehört habe, kann ich aus eigener Erfahrung bekennen, daß es keinen verzehrenderen, frecheren, höhnischeren, teufelsbesesseneren Hochmut gibt als den der avantgardistischen Künstler und radikalen Intellektuellen, die von eitler Sucht bersten, tief und dunkel und schwierig zu sein und wehe zu tun. Unter dem amüsiert empörten Gelächter einiger Philister waren wir die unansehnlichen Vorheizer der Hölle, in der nun die Menschheit brät."

Er hat einmal „dazu gehört". Aber er sagt auch nahezu das Gegenteil mit einem gewissen Recht: daß sein so anderes Grundwollen durch alle Phasen fast ungestört das gleiche geblieben sei. Werfel hat tatsächlich, wenn wir von kleinen Schwankungen absehen, immer aus einem ähnlichen Zentrum heraus, einem ähnlichen Drange folgend geschrieben, er tat es aber in sehr verschiedenen Formen und mit sehr verschiedenem künstlerischem Erfolg. Frühere Verirrungen, krampfige Steigerungen, besonders aus seinen expressionistischen Tagen, erscheinen uns heute mehr wie Infektion eines durch Entwicklungskrankheiten geschwächten Organismus. Später, in dem bei Künstlern so oft entscheidenden Wendepunkt der Lebensmitte, wechselt er verblüffend seine Form. Er wirft, vierzigjährig, plötzlich allen feineren literarischen Ehrgeiz hinter sich, zur Verlegenheit vieler seiner Verehrer; er stürzt sich in den breiten Strom des konventionellen ‚Romans', um in ihm nicht ohne Behagen zu schwimmen: die zwiespältigen *Geschwister von Neapel* (1931) sind dafür

---
* Erschienen in: Deutsche Literatur im 20. Jahrhundert. Hrsg. von H. Friedmann und O. Mann. 1954.

das erste überraschende Zeugnis. Und wenn er auch als Lyriker seinen Weg stetig weitergegangen ist, so nähert er sich als Epiker bald den zugkräftigen Zwitterformen des reportagenahen historischen Romans: Weltbewegende Geschehnisse, zwar immer gut geschaut – eine unheimlich zu nennende Einfühlungs-, ja Verwandlungskraft war sein Teil –, eilen mit einem großen und bunten Personal vor unseren verdutzten Blicken vorüber; vieles ist in einer ungeduldigen Sprache mehr hin-geredet als gestaltet und verwirklicht.

Nichts wäre falscher, als hier nur Erschlaffung oder Erfolgsstreben zu sehen. Gerade jenes Grundanliegen hat ihn zu dieser Wendung getrieben. Werfel wechselt nun plötzlich seine schriftstellerischen Mittel; er wählt nun instinktiv populäre, und nach den Jahren der Unsicherheit, die ein so radikaler Schritt nach sich ziehen muß, zeigt er sich im *Veruntreuten Himmel* (1939) glücklich zu einer persönlichen, überzeugenden Form gelangt, mag ihr auch für das Auge des Kenners ein Erdenrest von ‚Trivialliteratur' (welch ein ungeklärter Begriff!) noch anhaften. Seit jener 1929 begonnenen Umstellung, die den Dramatiker fast verstummen läßt, haben wir den eigentlichen Epiker Werfel vor uns; er ist in seiner letzten Phase fast gleichbedeutend mit dem ‚späten Werfel'. Diese Phase (1938 bis 1945) gipfelt in den Romanen *Der veruntreute Himmel, Das Lied von Bernadette* und *Stern der Ungeborenen* (1946). Was war das Wesen jener Umstellung, jenes Umbaus gewesen?

Werfel (1890 bis 1945) war eine barock-österreichische Natur: In ihm war ein gesellig-frohes, drastisches Erzählertemperament, überhaupt eine breite Natur, merkwürdig verbunden mit geradezu barock-gegenreformatorischem Erzieher- und Predigerdrang, nicht ohne den erlebten Grund tiefer ‚Fremdheit' in der Welt. Er wäre in barocken Zeitläufen ein Vetter Grimmelshausens und ähnlicher Geister gewesen, ein in wirren Zeiten zum Glauben Heimgekehrter, der nun, aus Liebe zu den Menschen, das delectare et educare in Christum sich vorgenommen.

Werfel hätte aber auch seiner Sorglosigkeit nach ein Schüler alter Volksschriftsteller sein, er hätte auf grelle Kalendergeschichten sich berufen können. Und noch in jener Wendung der Lebensmitte scheint sich eine Verwandtschaft launig zu bestätigen. Genau wie Grimmelshausen sein gutes literarisches Ansehen plötzlich riskiert und sich seiner Natur und Mission entschlossen überläßt: als Mann des Volkes und als sein Erzieher zu sprechen und deshalb volkswirksame Sprach- und Erzählformen nicht zu verschmähen, – fast genau so wirft Werfel, darin nicht unähnlich dem mittleren T. S. Eliot, das Steuer herum, um nun seinem Erzähler- und Erzieherdrang in einer populären Form genügen zu können.

Doch die Analogie zum Barock vermag noch mehr zu klären. Werfel greift in seinem letzten Roman die barocke Form des phantastisch-unterhaltsamen, lehrhaften Reiseromans bewußt auf – bis hinab zur Kopie der vergnüglichscheinnaiven Kapitelüberschriften. Er liebäugelt darin mit Swifts Reiseroman; er zieht den Leser lächelnd ins Gespräch, wie es der spätbarocke Sterne getan hat, und dies alles natürlich mit der hochbarocken Absicht ethischer und religiöser Unterrichtung; diese schlägt sich in den parabolisch zu verstehenden Geschehnissen und in einem Gewebe eingeflochtener Symbole und Allegorien nieder. Er fährt auch einmal auf andere Gestirne – ein altes Thema, dem schon Barockerzähler gehuldigt –, um oben Irdisches zu finden und zum Beispiel Katechismussätze überraschend bestätigt zu sehen. Solche Unterrichtung erfolgt jetzt nicht mehr so direkt wie in der Vortragsfolge von 1932: *Können wir ohne Gottesglauben leben?*, deren letztes Stück die altmodische Überschrift trägt „Zusammenfassung der vier Gründe, weshalb wir nicht ohne Gottesglauben leben können". Schon diese Problemfassung war recht spätbarock gewesen – die große Frage war wohl zum anthropozentrischen ‚Menschheitswohl' herabgedrückt, das den Ausgang des Barock kennzeichnet. Solch religiös-erzieherisches Anliegen hat sich dann im Reiseroman vertieft. Die Problemfassung hat sich dabei zum Theozentrischen berichtigt, gewissermaßen zum Hochbarock zurückentwickelt, wie auch unser Beispiel zeigen wird.

Es scheint sogar ein Hauch jener hellen Selbstironie beigemischt zu sein, die von der Gipfellinie der barocken Weltliteratur grüßt: Wenn der Schriftsteller bei seinem seelenbewegenden und auch sensationskundigen Handwerk sich zuschaut, durch das er doch die Menschen ‚bessern und bekehren' möchte, so überkommt ihn mitunter jene Selbstironie, mit der zum Beispiel Grimmelshausen sich gesehen hat: als Jahrmarktsverkäufer. Die Selbstironie in Werfels Reiseroman, das Don-Quichote-Bewußtsein im Vorwort von *Zwischen oben und unten* (1946), das sind vielleicht späte Ausstrahlungen einer solchen Haltung.

Man darf aber auch an Bernadette denken. Äußerlich ist das Buch nicht ohne Verwandtschaft mit dem Typus der historischen, gelehrt unterbauten Romanlegende, dieser im Barock zuerst versuchten Erzählform. Das riesige Ensemble, vom Kaiser zum Bettler, die großen pathetischen Szenen, unter ihnen das wohl kaum gelungene römische Finale, der Lebensgang der Heiligen mit Erscheinungen, Martyrium, Wundern an der Leiche: das alles gehört hierher, nicht minder die späte Bekehrung des Zweiflers, der dem Schrecken der leiblichen Hinfälligkeit und dann der Geborgenheit in der Glaubensgemeinschaft begegnet, – während natürlich andere Komponenten des Romans modernen Ursprungs sind und dem gewagt Anachronistischen mancher Partien entgegenwirken. *Der veruntreute Himmel* könnte wie ein episches Thesenstück um Glaube und Zweifel angesehen werden. Die Papstbegegnung: groß-symmetrisch gebaut, wie nur je eine Staatsszene im 17. Jahrhundert. Im konstruierten Schlußkapitel das fabula docet. Und die Hochstaplergeschichte, sie liest sich wie aus einem Schelmenroman. Natürlich wächst durch Milieu und die Gestalt Tetas der Roman auch in höhere, zugleich modernere Bereiche hinein. Diese Gestalt hat in ihrer ‚Rundheit', bis zum Einbegreifen des Komischen, nur wenig ihresgleichen in unserer Literatur. Hier wirkte eine von der epischen Weltliteratur des 19. Jahrhunderts genährte Kraft der Menschengestaltung, wie sie später noch einmal bei der Erschaffung, oder vielmehr: Erschauung der inneren Gestalt Bernadettes gewirkt hat, eine Kraft der Menschengestaltung, die man oft an Werfel gerühmt hat.

Ein Blick auf die späte Lyrik bestätigt das bewußte und unbewußte Anknüpfen an das 17. Jahrhundert. Da finden sich lateinische Überschriften, Versifikationen theologischer Sätze, religiöse Epigramme, zu Paradoxen gerafft, Doppelsonette als vollkommene Spiegelgebilde mit beibehaltenen Reimen und genau umgedrehten Thesen, welche zwischen sich die Wahrheit in die Zange nehmen. Wahrhaft barock! Es gibt ferner einen Totentanz-Zyklus in Sonettform, mit jener alten, großartig nüchternen, planvoll dramatisierten und am Schluß über das Erfahrbare hinwegsetzenden Gedankenführung; und dabei fehlt nicht hinter dem Gitterwerk aus Worten jenes Düster-Rot, das so hochbarock anmutet. Der Kenner wird sich an verwandte Erscheinungen bei Rudolf Alexander Schröder erinnern, dem lyrischen restitutor musicae sacrae, oder vielleicht an Bergengruens zierlich-strengen Goldschmiedefleiß denken, der in Parabel und Glückwunschgedicht ebenfalls ein barockes Erbe gepflegt hat.

Es seien zwei Aufzeichnungen gewählt, aus den *Theologumena*, die eine, um die gedankliche Welt des modern-unmodernen Dichters einigermaßen zu veranschaulichen. Die zweite Gedankenaufzeichnung ist der *Bernadette* entnommen und bezieht sich dort auf den Literaten Lafite, stellt aber eine auch ohne diesen Bezug lebensfähige Betrachtung dar.

„Die nackte Wahrheit, die ‚nuda veritas', ist die Hurenbraut des Barbaren. Die Kultur beginnt genau damit, daß man etwas zu verstecken hat, das heißt mit dem Bewußtwerden der Erbsünde (Adams Feigenblatt ist das erste Kulturdokument). Der Rückfall in die Barbarei aber beginnt genau damit, daß man das Versteckte wieder zu erkennen beginnt, das heißt mit der Psychologie."

„Es gibt auf der Welt keinen größeren Stolz als den des geistigen Menschen. Dieser mag hungern und obdachlos sein, dennoch fühlt er sich von Gott nicht auf die Bühne des Lebens gestellt, sondern in die Hofloge geladen. Das Bewußtsein, nicht zu den Spielern der Komödie zu gehören, sondern zu ihren teilnahmslosen Beobachtern, gibt ihm eine berauschende Überlegenheit, die selbst ein entbehrungsreiches Leben erträglich macht."

Zwanglos fließt ihm hier das barocke Bild vom Welttheater in die Feder, auf dem jedem seine Rolle zugeteilt ist, die er schlecht oder gut vor Gott spielen wird. Doch die ganze Gedankenwelt dieser zwei Betrachtungen ruft mit jedem Zug jene ferne, unkompliziertere Welt herauf, in der es noch nicht das vielgeliebte Bild des Prometheus und noch keine Empfindsamkeit, keinen Geniekult, keine taktlose Psychologie gab, die letzte vermeintlich geschlossene Zeit..

Die zitierten Betrachtungen darf man in eine gewisse Nähe zur überzeugendsten Wiederverkörperung österreichischen Barocks stellen: zu Hofmannsthal. Hofmannsthal hätte sich gewiß anders ausgedrückt; aber es sind seine Wahrheiten. In der zweiten Betrachtung scheint das ganze tragische Rätsel leise mitgemeint, das die Politik darstellt, seitdem die Gebildeten es verschmähen, sich ‚auf die Bühne des Lebens' zu stellen.

Werfels Äußeres, seine ‚Persönlichkeit', wie sie in Erinnerungsbüchern, etwa Bruno Walters und Thomas Manns, begegnet, scheint merkwürdig gut mit seiner anachronistischen, ‚barocken' Wesensart zusammengestimmt zu haben. Das helle Auge Manns, dieses so beobachtungsfrohe, selbst der beobachteten Schwäche frohe Auge, hat manches erspäht, was das Bild Werfels vervollständigen könnte. Die Beobachtungen stehen in der *Entstehung des Doktor Faustus* – in der ja der Autor auch der ebenerwähnten Szene auf dem Merkur gedenkt; da wird aus dem Jahre 1944, anderthalb Jahre vor Werfels Tod, folgendes erzählt: „Ich war ... bei Werfel, der sehr schlecht aussah, aber sofort begann, die begeisterten Wendungen seines Briefes mündlich zu variieren (die Buddenbrooks seien ein unsterbliches Meisterwerk). Ich stand am Fußende seines Bettes, neben dem der Sauerstoffapparat aufgebaut war, und, die Augen auf mich gerichtet, beteuerte er, fast unglaubwürdig sei es ihm, den Verfasser der Buddenbrooks so empirisch vor sich zu sehen ... Wie charakteristisch für ihn war die Kindlichkeit dieses Enthusiasmus! Ich habe Franz Werfel immer sehr gern gehabt ... Ich konnte seinem naiven und reichtalentierten Künstlertum die mystischen Neigungen ... nie übelnehmen, es sei denn in den unglücklichen Augenblicken, wo dies alles aggressiv-polemisch vorstieß. Er war im Grunde ein Opernmensch und konnte auch aussehen wie ein Opernsänger (der er auch einmal hatte werden wollen), freilich zugleich wie ein katholischer Geistlicher."

Auch wenn wir nicht an Thomas Manns Kunst Anstoß nehmen sollten – an seiner ‚Kunst', jeder Porträtzeichnung ein unauffälliges Karikatur-Strichlein einzuschwärzen –, so ist dennoch eine schon lange anklopfende Frage sicher an dieser Stelle dringlich geworden: Kann denn Werfel wirklich nur dieser, wie man oft hört, ‚liebe Kerl' gewesen sein, dieser gleichsam aus wärmeren, naiveren Zeiten plötzlich zu uns herabgestiegene Gast barockkorpulenter, begeisterungsfähiger Natur? Schon deshalb nicht: Er trug doch auch vollkommen unbarocke Züge. Der Barockherr Grimmelshausen stand in einem Volk, auf einem heimatlichen Wurzelboden, er stand in einer Glaubensgemeinschaft und Kirche, und er stand auch in einer Volkssprache (einer genialen, die schon die halbe Dichtung ist), in einem Handwerk als einer geselligen Schreibkunst voll von unwillkürlicher Tradition. Werfel stand in keinem Volk, in keinem Stand, kaum in einem ‚Land' – wir werden sein Bekenntnis hören –, er stand in keiner Kirche, auch in keiner Volkssprache. Der letzterwähnte Umstand ist ja sofort fühlbar: Halten wir etwa einen dem Österreichischen ‚nahen' Dichter wie Horvath neben ihn, so verdeutlicht sich sogleich, daß Werfels Sprache nicht aus lebendiger Volkssprache sich nährt und verfeinert; sie ringt sich vielmehr mühsam späten Sprachstadien ab, so daß sogar vom Kaffeehausjargon mitunter etwas durchschlägt: in der krampfigen Wortwahl, im hemmungslosen Neubilden, in dem lässig-ungeduldigen Rhythmus. Und er stand ja auch in keinem rechten Handwerk; er hat sogar die Idee eines dichterischen Handwerks zeitweilig leidenschaftlich bekämpft. Freilich waren ja auch weite Reviere dieses Handwerks seit der Geniezeit aufgelassen worden. Mit einem Wort: Werfels ‚Barock' ist zum Teil mehr Sehnsucht als Besitz. Wir stoßen hier auf ein modern-romantisches Element.

Tatsächlich ist in ihm sehr viel vom einsamen, zerrissenen Romantiker. In dem wahrsten Gedicht seiner Spätzeit spricht er seine einsame Verlorenheit aus, in romantischen Tönen. Es handelt sich um ein überraschend schlichtes Lied; im Exil entstanden, bringt es als ‚Musik gewordenes Leiden' einen Klang seines Wesens heran. Dieses von allem Barocken sehr entfernte Gebilde, das vielmehr vom Nachhall des romantisch veredelten Volksliedes, wohl auch von Mells Fortführung dieses Tones berührt ist, heißt „Das Bleibende." Hier leicht gekürzt:

> Solang noch der Tatrawind leicht
> Slovakische Blumen bestreicht,
> So lang wirken Mädchen sie ein
> In trauliche Buntstickerein.
>
> Solang noch im bayrischen Wald
> Die Axt im Morgengrauen hallt,
> So lang auch der Einsame sitzt,
> Der Gott und die Heiligen schnitzt.
>
> Ihr Völker der Erde, mich rührt
> Das Bleibende, das ihr vollführt,
> Ich selbst, ohne Volk, ohne Land,
> Stütz nun meine Stirn in die Hand.

Der zerstörende Schmerz ist aufgefangen in der Form [1]. Sie lebt sich im Gedankenzug wie im hörbaren Versgeschehen geschlossen dar und hat keinen Rest des Chaos mehr in sich, dem sie sich abgerungen hat. Dieses Lied ist ‚ausgesungener' Schmerz; wie jedes gute Gedicht ist es, paradox gesprochen, zum melodischen Kristall gereift, der den Schmerz nur als ein Symbol in seine spiegelnde Vielfalt gelassen aufgenommen hat. Und der Klagende spürt seine Stimme nicht mehr als die nur ihm gehörige, vielmehr als ‚Stimme' im Melodiengeflecht. Es war kein Selbstbetrug der Sehnsucht gewesen, wenn hier seine Stimme, wie im Echo eines Moll-Liedes, unwillkürlich die Melodie des ‚Volkes' wiederholt hatte und sich aufgenommen fand. Wo die Form vollendet ist, übernimmt sie die Lösung. Die Wunde schließt sich. Denn unser Denken, so sagt Grillparzer, sei menschlich, die Form aber „göttlich", „denn sie schließt ab wie die Natur".

Aber nicht nur die lyrische Stimme Werfels klang manchmal wie die eines Romantikers, auch seine Theorie nimmt klassisch-romantisches Gedankengut in faszinierender Neubelebung wieder auf. Er hat einmal, 1939, Lenaus Gedicht „Himmelstrauer" interpretiert – ein Gedicht, in dem ebenfalls zerstörende Schwermut von der Form aufgefangen und in „Glück" verwandelt ist – und dabei seine Metaphysik der Kunst bewegt skizziert (in *Zwischen oben und unten*): „... Betrachten wir nur die Halbstrophe des Anfangs: ‚Am Himmelsantlitz wandelt ein Gedanke, / Die düstre Wolke dort, so bang, so schwer.' Der majestätisch ernste Schritt der ersten Zeile, die schleppende Kadenz der zweiten, warum erschüttern und beglücken sie? Ein einfaches Bild, der Abendhimmel und eine einsam ziehende Wolke, weiter nichts. Ein einfaches Gleichnis, Himmel und Antlitz, Wolke und Gedanke, weiter nichts. Und dennoch, durch die bildliche Gleichsetzung zweier faßbarer Größen wird eine dritte unfaßbare Größe fühlbar gemacht. Wir sehen plötzlich mit Augen, wir hören mit Ohren, die noch nicht durch die Gewöhnung der Jahrtausende abgestumpft sind... In jeder gestalteten und gesungenen Eingebung ist ein Strahl der ersten Offenbarung mit einversponnen. Darum ist sie glückseligmachend. Sie zaubert uns für Augenblicke zu unserem Ursprung zurück... In dieser Wiedererweckung liegt das Geheimnis aller ästhetischen Wirkung. Prüfen Sie sich selbst! Es ist nicht das Stoffliche... Wie vermöchte sonst absolute Musik eine Wirkung zu üben! Sie können es ja gar nicht ausdrücken, was in einer ursprünglichen Melodie so herrlich auf Sie wirkt. Aber Ihr ganzes Wesen spannt und dehnt sich, Ihr Selbstgefühl wächst, so daß das niedrigere Ich mit seinen kleinen Nebengedanken völlig darin verschwindet, das Todesbewußtsein tritt ins Nichts zurück, die trostreiche Gewißheit, nicht vergehen zu können, durchleuchtet einen zeitlosen Blitz lang Ihr ganzes Wesen. Die originale Melodie hat Ihnen für einige Sekunden zurückgegeben, was Ihnen an der Pforte des Paradieses genommen worden ist... Sie sind der Zusammenhänge inne, Sie wohnen der Gottheit näher. Die Erinnerung an den archaischen Zustand der Glückseligkeit hat Sie berührt."

„Für einige Sekunden": das bezeichnet den aus dem Gefühl lebenden romantischen Autor. Die romantische Kunst entreißt uns „einen zeitlosen Blitz lang", wie es heißt, den irdischen Gebrechen; einen Augenblick lang. Nach dieser ‚zeitlosen' Entrissenheit umfängt uns wieder die Wirklichkeit; sie mag vielleicht mit anderen Augen dann gesehen werden, aber sie bleibt doch Gegenwelt zum Gefühl und dem ihm innewohnenden ‚Traum', so gültig dieser auch sein mag als Bekundung ‚archaischer' Kräfte. Der Nachhall romantischen Denkens, romantischer Zwiespältigkeit ist hier deutlich vernehmbar. Eine Schicht in Werfel gehörte ganz diesem Bereich an, weit entfernt von allen Kräften des 17. und 18. Jahrhunderts. Diese Schicht hat sich vielfältig ausgedrückt. Die Heimkehr zum Glauben wird zuweilen mit Kategorien dargestellt, die von der Heimkehr Brentanos und anderer Romantiker geprägt scheinen. Die philosophische Schlußwendung im *Veruntreuten Himmel* ist fast wörtlich aus Baader übernommen: Durst nach Ewigkeit; gut. Aber was beweist schon Durst? Antwort: Durst beweist die Existenz von Wasser. Hier könnte man Ähnliches anschließen, das Werfel vermutlich von dem frühen Scheler empfangen hat. Auch vom starken Einfluß der romantischen Seite Dostojewskis – die ja auch Scheler mitprägte – könnte gesprochen werden.

Genug, um Werfel als Romantiker zu kennzeichnen! Suchen wir von dem Gedicht seiner Einsamkeit „Das Bleibende" den Zugang zu den moderneren Zügen seiner Persönlichkeit; gerade weil es ein romantisches Gedicht ist, darf man es auch als Gefühlsausdruck wörtlich nehmen und auf den Zustand, auf die Wirklichkeit des Dichters schließen." Ohne Volk, ohne Land." Wir haben hinzugefügt: ohne Glaubensgemeinschaft, ohne den Boden einer Volkssprache und ohne rechtes Handwerk. (Damit ist, wie sich zeigen wird, etwas anderes als ‚wurzellos' gemeint.) Vom Handwerk und von der Sprache zunächst.

Der bekannteste Theaterkritiker des alten und neuen Österreich, der anmutig-verschmitzte Polgar, hat gesagt: „Der Gegensatz von genial ist nicht: ungenial, sondern: geschickt" – was er seinen lieben Österreichern besonders gern gesagt haben wird. Dieser Satz mag für die vorgoetheschen, genauer: die der kraftgenialischen Zeit voraufgegangenen Dichter und Künstler nicht so voll gelten; sie waren ja auch noch nicht ‚genial', wenigstens nicht im bewußten Sinne. Aber seit langem sind wir der Richtigkeit des Satzes ausgeliefert. Mit dem ‚Geschickten', erst recht dem Bravourösen, bleibt der Dichter unter seinem Niveau, vielleicht auch deshalb, weil das Geschickte sich zu genau kennt, schätzt und abschließt, während doch das Geniale in merkwürdiger Offenheit, mitunter Bewußtlosigkeit, verharrt. Der geniale Gedanke, dem jeweils der künstlerische Wurf entspringt, kennt er sich denn so genau? Nein, er sieht sich mit einem Teil seines Wesens ins noch Unbekannte hineinreichen, sich hineinverlieren, und nimmt demütig die Grenze seiner Bildkraft hin; er dient. Goethes und Schelers Ehrfurchtslehre kann hier klären. Ehrfurcht bedeutet Wachheit für das Geheimnis, für das unseren Horizont ‚Überreichende' des Objekts. Der Schöpferische lebt dankbar aus diesem ‚Überreichenden' (auch der eigenen Einfälle), der Literat lebt aus dem, was sein Horizont faßt; er traut sich nicht über seinen Kopf hinaus. Der Literat versteht, was er sagt. Vom Dichter aber sagt Goethe im „Buch

Hafis" des *Divan:* „Er versteht nicht, was er sagt." Das meint nicht Psychisches. Der Dichter versteht sehr genau, daß er es *so* sagen muß, so und nicht anders. Nüchterner und genauer, als der Laie glaubt, ergreift er dieses ‚so'. Aber was dann zum Beispiel in dem Symbol alles liegt, das er hier, vielleicht ohne es überhaupt zu merken, gedichtet hat, das weiß er nicht, das erfährt er erst freudig von verständigen Lesern, die ihn auf Eigenschaften seiner reichbegabten Kinder – von wem begabt? – hinweisen, auf Eigenschaften, die er noch gar nicht entdeckt hat. „Die Natur durchsetzt alles mit dem Geheimnis des Nichtverstehens: dieses waltet noch zwischen dem geistigen Produkt und dem eigenen Erzeuger." (Hofmannsthal, *Buch der Freunde*)

Der Schaffende findet sich ständig von Gedanken, von Einfällen besucht, die eben überraschend ‚einfallen'. Schwer schaut man seinen Besuchern ins Herz und läßt sich zu gerne von den glänzenden und selbstbewußten bestechen, verkennt zu leicht die unscheinbaren, weltfremden – in welchem Kleide so oft der geniale Gedanke zum ersten Male anpocht. Die Entwicklungsfähigkeit eines Besuchers zu erkennen: ein solcher Blick bezeichnet den Künstler, und ebenso bezeichnet ihn die Kraft, das Entwicklungsfähige auch entwickeln zu können. Das Wissen des Erziehers, des Gärtners, der weiß, wo zu hegen und wo zu roden, wie zu pflegen und wie zu kreuzen sei, dieses Wissen ist durch eine Kluft geschieden von dem selbstsicheren ‚Machen wir!' Man ahnt, daß hier das Problem Werfels als eines modernen Menschen beginnt. „Wahr sind nur die Gedanken, die sich selber nicht verstehen" (Adorno, Min. m. 122).

Niemand dürfte schwerer ein Dichter werden als der dazu in dem Sinne ‚Begabte', daß er geschickt und geschmeidig mit Worten, mit der Syntax, mit ‚Gefühlen' und was sonst noch zur Dichtkunst gehören mag, umzuspringen weiß: der Journalist. Nichts gegen Geschicklichkeit! Wenn auch der Lyriker, wie wir ihn seit Herder verstehen, ihrer kaum bedürfen wird, – den Epiker und Dramatiker kleidet das Geschick, etwa das Bühnengeschick; freilich nur da, wo es hingehört. Seitdem eine neue Wahrheitsforderung und eine, wenn man so sagen darf, tiefere Sprach-Scham – daß man sich jedenfalls schämt zu reden, wo man nicht innerlich gedrängt ist, das auszusprechen, was man wirklich zu sagen hat – herrschen, seitdem unsere Dichter, dem Beispiel Klopstocks folgend, auch Künder (vates) geworden sind – sei diese Entwicklung, im Zuge der Säkularisierung, nun gesund oder nicht –, hat die Handwerksgeschicklichkeit im Kernbereich der dichterischen Aussage, vielleicht auch in der Sprache des Lyrikers, keinen rechten Platz mehr, und am wenigsten bei ausgesprochenen Verkündern wie Werfel.

Vielleicht weil er so österreichisch oder weil er so historisch-mehrschichtig war, konnte Werfel, unwahrscheinlicherweise, beides zugleich sein: genial und geschickt. Karl Kraus, der die ersten Gedichte des Achtzehnjährigen höchlich ehrte, indem er sie in der „Fackel" druckte, hat schon einige Jahre später über den durch pausenloses Schaffen im Espressivo bebender Verkündigung bereits wohlgeübten jungen Metaphysikus kopfschüttelnd gesagt: „Und die Gefühle gehen wie geschmiert."

Es war alles subjektiv echt, hier wie später, aber es war leider nur zu oft auch geschickt und damit in seiner Echtheit fraglich geworden. War er im Hoch- und Selbstgefühl seines Schaffensrausches ertaubt für das Rednerische und den gefühligen Aufwand, die in seine Verse und seine Prosa eingedrungen waren? Was ist der Grundvorgang?

Eine gewisse jugendlich-arglose Schaffensfreude, ein oft explosives Ausdrucksbedürfnis, ein knabenhafter Mitteilungsdrang für die ihn bewegenden großen Anliegen verbanden sich in ihm mit einer gefährlichen Formulierungsgabe, die fast an Heine erinnern konnte. Für die reich zuströmenden Einfälle fehlte ihm der unterscheidende Blick, der Gold und Falschgold unter ihnen sondert; war doch seine Begeisterung und Selbstbenommenheit im Schaffensvorgang kindlich bestechlich für alles Glänzende. Und um das Entwicklungsfähige auch wirklich fortzuentwickeln, mag ihm oft die Geduld gefehlt haben. Sein hochverehrter älterer Freund Kafka war genau in der entgegengesetzten Lage. Kafkas Grillparzerisches Selbstmißtrauen, seine Unjugendlichkeit, seine Geduld und Zähigkeit, seine hochgesteigerte Unterscheidungsgabe, seine Reinheitsforderung bezeichnen sehr genau die Gegenwelt zu jener unkontrollierten, unerzogenen Fülle des Herzens, die sich in Kunst entladen will. Dora Dymant erzählt, wie sich der dreiunddreißigjährige Werfel überwältigt weinend einem Vernichtungsurteil Kafkas beugt, worauf Kafka selbst zu weinen beginnt, offenbar weil er seinem lieben jungen Freunde gerne etwas weniger Vernichtendes über sein jüngstes Werk ‚gesagt' hätte – ‚sagen' ist nicht richtig; denn sagen hatte er gar nichts können, darin bestand das Vernichtende. Die Episode hält die Begegnung der beiden Gegenwelten unvergeßlich fest.

Manchmal scheint es, als sei Werfel ein Sohn jener von Klopstock, Herder, Jean Paul und den Romantikern begründeten Dichterfamilie der ‚Begeisterten'. Er lernt erst später einsehen, daß die Begeisterung selten eine gute Dichterin ist und ihr Werk bei Tageslicht sich anders liest als in der nächtlichen Zauberstunde, da es entstand, und daß das Sichbegeistern dem Sichgenießen oft allzu ähnlich wird. Die reizende Selbstironie des bequem-gefühligen „Dichters" im *Veruntreuten Himmel* bezeichnet einen wichtigen Schritt in der Überwindung dieser Haltung, einer Überwindung, die ihm freilich nur mühsam und wohl nie restlos gelungen ist.

Der Schaffensvorgang stellt sich nun meist so dar: Ein aus dem „übervollen Herzen" – um mit dem jungen Goethe die Quelle der Dichtung einseitig zu bezeichnen – Begonnenes, mitunter genial Begonnenes wird, bei bald erkaltender Intuition, geschickt zu Ende gedichtet, eigentlich: zu Ende gefälscht. Und dies geschieht, ohne daß es der Dichter merkt: hier ist er viel unbewußter als Heine. Werfel, benommen im Schaffensgefühl, bemerkt es gar nicht, daß seine ungeduldige Hand das halbfertige Gebilde zu Ende manipuliert, er glaubt sich noch aus der schöpferischen Quelle gespeist, so wie wenn ein berauschter Bacchant eine Musik noch zu hören glaubt, die schon verstummt ist. Oder um im Jargon des Ateliers zu sprechen: er weiß nicht, ‚wann er aufhören muß‘; er verdirbt sich selbst sein Bild; er kommt nicht mehr in seinen Anfang zurück.

Dem genial erschauten Tod Tetas im *Veruntreuten Himmel* zum Beispiel hängt er ein Schlußkapitel an, das nur noch für das pädagogische Geschick und die bravouröse Roman-Routine des Autors spricht. Und noch Schlimmeres kennt der Leser aus dem Schlußkapitel der *Bernadette*. In diesen Romanen treten aber wenigstens das Geglückte und das ‚nur Gemachte‘ meist auseinander, in anderen, in früheren, sind sie fast hoffnungslos ineinander verschränkt. Das letzte Drittel der *Geschwister von Neapel* beispielsweise fällt plötzlich zum Lustspiel ab. Aber auch in diesem Flachland hinterließ die ursprüngliche Konzeption bedeutsame ‚geologische‘ Residuen, die den ersten ‚Flutstand‘ des Schaffens anzeigen. (Später wird ein solches Residuum herausgelöst zitiert werden.) Es gibt Gedichte, in denen das Geniale und das ungeschickt Geschickte in jeder Zeile verquickt sind. — In seinem unabsehbaren Werk scheint ein enormes künstlerisches Rohmaterial hohen Ranges ausgebreitet. Vieles müßte erst gedichtet werden. Zehren könnten davon freilich Generationen von Schreibenden. Erst im Spätwerk werden, wie gesagt, im Rohmaterial die Formgruppierungen und Kristallisierungen deutlich sichtbar.

Werfels Sprachtheorie bedarf noch eines Blickes. Sie erfüllt im heraufziehenden neuartistischen Zeitalter als letzte antiartistische Sprachtheorie von Künstlerseite eine wichtige Funktion.

Der Strich einer impetuosen Meisterskizze trägt Reize, Werte, die keine Kalligraphie und keine Sorgfalt einholt. Der schnelle, leiblich-seelische ‚Augenblick‘ vermag hier mehr als der noch so andauernde Fleiß des Meisters (der natürlich in anderer Weise notwendig ist, damit ihm überhaupt der ‚Augenblick‘ begegnen kann). Ist der Reiz mancher Verse ein anderer? Etwa mancher Strophen Goethes? Es muß aufs erstemal gelingen, sagte dieser zu Boisserée am 8. August 1815. Aufs erstemal oder nie mehr! Es hilft kein späteres Sinnen, es wird nie mehr ‚richtig‘, wenn es nicht ‚ganz‘ im Nu geboren wurde. Es gibt offenbar auf verschiedenen Gebieten Dinge, die nur im improvisierten Wurf gelingen können, nicht durch spezielle Vorbereitung und besonnene Ausführung. Der sprachliche Kunstverstand vermag wohl nie einem Vers den Hauch, das Überzeugende, das Beseelte zu geben, das nur die rechte Geburt aus dem drängenden Inneren ihm mitteilt, ähnlich wie es bei der schnellen Handzeichnung ist, in der ja auch jeder spätere Eintrag kalt, scharf, unmelodisch stehen würde. Wir kennen Ähnliches schon aus vorkünstlerischem Ausdrucksbereich. Ein rascher Blick der Augen im Gespräch trägt Ausdruckswerte, die keine noch so große Anstrengung erschaffen, nur um so gründlicher verfehlen könnte. Ein Lied sei wie Blick und Kuß, so heißt es öfters in der Goethezeit. Und Hofmannsthal sagt, man könne ein Gedicht so wenig schön machen wie den Blick seiner Augen. Worte zu ‚setzen' sollte uns, wie gesagt, die Scham verbieten. Die Natur verlangt gewissermaßen ein ‚leiblich'-spontanes Hervortreten aus dem Inneren. Eine aus der Herder-Zeit herrührende Tradition hat so bis in manche Äußerungen des späten Hofmannsthal gewirkt. Vielleicht war es Hamann, der zuerst sah, wie hier eine Analogie zu Blick und Zärtlichkeit besteht, welche doch ebensowenig vorbereitet, vorsätzlich eingesetzt und berechnet werden dürfen wie das echte Wort. Sie müssen so kommen, wie einem ‚zumute' ist. „Wie es dir aus der Seele steigt", so soll der Dichter im Paradies des *Divan* sein Lied singen, sein Lied erfinden.

Darüber hinaus gibt es beim späten Werfel eine Metaphysik der Sprache, niedergelegt zum Beispiel in der balladesken Legende vom Ursprung der Sprache: Sprache wird gefaßt als Nachhall des ‚Heilig!' der Engel; Sprache findet somit ihren eigentlichen Sinn erst dann, wenn sie aus dem Menschenherzen als Lobpreis aufsteigt. Diese Metaphysik, aus vielen historischen Quellen gespeist, kann hier nicht mehr berührt werden.

Dafür soll nunmehr wenigstens der allgemeine metaphysische Hintergrund solchen Denkens und Dichtens angedeutet werden. Denn alle bisherigen Fragen – Romantik und Barock, Zweispältigkeit, Unsicherheit – werden erst dann ins rechte Licht treten.

Es gibt Urerlebnisse, die in seiner Kindheit und Jugend prägend für den erwachsenden Geist gewesen sind. In *Höret die Stimme* (1937) rekapituliert ein Schriftsteller – Figur der Rahmenerzählung – in einem inneren Monolog jenes Kindheitserlebnis, das ihm den Anfang seiner höheren geistigen Existenz zu bedeuten scheint, ein Motiv, das in anderen Romanen genau wiederkehrt. „Wie war es nur damals, als es mich mit sechs Jahren das erstemal überfiel...? Mutter fuhr mit mir in ein kleines Seebad. Der Anblick des Meeres löste es aus, diese ungeheuer bis zur Mitte des Himmels aufgetürmte Gottesmauer... Damals bin ich lange ohnmächtig gewesen... Ein sehr nervöses Kind, sagte die Besitzerin der Pension, wo mich Mutter verzweifelt zu Bett brachte... Ich erinnere mich aber genau, daß es nicht der Anblick allein war, sondern eine Frage dazu, die mich würgte: Warum bleibt dieses Ungeheuer, dieser gewaltige Gott in seinen Grenzen, warum macht er vor einem lächerlichen Sandstreifen halt, warum bricht er nicht vor und packt meine Mutter und mich...? Mein kleiner Geist war durch die finstere Mauer des nordischen Meeres Gottes ansichtig geworden und verging. Und nun habe ich nach einer Ewigkeit das furchtbare Meergefühl meiner frühen Kindheit in der Bibel wieder gefunden, im Buche Jeremias... Es sind Verse von gewaltiger Schönheit...:‚... Der ich dem Meere den Strand zum Ufer setzte, darin es allezeit bleiben muß, darüber es nicht schreiten darf; und ob's schon wallet, so vermag es doch nichts; und ob seine Wogen auch toben, so dürfen sie doch nicht darüber hinausfahren...' "

Eine zweite Stufe des metaphysischen Erwachens ist dann dem Vierzehnjährigen bestimmt. Es ist ein erstes Mündigwerden, das aber kaum in einem Zuwachs an Helligkeit besteht, vielmehr in dem Eintritt in eine rätselhafte Pflicht. Die mißlungene, schwerfällig-feierliche autobiographische Ballade „Prolog vom Besuch" (1943) hält diesen Moment fest. „Es war in meinem alten Knabenzimmer", es geschah beim Präparieren des Pensums in Titus Livius, daß ein inneres Gefühl sagte: „Besuch ist da!" Seinem Geist hatte sich ein zweites Wesen zugesellt, „dunkel, kühl, schwer von Begriff" und nahm ihn „in Besitz":

> Seit jener Stunde ist es mein Begleiter,
> Sein offnes Aug' verläßt im Schlaf mich nicht.
> Bei Tag und Nacht trag ich's als meinen Reiter...
>
> Von allem, was ich mit dem Geist ergreife,
> Halt ich zurück ein Flüstern für den Gast...
> Es tut ihm wohl, wenn ich ermüdend reife...
>
> Als Gegengabe für mein treues Raunen
> Schenkt er mir eines nur: Sein tiefes Staunen.

In Platonischer und Goethescher Weise datiert der Tag des geistigen Erwachens von jenem Moment an, da das thaumazein den Knaben überfallen hat. Überfallen wie ein eigenes Wesen, dem er nun wie einem neuen Gewissen alles Erlebte zu beichten, dessen Richtspruch und Lenkung er sich anzuvertrauen hat. Das thaumazein, das staunende Fremdsein in der Welt, lebt dann auch in dem Knabengefühl, das der „Sonntag" in den *Beschwörungen* (1921) heraufholt:

> So wird es Tag und so wird's Nacht.
> Wer weiß, was das bedeutet?...

Eine dritte Stufe des metaphysischen Erwachens ist durch ein Erlebnis des Fünfzehnjährigen bezeichnet, das eine andere autobiographische Ballade, „... zu Ehren des Frühlings von Neunzehnhundertundfünf", festhält. Ihren Inhalt bildet zunächst das Schwärmen des Fünfzehnjährigen für die große junge Tragödin des Prager Klassischen Theaters, Maria Immisch: „Daß Stürme des Gefühls mein frisches Herz durchwehten, / Gleich Schillers jambischem Gesang..." Das so erwachende Herz erkennt aber plötzlich die Aussichtslosigkeit seines Verehrens. Als nicht einmal der manchettierte Blumenstrauß des Fünfzehnjährigen die Angebetete erreicht, ahnt er „zum ersten Male": „Daß wir nur *das* erreichen, was wir *nie* erreichen."

Von diesen drei Stufen aus könnte man das spätere metaphysische Erleben des Dichters genetisch zu begreifen suchen. Man scheut freilich das Wort ‚Erleben‘, da es sich einesteils um ein „Ahnen nach bestem Wissen" handelt (um Musils Ausdruck zu gebrauchen), anderteils um eine Gewißheit tieferen Grades, als daß sie so einfach mit dem Wort ‚Erleben‘ gefaßt werden könnte. Zunächst werden die Ergebnisse der drei Stufen ungeahnt entfaltet und vertieft. Das Ergebnis der dritten Stufe hat sich uns schon im unstillbaren „Durst" am Ende des *Veruntreuten Himmels* angedeutet; die beiden anderen Ergebnisse erwachsen zu der ausgebreiteten Phänomenologie des Sichverwunderns, des Fremdfühlens, des dankbaren und schließlich des erschütterten Staunens, wie sie der *Stern der Ungeborenen* und die späten Gedichte entwerfen.

Am überzeugendsten tritt die metaphysische Wachheit Werfels in ganz beiläufigen Schilderungen hervor. Die den Kosmos durchwaltenden Analogien scheinen ihm unwillkürlich gegenwärtig. Da findet sich zum Beispiel im *Veruntreuten Himmel* eine Schilderung der frühesten Morgendämmerung am Fuße des Hochgebirges. Wir erleben jene unentschiedenen Minuten zwischen Nacht und erster Dämmerung: das Verstummen der Grillen, die jähe Kälte, die ersten grünlichen Andeutungen im wässerig-unbestimmten Luftraum. Etwas später erscheint mit einemmal auf den Graten ein „unaussprechlich geistiges Lila". Ohne daß es mit einem Wort gesagt wäre, fühlt wohl jeder, daß hier auch jener Übergang, jener Hinübertritt mitgemeint ist, der im menschlichen Bereich Tod heißt, – das Thema dieses Kapitels.

Eine solche Anschauung mag nachvollziehbar, wenigstens nachfühlbar für heutige Menschen sein. Wie aber steht es, wenn wir im *Stern der Ungeborenen* den mächtigen Engeln, den ebenso unsichtbaren wie tatkräftig helfenden Boten begegnen? Oder den Erscheinungen im *Lied von Bernadette*? Oder den in Gedicht und Prosa oft genannten „armen Seelen"? Vielleicht ist dies alles doch nur ‚poetisch‘ zu verstehen, etwa wie Grillparzer diesen Begriff des poetisch Übersinnlichen, Geisterhaften schön gefaßt hat? Oder so wie etwa Rilke ihn nahm? Sicher nicht. Die genannten Wesen und Erscheinungen existieren buchstäblich für ihn, etwa ähnlich wie für Shakespeare Engel, Dämonen und Geister existieren. Auch hier ist Werfel merkwürdig gegenwartsfern in seiner ganzen Art, die uns zunächst eher wie Dumpfheit und Naivität erscheint, während sie wohl Empfänglichkeit ist. Auch hier erscheint er wieder wie der zu uns verirrte Sohn versunkener Zeiten. – Ohne daß wir nun die – eigentlich notwendige – Wahrheitsfrage stellen wollen, sei versucht, von diesem anachronistischen Element Werfels zu einer gewissen Verständlichmachung seiner Glaubensinhalte zu gelangen.

Jeder Fromme erlebt noch heute die wichtigen Begegnungen seines Lebens als gefügt, als Fügung. Sicher taten es die Dichter der großen naiven Zeiten. Das Fügende konnte früher impulsiver, phantasievoller von den Menschen erlebt werden, etwa als ‚guter Geist', der mir gerade diesen Menschen über den Weg schickt; das Fügende konnte vielleicht vor Zeiten als Hermes erlebt werden, der sich verkleidet hatte, als alttestamentlicher Engel, als Bote, der zum unerkannten Reisebegleiter geworden war. So sehr sich solcher Glaube später auch verdünnt haben mochte, ihm hat erst der theoretische und praktische Deismus den Todesstoß versetzt. Der Deismus, ohne lebendigen Glauben an die Allgegenwart, besonders die Weltgegenwart und -wirksamkeit Gottes, ließ im Vorfelde Gottes, durch das doch die Wirkungen sich hin und her vermitteln, eine quälende Öde Platz greifen. Nachdem die letzten Scharen die spätbarocken Deckengemälde geräumt hatten, fanden sich die Dichter vor einem so entgötterten Raum, in einer aller höheren Einwirkungen so baren, so abglanzlosen Welt, daß dies für das ursprüngliche Dichtergemüt nicht zu ertragen war. Besonders rührend bekundet dies, bei allem Spieltrieb, das lautere Gemüt Raimunds (dem übrigens Werfel in dem erwähnten Kapitel des *Veruntreuten Himmel* ein Denkmal setzt).

Denn die Dichter empfanden klarer als die anderen: Der nur extra mundum seiende, ‚taube' Gott ist ein Scheingott; der Deismus ist Blasphemie; „himmelschreiend" wird die von ihm infizierte Theologie von dem unlängst ordinierten Prediger Hölderlin im Brief an seine Mutter genannt. Ohne Vorfeld nicht Gott.

Die Wirkungen sind bekannt. In den verödeten Raum strömen die Götter und Genien ein. Da kehrt zum Beispiel der längst vergessene Schutzengel vergeistigt-modifiziert als ‚Schutzgeist' wieder, als genius, guter Dämon und ähnlich. Nicht nur Hölderlins, auch des Kirchenrats Johann Peter Hebel Ruf nach näheren Göttern kennzeichnet die Lage. Goethe sprach im Alter öfters das klärende Wort: Dichtend seien wir Polytheisten, während wir sittlich Monotheisten seien (und als naturverbundene und naturforschende Wesen „alles voll von Göttern" im hylozoistisch-pantheistischen Sinne sehen). Hier ist nicht der geringste Widerspruch zwischen Polytheismus und Monotheismus gedacht, hier ist nur das Recht des Vorfeldes ausgesprochen. Dessen Mächte werden sich ja dem Dichter unweigerlich kundgeben und meist unwillkürlich zu Gestalten verdichten – wobei der Anteil der Phantasie verzeihlicher erscheint als die mehr als phantasielose Wegleugnung dieser Mächte seit dem Deismus. Im Dichter dichtet wohl stets, so meint Goethe, eine ältere, kindlichere, d. h. eine wundergläubige, homerische, göttersichtige Schicht mit; es dichtet aber gleichermaßen der gewissenswache Monotheist in ihm mit, der einer ‚späteren' Schicht angehört. Auch dies spricht Goethe manchmal aus, wenngleich er das speziell dichterisch Produktive mehr in jener polytheistischen Schicht beheimatet sieht. Doch scheinen ihm wohl alle früheren Schichten der Menschheitsgeschichte, von urtümlicher Naturverschmolzenheit an, im wirklichen Dichter leise mitzusprechen.

„Der wahre Dichter ist meist die persongewordene Menschheitserinnerung" schrieb Werfel in seinem Nachruf auf Hofmannsthal, und fuhr fort: „Mit unübertrefflicher Genauigkeit sprachen die Zeitalter aus Hofmannsthal." Etwas von Selbstbildnis, von Ahnung des eigenen Selbst ist, wie oft in solchen Fällen, in das fremde Bildnis mit eingeflossen. Mit Werfels Dichten hatte es tatsächlich eine solche Bewandtnis: Er ging in sich hinab und ‚hatte' das Barock, nachdem die romantische Schicht durchglitten war, er ging tiefer hinab und fand Teta, diese fast mittelalterliche Magd oder ‚Kleinbürgerin' (die in unsere formlose Zeit verschlagen war, genau wie ihr Dichter selbst), er ging nach anderer Richtung in die Tiefe und fand Bernadette; er ging in sein eigenstes Stammeserbe hinab und begegnete dem Propheten Jeremias, dessen Leben er in *Höret die Stimme* erzählt. Was solche Katabasis jeweils an geschichtlich-soziologischer und seelenkundlicher Ernte mit sich brachte, war ungemein fesselnd – man mag darüber in Annemarie von Puttkamers *Franz Werfel* (1952) nachlesen. Er formte spielerisch die ferne Zukunft des Planeten im Schlußwerk.

Die Tragik seiner Persönlichkeit lag dementsprechend wohl darin: Die Schichten, aus denen er dichtet, schon untereinander wenig einig, standen in keiner liebevoll-organischen Verbindung mit der Schicht, in der er als Gegenwartsmensch lebte. Er war ein Plural. Goethe war von oben so unbegreiflich begünstigt, daß er, trotz allem, eine Einheit war. Werfel war diese Gunst versagt. Er stand deshalb auch, obwohl er gerne lebte, in unserer entgötterten Zeit mit dem Gefühl einer so fürchterlichen, unvorstellbaren Fremdheit, daß sie sich wohl mit Hölderlins Fremdheit in der Zeit messen könnte (eines Dichters, mit dem er sonst nicht das geringste zu tun hat). Deshalb eigentlich auch die Klage: „Ohne Volk, ohne Land ..." Auch die Zwiespältigkeit seines Künstlertums gründet hier. Das Zeitfernste in der Zeitsprache predigen zu müssen, um die Zeitgenossen zu erreichen, in einer Zeitsprache, deren Kälte, Öde, Zerschlissenheit selbst wie eine Art Atheismus ist, in einer Zeitsprache, die er aber in jugendlicher Arglosigkeit besonders zeitgemäß (ach, auch zeitungsgemäß) sprechen zu können sich freute, – das ist eine Tragik seines Künstlertums. Aber groß dabei die treibende Ahnung: geistig besitze man nur, was man schenke.

Dem Dichter Hofmannsthal war es, aus ‚Kultur' und Gewissenssorgfalt, besonders aber aus genauer Liebeskraft zum Du hin, doch noch gelungen, seine tiefe Fremdheit und Zwiespältigkeit zurückzuzwingen und einem hohen Werk Raum zu schaffen. Bei Werfel bleibt: die ohne Selbstschonung dargelebte und im Werk sichtbare Fragestellung, die intensiv aufrufende Frage, Prophetenfrage an die Menschen; es bleiben: die seiner Tragik entrissenen Erkenntnisse, die sein Werk durchblitzen, es bleibt seine bestehende Lebensunruhe und Unruhestiftung. Wenn die Grundgefahr des heraufziehenden Zeitalters die Erstarrung sein sollte, so wäre eine Gegenkraft in Werfels Lebendigkeit gegeben. Es ist eine breite, eine zugleich männliche und weibliche Lebendigkeit, die den ‚Andro'-Morphismus überwindet, der im Denken des modernen Europäers so verengend wirkt, wo immer er auf Ethisches und Religiöses blickt, – überwindet, ähnlich wie ihn früher etwa Dostojewski und Scheler, denen Werfel viel verdankt, gesprengt haben. Es ist eine so feine, intensive Lebendigkeit, daß sie selbst im Vorfeld Leben wittert, wo unser Auge heute nur dunkle Leere sieht. Verdichtet mag uns diese empfangende ‚Lebendigkeit' des Dichters in einem Theologumenon entgegentreten: „Dem ewig Unwandelbarsten kann nur das ewig Wandelbarste hoffen zu begegnen. Darum ist jede erstarrte Religion wie eine Blasphemie."

Anmerkungen

[1] Ich kann Gerhard Storz nicht beistimmen, wenn er (Sprache und Dichtung, S. 342) den 3. und 4. Vers schlecht gereimt findet („Gewaltsamkeit"). Er verkennt das ganz locker Gesprochene, gleichsam still spontan Gesungene dieser Verse.

III. Postscripta practica

1. Der politische „Falke". Herstellung einer Novelle*

Ich hatte in einer Seminarsitzung jene Wesenseigentümlichkeit der Novelle behandelt, die man „den Falken" nennt. Also jenen verblüffenden Wendepunkt, der durch eine sinnlich-symbolische Konzentration des Problems im Leser einen Gedankenstachel zurückzulassen pflegt.

„Wir haben nun lange genug theoretisiert", sagte ich am Schluß, „und wollen nun in die Praxis eintreten. Ich gebe Ihnen jetzt einen Falken, überlegen Sie sich bis zum nächsten Mal, welche Handlung man dazu strukturieren könnte. Der Falke besteht in der folgenden selbsterlebten Begebenheit: Auf der Germanistentagung traf ich einen Kollegen, der mir abends beim Wein erzählte, was einem seiner Bekannten seinerzeit bei der Entnazifizierung passierte. Dieser Bekannte hatte im Dritten Reich Schwierigkeiten gehabt (Entlassung), die beseitigt waren, als er nominelles Parteimitglied wurde. Er freute sich dann in der Nachkriegsaera – ich glaube, es war in Hamburg – seiner unangetasteten Stellung, bis er eines Tages auf seinem Schreibtisch den bekannten Brief fand, an dessen Ende er zu seinem größten Erstaunen dieselbe Unterschrift erblickte, die ihn schon einmal, übrigens mit einigermaßen ähnlichen Wendungen, vor acht Jahren entlassen hatte. Ich war so verblüfft, daß ich zu fragen vergaß, wie die Geschichte ausgegangen ist. Aber der Ausgang der Geschichte fällt nun in Ihre literarische Zuständigkeit."

Vierzehn Tage später brachte mir ein blutjunges und bettelarmes Studentlein folgende Skizze, die der junge Autor am Schlusse der Seminarsitzung mit bedächtigem Tonfall, in baltischer Klangfarbe, trefflich vorzulesen verstand:

„Ich wollte Beamter werden. Man mag diese Verirrung meiner Jugend zugutehalten.

In Deutschland ist der Weg durchs Leben eine einzige große Prüfung, die in viele Teilprüfungen zerfällt, die alle als krönenden Beschluß ein Stück Papier haben. So hatte ich mich also auch hier einer Prüfung zu unterziehen. Sie hieß abgekürzt ‚Beamtenprüfung', – in Wirklichkeit hatte sie natürlich einen viel klangvolleren und längeren Namen, der mir leider entfallen ist.

Den schriftlichen Teil dieser Prüfung hatte ich bereits mit Erfolg abgelegt. Im mündlichen Teil wurde ich gleich zu Beginn einem Psychologen überantwortet. Dieser Mann, im weißen Kittel, mit Brille und bohrendem Blick, setzte sich leicht geschäftsmäßig mir gegenüber und erzählte folgende kleine Geschichte:

‚In der Zeit des sogenannten Dritten Reiches fand eines Morgens ein Be-

---

* Erschienen in: Frankfurter Hefte, 1952. Mit einem Nachtrag 1973.

amter auf seinem Schreibtisch ein dienstliches Schreiben des Inhaltes, daß seine ‚weitere Tätigkeit in diesen Räumen nicht mehr erwünscht sei'. Der Beamte war wie vor den Kopf geschlagen, denn er war sich weder einer Verfehlung noch irgendeines Versäumnisses bewußt. Er war immer pünktlich zum Dienst gekommen und hatte sich seiner immer gleichbleibenden Aufgaben in immer der gleichen sorgfältigen Weise entledigt. Er ging also sofort voller Entrüstung zu einem guten Bekannten, der in dem gleichen Ministerium arbeitete, und erfuhr von ihm, daß nun kein Platz mehr sei für Beamte, deren politisches Brusttuch noch weiß und unbeschrieben sei. Er riet ihm, in die Partei einzutreten und verbürgte sich im voraus für den vollen Erfolg dieses Schrittes. Und tatsächlich blieb der Erfolg nicht aus. Er trat in die Partei ein und durfte in seinem Amt bleiben, wo er wie vorher immer um die gleiche Zeit sein Vesperbrot aß und sein Butterbrotpapier mit immer den gleichen, bedachtsamen Bewegungen zu einem länglichen Viereck zusammenfaltete. Seine Geschäfte erledigte er in der ihm eigenen, gleichbleibenden Weise; nur daß er jetzt, das Parteiabzeichen am Rockaufschlag, darauf sah, daß in seinen Diensträumen korrekt mit Heil Hitler gegrüßt wurde. Die einzige Unterbrechung in seinem beschaulichen Leben war eine unverhoffte Beförderung, als infolge des Krieges ein Mangel an männlichen Beamten eingetreten war. Zufrieden richtete er sich auf seinem neuen Posten in der gewohnten Weise ein und ließ den Lärm der letzten Kriegsjahre und des ersten Nachkriegsjahres an seiner Amtsstube vorüberziehen. So hätte er – bis zu seiner erhofften Pensionierung – gewissenhaft weiter amtieren wollen. Wie aber erstaunte er, als ihn eines sonnigen Morgens auf seinem Schreibtisch ein dienstliches Schreiben erwartete, das ihm in bedauerndem Ton eröffnete, daß er entlassen sei und sich der Entnazifizierungskommission zwecks Aburteilung zu stellen habe. Seine ehrliche Bestürzung ging in ein stilles Staunen über, als er unter dem Erlaß genau dieselbe Unterschrift entdeckte, die schon einmal, vor mehreren Jahren, unter einem ähnlichen Schreiben gestanden hatte!'

Und ausgerechnet jetzt, wo die Geschichte anfing spannend zu werden wie ein Kriminalroman, hörte der Mann mir gegenüber auf zu erzählen, und fragte mich mit bohrendem Blick: ‚Nun, Herr Georg' – er las meinen Namen von der ihm vorliegenden Karteikarte ab – ‚wie geht Ihrer Meinung nach diese Geschichte weiter?'

Ich warf mich in die Brust und meinte: ‚Da kann es keinen Zweifel geben! Der Beamte lieferte diesen sauberen Herrn ans Messer – denn Recht muß Recht bleiben –, und dann stellte er sich der Entnazifizierungsbehörde.' (Am Schluß des Satzes dämpfte ich meine zuerst von ehrlicher Entrüstung zitternde Stimme zu einem treuherzig beteuernden Tonfall ab.)

Der kluge Mann reagierte mit einem undefinierbaren Brummen, schrieb etwas auf die Karteikarte und legte mich dann sozusagen ab.

125

Bald darauf wurde mir die Nachricht, daß man leider davon habe absehen müssen, meine wertvollen Fähigkeiten in den unmittelbaren Dienst des Staates zu stellen.

Ich tröstete mich bald mit der beruhigenden Gewißheit, sowieso ein Deutscher zu sein.

Eines Tages traf ich einen Bekannten, von dem ich wußte, daß er auch an der Prüfung teilgenommen hatte. Strahlend erzählte er mir, er habe bestanden. Um meine Verlegenheit zu verbergen, fragte ich ihn mit einem leicht gequälten Lächeln, welche Schlüsse er denn an die Psychologengeschichte geknüpft habe, die ihm doch sicher gleichfalls erzählt worden sei.

‚Da kann es doch gar keinen Zweifel geben', rief er, ‚der Mann verhielt sich schön still, wurde bei der Entnazifizierung als Mitläufer eingestuft und bekam bald wieder einen stillen Raum, in dem er wie früher – immer um die gleiche Zeit – sorgfältig kauend sein Vesperbrot essen wird. Er konnte doch nicht unnötig einen Mann reizen, dessen Unterschrift ein drittes Mal unter einer ähnlichen Verfügung stehen könnte!' "

Nachtrag 1973

Diese Geschichte war uns Vergnügen und Erkenntnis, das war 1951. Nicht anders erging es wohl den Lesern, als ich das bescheidene witzige Ding in den „Frankfurter Heften" 1952 veröffentlichte. Die Geschichte war sehr zeitbezogen. Sie kann heute nicht mehr so genossen werden. Die Umstände sind uns z. T. entschwunden (nicht natürlich dem historisch Versierten). Aber sie enthielt – und auch deshalb ist sie noch ein bißchen lebensfähig, noch nicht ganz vergilbt – eine Erkenntnis, deren Tragweite uns erst später aufgehen sollte. Sie zeichnete im Hintergrund den unsäglichen Alleskönner, den trüben Mächtigen, so etwas wie einen permanenten Judas, der es wohl gar nicht weiß, daß er's ist, und damit die wichtigste Figur – deren Macht seitdem eher gewachsen als gesunken ist. Die Figur ist uns auch als Bur-Malottke und Herr Karl bekannt und sie wird übrigens die beiden letzten Essays des Bandes mit ihrer Anwesenheit beehren, sie verwandelt sich einmal sogar in einen Männerchor, den ich aus Nestroy in die immer mehr demokraturgeneigte Gegenwart verpflanzt habe (S. 151). Der Kampf gegen sie schien dem zarten Novellisten schon damals fast aussichtslos. Hatte er resigniert? Kaum. Denn seine Munterkeit und knabenhafte novellistische Spiel-Kraft ließen auf Kraft hoffen.

Dieser Spiel-Kraft, dieser Verbindung von Spiel und Witz antwortet unser Vergnügen. Darf ich hier einen Augenblick verweilen. Ich sagte: „Vergnügen und Erkenntnis". Sie steigern sich aneinander. Ich verweise etwa auf Lessing. Hier gilt, wie bei aller Kunst: Nur wer genießt, erkennt. Wer voll erkennt, genießt noch weiter. Daß dies durchaus nichts Genüßliches bedeutet, habe ich schon angedeutet (S. 39). Ich kann es aber auch aus sozialen Gründen empfehlen. Man macht oft die Erfahrung: Nur wer genießen kann, wird genießbar.

Die postscripta practica sollen nun weiter in die Gegenwart führen, zu manchmal recht praktischen Dingen. Ich will zeigen, wofür da Literaturwissenschaft gut sein kann. Und wohl auch die verwandte Sprachkritik. Zunächst: daß Literaturwissenschaft vielleicht gut ist für das Porträtieren oder Skizzieren interessanter Zeitgenossen. Es soll zugleich ein Ausdruck meines Dankes an jene Zeitgenossen sein. Ich verdanke ihnen mehr als Wissen. Ich verdanke ihnen aber auch Wissen gerade über die Gegenwart.

2. Drei Dankblätter für Zeitgenossen

Ernst Beutler
1885–1960

Der Statthalter Goethes auf Erden, wie man den Restitutor des Goethe-Hauses in Frankfurt wohl genannt hat, ist nicht bloß ein Forscher, Sammler, Organisator, Schriftsteller und besonders ein Schatzgräber gewesen (erst durch ihn haben wir Goethes Vater wirklich kennen oder z. B. die Entstehung des Divan genauer sehen gelernt), er läßt uns überhaupt die stets zeitgemäße Warnung der Ebner-Eschenbach ganz vergessen, ein großer Mann sei nicht immer ein großer Mensch. Beutler war beides. Niemand hat es bezweifelt, der der Einheit seiner Persönlichkeit, zumal in seinen letzten Jahren, als sich sein Wesen unvergeßlich vergeistigte, nahe gekommen ist.

Geist, Herz und Sinne wohnten in ihm nahe beieinander. Die Anmut und Zärtlichkeit, mit der Beutler ein schönes Ding in die Hand nehmen und zeigen konnte, um uns an seiner Freude teilnehmen zu lassen, wobei ihm die Worte immer geschwind von den Lippen sprangen, gleichsam frisch vom Herzen (immer höchst kundige, historisch unterrichtende Worte), waren für diese Einheit ein sinnfälliges Zeichen. Aus ihr ging auch die Lebensleistung hervor, die eines Menschen Maß zu übersteigen scheint: es waren ja nicht nur die bekannten Werke und Ausgaben (und die unbekannteren Schriften dazu, denn vieles, was er verstreut veröffentlichte, besonders in den Hochstift-Mitteilungen, ist dem breiteren Publikum leider nicht bekannt geworden), es war ja nicht nur die Rettung und Mehrung des Frankfurter Goethe-Reichs über Krieg und Nachkrieg hinweg (Mehrung: das Museum besitzt heute die größte deutsche Füssli-Sammlung und an Handschriften z. B. die größte Brentano-Sammlung und die Hauptmasse der bisher unveröffentlichten Novalis-Handschriften), es war nicht nur die Organisations- und Wiederaufbauarbeit gewesen in so störungsreichen Zeiten wie 1925 bis 1960, in denen er das Hochstift leitete, – was dieses Leben ausgefüllt hatte, war ebenso ein steter Gedankenaustausch mit den Besten der Zeit gewesen; er war ein Meister des Gesprächs, und als Freunde und Korrespondenten tauchen berühmteste Namen auf, aber ebenso waren es Gespräche mit jungen Menschen, für die er sich Zeit nahm, auch wenn er keine hatte. Dieses Leben war dank seiner Einheit reich und ausgefüllt gewesen wie selten eines, als es nach 75 Jahren erlosch.

Er war vielleicht zuerst Augenmensch. Vielleicht sammelte er ursprünglich Handschriften, weil die Züge einer Hand und die Aura eines Blattes lebendig zu ihm sprachen – aber ebenso sprach der zierliche Griff einer Küchenpfanne oder ein Möbelstück im Goethe-Haus zu seinem künstlerischen und historischen Sinn. Alles verwob sich ihm leicht und sicher, vom Detail aus, zum Gesamtbild. – Wie jede große Begabung hatte solche Empfänglichkeit (Intuition) auch notwendig ihre Schattenseite. Er hing mitunter liebevoll an einem Detail, z. B. einer optisch anschaulichen biographischen Einzelheit, die er für die Erklärung eines Gedichtes dann überschätzte. Widerspruch fand sein intuitives Vorgehen auch dann, wenn er, die christliche Atmosphäre von Goethes Elternhaus und später den zarten christlichen Hauch über dem Divan deutlich spürend, nun in edler Ungeduld die Kluft zwischen Goethe und dem Christentum eilends schließen wollte. Wir vermeiden heute solche Übereilungen und fallen, der Forschungsmechanik folgend, leicht in die entgegengesetzte, die billige Neigung, diese Kluft zu überschätzen. Manchmal will mir scheinen, unsere mattherzige Genauigkeit werde von seiner liebenden Ungeduld ein wenig beschämt.

Er war ein Mann der Ehrfurcht. Das heißt auch: Er ließ sich überraschen, verwandeln. Er war sehr lebendig: durch Kontakt mit dem Großen – das uns verwandeln will. Er änderte seine Ansichten. Und er prunkte nie mit „Grundlegendem". („Professoren-Trara" hieß er das im Gespräch.) Er schrieb einfach, oft charmant; und er sprach mit dem Leser wie mit seinesgleichen, was doch einem deutschen Professor nie leicht wird. Er war blind für Doktrinen, Weltverbesserungen. Der alte Beutler hatte ein innerstes Recht, ein Lieblingswort seines Meisters zu zitieren, ein halb johanneisches, heiter-ernstes Alterswort: „Kindlein, liebet einander, und wenn das nicht gehen will, laßt wenigstens einander gelten", und ebenso ein innerstes Recht, Goethesche Ehrfurcht vor jedwedem Ehr-Würdigen zu fordern. Er sprach sozusagen sich selbst aus, wenn er aus Goethes „Maximen" zitierte: „Eigentlich lernen wir nur von Büchern, die wir nicht beurteilen können. Der Autor eines Buches, das wir beurteilen könnten, müßte von uns lernen. – Deshalb ist die Bibel ein ewig wirksames Buch, weil, solange die Welt steht, niemand auftreten und sagen wird: Ich begreife es im ganzen und verstehe es im einzelnen. Wir aber sagen bescheiden: Im ganzen ist es ehrwürdig und im einzelnen anwendbar."

Sein Wesen hatte sich zuletzt, besonders in dem letzten, von Krankheit mitbestimmten Jahr verfeinert und gesteigert. Keiner wird es vergessen, wie er, den Atembeschwerden die Worte abringend, bestrebt war, für sein Teil noch etwas Licht und Liebe in die Welt hineinzubringen. Er sprach aufgeräumt, fast heiter; er reiste noch, bei schwindenden Kräften, in Sachen des Museums; er half, wo er konnte; er korrespondierte noch immer mit demselben vehementen Anteil des Herzens – kein Wunder, daß dieses Herz früher verbraucht war als ein anderes. Er unterhielt sich noch immer mit derselben Anmut (nur sein Gesicht war jetzt von einer sehr hellen Blässe). Das Alter hatte ihm eine reizende Form der Selbstironie gewährt. Einem alten baltischen Freunde (dieser hat es mir jüngst wiedererzählt), der den kranken Beutler beiläufig fragte, welche der so zahlreichen Vorschriften und Einschränkungen der Ärzte er ignoriere, erwiderte Beutler: „Sie sind ein Balte. Ich bin ein Sachse. Und die Sachsen haben immer getan, was man ihnen gesagt hat." Jene Bildung, die ihn bis in die kleinsten Alltäglichkeiten durchdrang, jene Einheit von Wissen und Leben, die zu Liebenswürdigkeit, Scherz und lächelnder Selbsteinschätzung führte, lebt noch in einem solchen kleinen Zug. Da er ein Freund der kleinen Züge war, dürfen vielleicht diese Zeilen dankbaren Andenkens an einen großen Mann – und großen Menschen zugleich – mit einem solchen Detail schließen.

Ein Dankblatt für Golo Mann*

Vieles erschien ihnen erzählenswert, den Historikern der älteren Generation, wie ich sie in Schule und Universität genossen habe in München und anderswo, vieles von der Schlachtordnung bei Cannae bis zu der von Tannenberg. Und dann wieder vieles gar nicht erzählenswert und kaum erörternswert, zum Beispiel manche Schattenseiten, überhaupt die Charaktere der Völker, der Zeiten, der Maßgebenden und erst recht die Schuldfrage, weil sie doch weniger wissenschaftlich erlaubt sei, da nicht „wertfrei". Insistierte man auf Moralischem, wie es junge Menschen doch tun, so wiesen sie auf noch ausstehende „Vorarbeiten" und „bloß essayistische", leider „wertende" Lösungsversuche hin, wobei sie das Wort „Fiktionen" mit einem besonderen Ton aussprechen konnten. Wir hätten es gerne gewußt, woher die unausdenkbaren Leichenfelder der Geschichte jeweils kamen, und eine Vorahnung

---

* Veröffentlicht in der Zeitschrift Der Zwiebelturm 1962.

schien uns anzuwandeln, daß sie sich bald wieder zeigen könnten; es war am Ende der zwanziger Jahre. Die guten Professoren, wenn sie uns Studenten durch ihre strengen Brillen anblickten, sie schienen uns väterlich warnen zu wollen vor so „journalistischen" Fragestellungen. Sie gaben mir in der Staatsexamensklausur das Thema: „Alexander der Große als Eroberer" (und dann eine gute Note darauf). Die Armen! ihre Söhne sind dann bei Stalingrad gefallen, und als einige Jahre später die emigrierten Kollegen mit ihren Kindern zurückkehrten, war es so unausweichlich, nachzudenken. –

Archimedes sprach versonnen: „Störe mir meine Kreise nicht" und wurde, einige Augenblicke später, so sagt die Anekdote, niedergestoßen, und ich glaube nicht, daß solche weltverlorene Verliebtheit in ein Forschungsdetail auch nur das leiseste Kopfschütteln verdient – weil anders nie große Wissenschaft entsteht. Ich spreche von etwas ganz anderem: von einer Krankheit, die nicht nur die Historiker bis in die zwanziger Jahre, sondern überhaupt viele Wissenschaftler seit hundert Jahren erfaßt hat; ich meine eine wundersam aus Wissenschafts- und Schicksalsergebenheit zusammengeflossene Unlogik, eine gutmütige, bebrillte und betriebsame Denkfaulheit: Viele Philosophen und Soziologen, gar nicht zu reden von den Darwinisten und Vulgärmarxisten, hatten schon lange den Menschen wie ein besseres Tier, wie ein kollektivhöriges und reaktionsmechanisches Ding in der Wissenschaft „behandelt" und damit die Welt erfüllt – die sie dann wie Tiere behandelte und wie Dinge zertrat. Sie hätte es auch sonst getan. Aber sie tat es mit besserem Gewissen, als sie nun einmal den „wissenschaftlichen" oder „weltanschaulichen" Hintergrund hatte. Kurz und gut, gelehrte Unlogik hat ihr Teil, ihr winziges, aber unbestreitbares Teil zum Elend beigetragen, ja, sie tut es paradoxerweise hie und da noch heute, ohne den einfachsten Zusammenhang zu sehen: Wer immer gut und böse zerlöst, ermuntert die Bösen; wer immer den Menschen entehrt, muß gefaßt sein, entehrt zu werden; wer immer Geschichte wertfrei behandelt, soll sich nicht wundern, wenn er von ihr wertfrei behandelt wird. Auch die weltfremdesten Künstler und Forscher sollten denken, daß von den Dächern nur geschrien wird, was in den Stuben gedacht worden ist. So ungefähr hat es um 1939 in einer seiner Reden auch Thomas Mann ausgesprochen und sich dabei in schönem Freimut selbst mitschuldig bekannt, da auch er in jungen Jahren über „Gut und Böse" überlegen gelächelt habe. Damit bin ich bei meinem Thema.

Es gibt heute einen Historiker, der übrigens Ähnliches erlebt haben dürfte wie ich (im selben Jahr, 1909, geboren) damals, als er Schüler und Student in Bayern war, der einen markanten Gegenpol zur älteren Generation heute darstellt (die freilich nicht homogen ist und der ja in München ein so glänzender und verantwortungsbewußter Geist wie Franz Schnabel angehört). Ich meine Golo Mann, den Sohn des Thomas Mann, der mit seinem Vater sehr viel zu tun hat, wenn wir an die eben erwähnte Rede denken, und ziemlich wenig, wenn wir an die vornehmverworrenen „Betrachtungen eines Unpolitischen" oder an den panoramisch spielenden „Zauberberg" denken. Der Sohn ist nicht nur ein Historiker, sondern auch ein, ich muß das Wort wieder gebrauchen, moralischer vir bene litteratus. Er ist ein Erzieher. Wollten es nicht auch Herodot, Thukydides, Burckhardt sein? Ich stelle ihn am besten vor, indem ich aus seiner jüngsten, schmalsten Veröffentlichung ein Stück herausgreife. Gewiß, ich könnte hier auch auf vieles hinweisen, was dem österreichisch-bayerischen Raum in seinen umfänglichen Büchern gilt (er hat als junger Mensch eine große Biographie von Gentz geschrieben, also nach Österreich geblickt, er hat vor ein paar Jahren in den „Großen Deutschen" die Vita des Josef Görres geschrieben und dabei auch Görres' Münchener Zeit liebevoll gedacht), aber am bezeichnendsten für Stil und Art des Mannes scheint mir doch ein Passus aus jener jüngsten Rede, sie gilt dem Gedenken des 20. Juli 1944 und des 17. Juni 1953, er hat sie in Frankfurt 1962 an der Universität gehalten (zu lesen in den Frankfurter Universitätsreden, Heft 29):

„Was ist von der Verschwörung des 20. Juli geblieben? Zunächst nichts als Niederlage, Tod und Jammer. Trotzdem wirkt manches nach, wofür wir... ewig dankbar sein müssen. Es sind *Gedanken* übriggeblieben, die als Gedanken billig und wirkungslos wären – bloße Gedanken haben keine Kraft, man muß ihnen nachleben, und jene haben ihnen nachgelebt: der *Gedanke* der endlichen Versöhnung, der Zusammenarbeit und Freundschaft zwischen den einzelnen Klassen und Ständen in Deutschland... der *Gedanke* der europäischen Zusammenarbeit und Föderierung... die *Wiederbelebung* religiösen Glaubens... Für den, der die letzten Briefe Moltkes liest, oder Ewald von Kleists oder des Paters Delp, dem werden glaubenslose Durchschnittsredereien nur als ein flaues Gewitzel erscheinen, er wird da gar nicht hinhören. Sie haben allenfalls Richtigkeit; aber diese Briefe, diese Aufzeichnungen haben Wahrheit. Im Testament des Grafen Schwerin heißt es: ‚Ich bestimme ferner, daß an der Stelle im Kieslager meines Sartowitzer Forstes, wo die Ermordeten aus dem Spätherbst 1939 ruhen, sobald die Zeitumstände es erlauben, ein sehr hohes Holzkreuz aus Eiche gesetzt wird mit folgender Inschrift: Hier ruhen 1 400 bis 1 500 Christen und Juden. Gott sei ihrer Seele und ihren Mördern gnädig.' – Ich wollte, die Polen, die Schwerins Güter enteigneten – das war wohl unvermeidlich –, hätten ihm wenigstens diesen Wunsch erfüllt."

Vor zwei Jahren hat Golo Mann einen Sammelband seiner historischen, auch kulturhistorischen Aufsätze herausgebracht; er heißt: „Geschichte und Geschichten", wobei dieser Titel bescheiden verdeckt, daß sich auch eindringliche Spezialuntersuchungen in dem Band befinden, so über Schiller als Geschichtsschreiber, so über den Antisemitismus im zwanzigsten Jahrhundert (eine viele Länder überblickende und mit einem geradezu rührenden, erschütternden Gerechtigkeitssinn geschriebene Untersuchung von goethescher Verstehensweite, aus dem Jahre 1960), so über Ernst Jünger (ein Stück nicht kalten Urteils, sondern trauernden Verstehens dieses egozentrischen Schriftstellers). – Dieses Buch ist auch verantwortungsbewußt darin, daß es sich zum Leser neigt, gleichsam mit ihm auf einer Stufe spricht, nichts von Philosophenart ist darin; manchmal will mir scheinen, Golo Mann liebe den Leser. Schriftstellerisch besonders gelungen ist die Gruppe der „Miniaturen" in diesem Buch, so das plastische, Licht und Schatten mischende Porträt Metternichs – im Ganzen vielleicht doch in zu warmen Farben spielend, – ebenso das Bildnis des ihm noch persönlich bekannt gewordenen alten Fürsten Lichnowski.

Ich führe, als Bayer, gern zum Schluß noch an, wie klar Golo Mann die Rolle Bayerns in seiner anschaulichen „Geschichte Deutschlands im neunzehnten und zwanzigsten Jahrhundert" skizziert hat – sicher auch deshalb, weil er damals, als er das Wilhelm-Gymnasium und die Münchener Universität (die er freilich bald mit der Heidelberger vertauschte) besucht hat, das Land eben wirklich kennengelernt hat.

Eine Seite des Landes hat er freilich wohl nicht so deutlich kennengelernt. Gewiß, er hat in jener Rede trefflich die religiöse Klarheit und Kraft erkannt, welche im Grafen Schwerin, in Pater Delp und anderen lebte (die letzten Briefe all dieser Geister findet man in dem überwältigenden Sammelband abgedruckt: „Du hast mich heimgesucht zur Nacht"), aber in seiner genannten „Geschichte" zeichnet Golo Mann das Werden dieser Kraft weniger deutlich; ich bedaure ein wenig, daß er bei seinem Gang durch das neunzehnte und zwanzigste Jahrhundert der geläufigen Meinung kaum entgegentritt, diese Jahrhunderte seien Zeiten religiösen Schwundes gewesen, und daß er die geistige Verdeutlichung und Verjüngung, die sich der christliche Glaube in diesem Zeitraum steigend gewann (paradoxerweise bei gleichzeitiger fortschreitender Entchristlichung bestimmter Massen) nicht breiter dargestellt hat. Diese „letzten Briefe" wären im achtzehnten und neunzehnten Jahrhundert kaum möglich gewesen, kaum in solcher Verschmolzenheit freien Geistes mit ferventer Christlichkeit.

Sie gehen auf einen Weg zurück, der gewiß alt ist und der doch erst spät wieder betreten wurde: in Bayern erst wieder, tastend, mit Sailer und den Seinen, in Schwaben, tragisch, mit den großen schwäbischen Denkern und Dichtern, im Ausland mit Manzoni, Kierkegaard, Newman. Der Laie weiß nichts von der untergangsreifen Verworrenheit kirchlichen, besonders katholischen, Lebens und Denkens in Deutschland am Ende des achtzehnten Jahrhunderts, er kann die ungeheure Leistung jenes Weges nicht ermessen, er kann nicht sehen, daß (ich nenne ein Teilproblem) dem katholischen Volksteil, der im *ganzen* achtzehnten Jahrhundert verstummt war, das heißt: fast anderthalb Jahrhunderte lang, ja noch als unsere Klassik blühte, keinen

Dichter oder Denker hervorgebracht hat (gewiß Künstler und Musiker ohnegleichen), die Stimme erst wieder mußte gelöst werden in der verwandelten Welt. Dieses Verstummtsein, dann die Stimmlösung, dann die geistige Selbstverdeutlichung und Entfaltung, das alles sollten wir Literarhistoriker, aber auch die Historiker, zu begreifen und darzustellen versuchen. Um auf das mir Nächstliegende zu blicken: Der Weg dieses Erwachens und Aufstehens, den man etwa von der Romantik bis zu Scheler und Hildebrand, von Matthias Claudius bis zu Karl Barth oder etwa auch Rudolf Alexander Schröder, von Möhler bis zu den großen französischen Theologen und Dichtern von heute und gestern überblicken kann, hat auch die Stadt München hie und da berührt, vielleicht besonders um 1930: Das Hildebrandsche Haus, auch das Muthsche, später das Bergengruensche, das Haus Rudolf Alexander Schröders (in Münchens Nähe) sind solche Berührungsstellen gewesen; jeder wird es wissen, der sie zu betreten das Glück hatte. Nun, diese Seite Münchens, überhaupt diese Seite Deutschlands und Europas, ist unserem Autor wohl weniger real begegnet und weniger beschreibenswert geworden. Um so höher eigentlich ist es zu schätzen, daß er die Verhältnisse in seiner jüngsten Rede so richtig gesehen hat. Alle die genannten Häuser sind natürlich Zellen des Widerstandes gewesen.

Ich glaube übrigens, daß ihm das Bild Amerikas in seinem kleinen Buch „Vom Geist Amerikas" wohl auch deshalb so farbig gelungen ist, weil er aus einer Gegenwelt, aus einem Münchner Bürgerhaus, gekommen ist und dann allerdings mit offener, freundlicher Bereitschaft drüben lange Jahre gelebt hat. – Münchner Erinnerungen hat er soeben in einem Vortrag in Stuttgart (wo er an der TH lehrt) geboten; hoffentlich können wir sie bald gedruckt lesen. Er hat in seinen Münchner Jahren sicher auch jenes Münchnerische gutmütige, fahrlässig weltfremde Mit-sich-geschehen-lassen und jene Professorenträume kennengelernt, von denen wir zu Anfang gesprochen haben. Die frische Schärfe und Lauterkeit seiner Sprache, seine so unprofessorale, scharfäugige Menschenkenntnis und besonders seine moralische Entschiedenheit, das ist alles ein gutes Gegengift. Da er zudem so einfach, so anschaulich schreibt, daß ihn schon Primaner lesen können, wünschen wir, sie möchten es tun. Und ihre Lehrer erst recht.

Nachtrag 1973: Diese Erinnerungen sind mittlerweile erschienen. Das heißt: sie haben sich in ein kleines Buch der Erinnerung an seinen Vater verwandelt. Man kann sich kein besseres Porträt denken. Es heißt: Mein Vater Thomas Mann, bei G. Weiland Nachf. Lübeck 1970.

Fug und Unfug des „Emotionalen"*

Ein Blatt zu Ehren Dietrich von Hildebrands

„Gewohnheiten", sagt ein Poet, „gibt es eigentlich nur schlechte." Lange nicht so hübsch wie dieser Satz (man glaubt es kaum, er stammt aus einem Rilke-Brief) ist ein ähnlich gebauter Satz, den man heute von „modernen" Menschen manchmal hören kann: Emotionales gäbe es eigentlich nur schlechtes. Verständlich, wie man zu einem solchen Satz kommen kann. Eine Menschheit, die die Massenverführer erlebt hat, – ich meine die Zeit, die 1914 schon begann, damals als die Völker, einhellig in Jubel- und Weihegefühle ausbrechend, sich „wie erlöst" vorkamen, weil sie nun endlich – fast hätte ich gesagt – einander totschlagen durften (aber sie wußten ja nicht, was sie taten, blind geworden unter der Wucht der Emotionen) – eine solche Menschheit hat Erfahrungen; sie sagt (und hoffentlich sagt sie es noch lange!) bei Diskussionen: „Bitte keine Affekte, keine Gefühle, nichts Irrationales!" Aber sie legt ihr antiemotionales Bekenntnis geradezu emotional ab, als seien alle Herzensregungen bloß „Emotionales", also etwas Dumpfes, etwas Gefährliches. Wer verfolgt, folgt. So schafft man sich die Sache nur schnell vom Hals, da liegt sie, noch lange nicht aufgelöst, sie wird, auferstehend wie jener flaschenentstiegene Nebelgeist, uns wieder narren können.

Es kann ja mit der Pauschalverdächtigung des sogenannten Gefühlsbereichs gar nicht stimmen! Uns begegnet doch oft ein Schicksal, das ärztlicherseits etwa so beschrieben wird: „Dieser Mann hat als Jugendlicher nie eine verstehende Wärme erfahren, und seine Seele hat es nie gelernt, hat es nie liebend gelehrt bekommen, sich zu freuen und zu trauern. Fehlen solche Grundregungen unseres Herzens, dann dürfen Sie sich nicht wundern, wenn er später aggressiv geworden ist; wir kennen dies ja auch aus dem Werdegang mancher politischer Verbrecher." Es kann doch nicht stimmen, daß das eine Mal die „Gefühle" an allem schuld sind, und das andere Mal ihre Abwesenheit.

Noch ein zeitnahes Beispiel. Es gibt wenige Schriftsteller, die mit einem heißeren und verzweiflungsvolleren Herzen geschrieben haben als Heine in seiner zweiten Lebenshälfte: Zorn, Trauer, Zartheit, Freude – wie sie nur aus einem reichen und verwundbaren Herzen kommen können – dies alles ist da (und anderes auch). Ich denke an die unvergleichliche Schilderung seines Vaters in den fragmentarischen „Memoiren", wenn er uns erzählt, was das für ein freude- und liebefähiger Mann gewesen sei, worüber sein Erzählen schöpferisch zu werden beginnt und Rhythmen und Farben findet zu

---

* 1967 in der „Welt der Literatur", unter dem Titel „Sinn und Unsinn des Emotionalen".

einem „Porträt" ohnegleichen. Karl Kraus hat den Satz geschrieben: „Das Herz ist der Sitz des schöpferischen Geistes" und damit auch einen Zug seines „Feindes" Heine erkannt, ohne es zu wissen. Die *Gegenwart* läß sich Heine und Kraus eingehen, aber diese Seite will sie nicht sehen: einen Philosophen zum Beispiel wird sie sich kaum eingehen lassen, der ein bejahendes und noch dazu religiös grundiertes Buch „über das Herz" schreibt, wie es das neueste Buch Hildebrands ist.

Die Gegenwart schaut da weg, allergisch dagegen, daß es doch auch einen höheren, helleren Begriff von „Herz" – bei Mozart hörbar – geben könnte: das Herz reicht sicher durch viele „Regionen" vom Dumpfen bis zum Freien und ist zur Freundschaft mit dem Kopf bestimmt, ja ist selbst etwas *Geistiges,* wenn auch aller Wärmegrade fähig; solche „Freundschaft" der beiden – Herz und Kopf – kann uns mehr gegen Massenhysterie feien, als es der Kopf allein könnte, am wenigsten das geschätzte „Köpfchen". Gewiß, der Kopf ist zu besonderer Wachheit verpflichtet – doch auch zur wachen Selbst-Erkenntnis: daß er leider stets verführbar gewesen ist und daß er den zarten Beistand eines wach gewordenen Herzens (im Pascalschen Sinne) vernünftigerweise nicht ganz verschmähen darf – sofern man hier überhaupt die beiden noch trennen kann! Damit bin ich schon auf Gedankenbahnen des Buches geraten, muß aber noch eine kleine Vorfrage andeuten, bevor ich berichte, was das Buch zu unserem Problem sagt.

Haben die Denker nicht längst für Aufklärung gesorgt? Kant tat es keineswegs. Und auch später ist das Herz nie ein besonders seriöses Objekt für Schulphilosophen oder gar Philosophieprofessoren gewesen; die Ausnahmen der Neuzeit: Pascal, ein Teil des deutschen Idealismus, Kierkegaard, Scheler, Haecker, Sartre, diese Ausnahmen sind ziemlich folgenlos geblieben. (Ich spreche nicht von der reichen *psychologischen* Forschung.) Heines Spott über die eiserne Weltfremdheit unserer deutschen Philosophen, besonders wenn sie sich dem Gefühl oder gar der Liebe, sei es der platonischen oder etwa gar der sinnlichen, nähern, dieser Spott ist nach wie vor aktuell.

Es gibt auch sprachliche Schwierigkeiten. So wie die Wörter „Gemüt" und „Tugend" schon längst korrumpiert worden sind (wohl weil sie sich im Munde sentimentaler Heuchler so viel aufhalten mußten und jetzt von deren Mundgeruch etwas angenommen zu haben scheinen), so werden es vielleicht auch einmal die Wörter „Herz" und „Gefühl" schwer haben, die sich bereits seit der Goethezeit verniedlicht und entgeistigt haben, *ohne* daß die Sprache schon einen Ersatz uns anböte.

In dem Buch: Über das Herz (1967), übersetzt aus dem Englischen unter Mitwirkung des Verfassers selbst, spricht ein Schüler Schelers und Husserls; es ist begreiflicherweise ein antiphilisträses, ja antiprofessorales Buch geworden, auch in der Art, wie es Schritt für Schritt zu einem religiösen Zentrum wie zu einer rätselhaft anziehenden Lichtquelle strebt. Aber natürlich untersucht der

Philosophieprofessor Dietrich von Hildebrand, der 1933 München in die Emigration verlassen hat, zunächst die ganze bunte Skala, auf die sich Wörter wie „Herz" und „Affekt" vieldeutig beziehen.

Wir sind noch nie so unerbittlich philosophisch über den ganzen Bereich des Themas aufgeklärt worden – bis hin zum richtigen und falschen Gebrauch des Wortes „hysterisch" (das heißt besonders des englischen: hysterical) und selbstverständlich bis zur Analyse des bequemen Selbstgenusses, der in der Sentimentalität, auch in der religiösen, sich versteckt. Mit besonderer Nüchternheit werden die Verkümmerungen und Entartungen des Herzens dargestellt und zum Beispiel bestimmte Phänomene der Herzlosigkeit an dem puritanischen Großvater in Faulkners „Light in August" veranschaulicht. Nicht ohne Humor ist manche Gegenwartskritik: so wenn jener Typ geschildert wird, der – weil es so doch so viele sentimentale Gefühle gibt – überhaupt gegen Gefühle ist, oder – auf dem Kunstfeld – wenn das stechend Brillante, Rasche der Musikwiedergaben modischer Dirigenten erkannt und durchschaut wird.

Mit besonderer Affinität entwickelt dieser Philosoph Phänomene der Liebe, zum Beispiel: wie dem Liebenden das Herz des anderen geradezu als dessen wahres Selbst erscheint und wie es dem Liebenden wichtiger und zukunftsvoller wird, was das Herz des anderen „denkt", weil es mit dem Geist eins zu werden beginnt. Hier in der Liebe entspringt auch ein Glücksfall und Musterfall von *Toleranz,* welche zugleich liebend annimmt und brennend zu ändern wünscht.

Dietrich von Hildebrand ist der Sohn des Bildhauers Adolph von Hildebrand, dessen Briefe (bei Callwey 1962) einen unbefangenen und unbestechlichen Beschauer seiner Zeit uns zeigen. Der Sohn besitzt eine ähnliche Unbefangenheit zugleich mit Reflexionsvermögen; er besitzt auch das plötzlich Schlagfertige, welches all die Scheinprobleme zerstieben läßt. Der Sohn wächst allerdings über die Welt des Vaters eigentümlich hinaus, und auch das vorliegende Buch ist dafür in seinem zweiten Teil ein überraschendes Zeugnis: Es ähnelt, schon zu Beginn, in seiner edel-temperamentvollen Art mehr einem der romanischen Welt angehörigen Werktyp – man denkt an Gabriel Marcel –, in der zweiten Hälfte des Buches tritt vollends ein religionspädagogisches Ziel hervor. Dieser zweite Teil ist nichts anderes als der ehrfürchtig tastende Versuch, das liebefähigste Herz, das die Welt gekannt hat, das Herz des Gott-Menschen, gemäß der Schrift zu beschreiben. Richtig auf Cardinal Newman hinweisend, der gesagt hat, daß jede Volksfrömmigkeit Verunreinigung miteinschließe, vermeidet der Verfasser selbstverständlich die naheliegenden peinlichen Pfade.

Es trifft sich gut, daß gleichzeitig mit diesem Buch umfangreiche historische Untersuchungen erschienen sind: Anton Maxsein: „Philosophia cordis. Das Wesen der Personalität bei Augustinus." Kein systematisch-philosophisches, oder sagen wir: kein prinzipiell philosophisches Buch, es ist aber eine liebevolle historische Nachzeichnung von so gründlicher, denkerisch bewegter Gelehrtheit, daß wir auch hier in den Vorhof systematisch-philosophischen Denkens geführt werden, wie solches dann bei Hildebrand souverän herrscht, der übrigens an vielen Stellen auf Augustin kundig zurückgreift, allerdings wohl auch mit begründeter Kritik an Augustin nicht spart. – Aber wer wird heute Bücher studieren, die das „Herz" im Titel haben?

Das Herz: *unzeitgemäßes*, das heißt *unwillkommenes* Thema? Dann sollte man besonders nüchtern prüfen. Wegschieben wäre emotional.

Nachtrag 1973

Es war einmal das Jahr 1967; auf der Höhe der Zeit Stehende legten ihr antiemotionales Bekenntnis ab, die schreckenden Vergangenheiten lagen ihnen noch in den Knochen, aber sie legten es leider emotional ab, sozusagen fixiert-gebannt, unentspannt. Dieses „Emotionale" – meist bezeichnete das Wort ihnen nur die unersten, die dumpfsten Regionen des Herzens – systematisch zu durchdenken [1] waren sie nicht gesonnen und haben so die Wiederkehr des Dumpf-Emotionalen ungewollt mitvorbereitet.

Es *ist* wiedergekehrt. Psychokatastrophen, wie 1914, sind nicht mehr außer Blickweite. Ob sie kommen, wird auch von der Erziehung abhängen. Würde „heilig-nüchtern" erzogen werden (man verzeihe die Hölderlinsche Prägung hier), könnten sie abgewendet werden. Wer heute vom Emotionalen spricht, darf das Erziehungsbuch des hessischen Kultusministers nicht übersehen, die „Rahmenrichtlinien". Dazu ein Wort. – Ich erinnere zunächst an das, was ich über Regeln der Diskussion soeben gesagt habe, Regeln wie sie 1967 noch unverbrüchlich galten: „Bitte, nichts Irrationales, nichts Emotionales!"

In den Rahmenrichtlinien für das Fach Deutsch steht es etwas anders: Die „Schüler sollen lernen", daß die „Forderung", in der Diskussion „emotionale und rationale Argumente zu trennen", hinterhältig sein könne, besonders wenn diese Trennung, diese Unterscheidung nicht „auf die jeweilige Situation und Funktion der Kommunikation bezogen wird". Ich glaube, für *jede* Situation *gilt* die Scheidung gleichermaßen; emotionale Argumente sind überhaupt keine. Der Ministersatz ist etwas unklar, aber leider wird er völlig klar, wenn wir weiter lesen (auf derselben Seite 14): „In diesem Zusammenhang sollen die Schüler lernen, ... auch affektbestimmtes Sprechen als Mittel", es heißt nun tatsächlich: „einzusetzen". Affekt also als „Mittel". Jeder kennt das heute aus Durchsetzungskämpfen in Schul- und Hochschulsälen: Einem mißliebigen Diskutanten antwortet plötzlich eine wohlberechnete Lachsalve oder eine kalkulierte Drohrede samt Drohgeschrei. So wird affektbestimmtes Sprechen „eingesetzt", deshalb ist dieses Wort so gut, so verräterisch. So macht man jemand fertig. Das also „sollen die Schüler lernen".

Weiterhin sollen sie „lernen, in welchen Verwendungszusammenhängen agitiert wird und warum und von welchen Gruppen Agitation diskriminiert wird". Interessant, daß hier nicht gefragt wird, ob die Argumente stimmen, was doch bei Agitation die dringlichste Frage wäre, da ja Agitation essentiell nie ganz frei von emotionalisierenden Elementen sein kann. Es wird nur gefragt, von welchen Gruppen Agitation abgelehnt wird, wofür das unverschämte Wort „diskriminiert" gebraucht wird. (Und was soll „Gruppen" heißen? Und wenn jetzt ein Einzelner und keine Gruppe gegen Agitation wäre; die Wahrheit wohnt doch stets näher beim Individuum als bei der Gruppe. Dieser Fall wird nicht einmal genannt.) [2]

Wo der Geist der Obrigkeit dem Geist einer namhaften Erziehergruppe verwandt und verbunden ist, da ist Vorsicht geboten. Siehe Wilhelminismus. Die Medien tun heute ein übriges.

Wie der Wandel von 1967 bis heute vor sich gegangen ist und wie in bestimmten Kreisen eine sophistische Sprache durch eine agitatorische abgelöst wurde, das wird ein Nebenthema der beiden folgenden Essays sein.

Anmerkungen

[1] Es war schon einmal durchdacht worden, allerdings mehr von Schriftstellern als von Philosophen, so durchdacht, daß sich ein bestimmtes Bild der Sache allgemein durchgesetzt hatte; das Bild galt von Lessings Zeit bis etwa zum späten Fontane; z. B. auch Heine akzeptierte es m. E. Ich will es skizzieren.

Man hatte eine großräumige Vorstellung von diesem ganzen Reich der heute sogenannten Emotionen, das man damals das Reich des Herzens nannte. Man wußte: es reicht von den niederen „Trieben" bis zu den höchsten (das Wort „Triebe" hatte ja damals eine andere Bedeutung), also von den dumpfen und trüben Emotionen mit ihrer gewaltigen Schubkraft bis in die klaren Zonen, wo die Vernunftfreiheit zu walten beginnt. – Ich benütze zum Teil die Termini der Goethezeit, siehe jene Selbstanzeige S. 96, die übrigens der Erklärung der Tragik in eben solchem Rahmen gilt. So groß war also das Herz: Finsternis und Freiheit, ungeistig und geistig – Beispiele können klären: Mit seinem oft altmodischen Wortgebrauch spricht Schiller ganz einfach einmal vom „tückischen Herzen" („Der Genius"), es klingt fast biblisch und weist – modern gesprochen – auf die Neigung des „Emotionalen", das Gewissen und sogar den wachen humanen Instinkt oder Willen einzunebeln und auszulöschen. Derselbe Schiller hat in derselben Schaffensperiode im Herzen die verantwortungswache, höchste Schöpfermacht gesehen, von dem „Mädchen von Orléans" sagt er im gleichnamigen Gedicht: „Dich schuf das Herz. Du wirst unsterblich leben." Hier meinte das Wort „Herz" natürlich nur die oberen Regionen des Herz-Reiches, dort nur die unteren. Das Bild wird dadurch nicht verunklärt, daß die Terminologie sich nicht klärt – was Sache der Wissenschaft und nicht der Schriftsteller wäre. Zu diesem geltenden Bild des Herzens gehörte auch: War das Herz vollkommen entwickelt und humanisiert, so war es das wahre Selbst des Individuums, wie es Goethe sah. Es war das Haus des Gewissens, wie man mitunter später sagte.

Dieses Bild des Herzens galt also bis zum neuen Jahrhundert. Es mochte viele Fehler haben. Der architektonisch-großräumige, humane Grundgedanke aber war eine Errungenschaft, die auch heute noch etwas helfen könnte. Nur die Leser kennen sie noch. Nur die Literaturkenner.

Da sie also halb versunken ist, setze ich aus der Endphase ihrer Geltung noch eine Strophe her, die auch die leichte, die glücklich-menschenfreundliche Seite, geradezu die therapeutische Seite dieser Konzeption zeigen könnte. Es ist eine Strophe Fontanes, natürlich ist alles Untertreibung. Das überschriftslose Gedicht „Beutst du dem Geiste ... " endet: „Erst unter Kuß und Spiel und Scherzen / Erkennst du *ganz*, was Leben heißt; O, lerne denken mit dem Herzen, / Und lerne fühlen mit dem Geist."

² Man wird mir antworten: Mein Zitiertes, mein Herausgepicktes bezeichne eine Mißverständlichkeit, vielleicht sogar wirklich eine verbale Entgleisung, eine kleine Entgleisung im großen Buch. – Gut, nehmen wir es an! Aber wie kommt es dann, daß aus der ganzen deutschen Literatur, aus Vergangenheit und Gegenwart, nur zwei Autoren geehrt werden mit dem Abdruck einer Probe ihres Schaffens (wobei die Probe nur die Bedeutung einer Zweckdienlichkeit für den Unterricht haben könnte und nicht der Musterhaftigkeit), ich meine: wie kommt es, daß diese beiden Autoren Floh de Cologne und Peter Schneider sind. Es fällt so ein empfehlendes Licht auf die beiden ministeriell genannten Bücher dieser Autoren, von denen das eine das dümmste, das andere das giftigste *Haß-Buch* ist, das ich überhaupt aus unseren Tagen kenne; sie werden wahrlich nicht vorgestellt, um entlarvt zu werden. Bitte, lesen Sie selbst. Hier ist jene Deutung der Ministerworte bestätigt, die ich oben gegeben habe. (Die Bücher sind leicht und billig bei Wagenbach zu haben; „Quarthefte".)

3. Jahre der Verführbarkeit: 1968/69

Aus der Sicht eines Sprach- und Literaturwissenschaftlers*

Wir Professoren: die „Agenten" eines weltweiten, raffinierten Unterdrückungssystems, die klug verkappten, harmlos scheinenden „Agenten", die es oft selbst nicht wissen, daß sie es sind, weil es ihnen an „Bewußtsein" fehlt, besonders an Bewußtsein dessen, was sie, als unvermerkt gesteuerte Marionetten (etwa des „Kapitals") oder „Charaktermasken" tun. Das steht heute (1969) nicht oft in den Zeitungen, aber oft in den Flugblättern der Roten Zellen und ähnlicher Gruppen.

Wer so spricht, versteht etwas von Werbung. Von Jugend. Von deutscher Seele. Wieso von dieser dubiosen „Seele"?

Nun, ich sehe ein Stück der alten lieben „Weltanschauung" hier wieder lebendig, genauer: der Totalenthüllung, der philosophisch tuenden „Enthüllung" auch aller geheimen weltweiten Agenturen. Hier liegen Elemente aus jenem ewigen deutschen Trivialgeist, der eine Weltanschauung braucht,

---

* Unter dem Titel „Über deutsche Verführbarkeit" veröffentlicht in: Hochland, 1970 (geschrieben 1969).

weil er die Welt nicht anschaut. Und fast möchte man glauben, schon der alte Doktor Allwissend aus dem deutschen Volksmärchen sei ein halbfaustisch-professoraler Philosophaster gewesen, ebenso weltfremd wie seine Schüler weltverändernd (wer alles weiß und nichts sieht, entschließt sich leicht). Gewiß, die große Zeit des (in andere Sprachen unübersetzbaren) Wortes „Weltanschauung" ist längst vorbei. Aber die Sache ist geblieben; sie überrascht in neuem Gewand. Man schaudert vor Gruselbildern („Agenten") und beigemischten Philosophemen („Bewußtsein"), aber nicht vor den Verführern, die sie erfunden haben; die man nicht durchschaut, da man eben durch die philosophische Denkverstrickung abgelenkt ist.

Diese Verstrickung – mein Thema. Der harmloseste Fall: Einem Gesprächspartner strömt pausenlos das „Erklären" von den Lippen; es gibt einen deutschen Respekt vor allem, was nach Philosophie und Forschung klingt – so wie es ein englisches Mißtrauen gibt gegenüber allem, was so zu klingen scheint –, so daß der Deutsche oft vor lauter Respekt gar nicht wagt, die primäre Situation zu durchschauen und etwa zu fragen, ob dieser Erklärer da überhaupt der philosophischen Dinge bedarf; denn philosophische Erklärungen können doch wohl, meint man, nie unangebracht sein – auch wenn sie die Sache so stark „erklären" und zurückführen sollten, daß sie schließlich nahezu aufgelöst und wegerklärt ist; es muß eben nur im Zuge eines („philosophischen") System-Zwangs geschehen und solchem weitverbreiteten halbneurotischen Zwang des Denkens genügen – dann fesselt es, dann bestrickt und verstrickt es uns unwiderstehlich [1].

Die Wirkung solcher Ablenkung oder Verstrickung hat einmal Lec aphoristisch festgehalten (klassisch aphoristisch, so daß der Leser selbständig zu denken und das ungesagte Ergebnis zu erdenken gezwungen ist); der Pole Lec scheint dabei auch aus seinem eigenen Leben zu plaudern: „Ich hätte viele Dinge begriffen, hätte man sie mir nicht erklärt."

Eine hübsche alte Geschichte kann diese Erkenntnis ergänzen. Sie hat deutsche Voraussetzungen: Goethe und Grillparzer haben gesehen, wie gerne der Deutsche den Kontakt mit der Sache durch etwas anderes ersetzt. Besonders will er lieber gleich „wissen" als sehen und hören, zum Ärger Goethes. Nebenbei bemerkt: Was hätte Goethe gesagt, wenn er das „Amtliche Gutachten über den Philosophie-Unterricht" an Gymnasien gelesen hätte, das Hegel 1812 seinen Behörden übergab: „ ... Der Jugend muß zuerst das Sehen und Hören vergehen, sie muß vom konkreten Vorstellen abgezogen, in die innere Nacht der Seele zurückgezogen werden, auf diesem Boden sehen, Bestimmungen festhalten und unterscheiden lernen" – womit etwas ganz Richtiges wohl gemeint ist (dasselbe wie am Beginn der großen Logik); den Behörden wird hauptsächlich faßbar und willkommen gewesen sein, daß mit der Philosophie die Knaben tüchtig eingeschüchtert werden können, was Hegel zwar nicht gemeint, aber immerhin gesagt hat für Behördenohren, der

Formbeherrscher. (Was für ein „Rhetor"! Strenge Überrumpelung: „Der Jugend muß zuerst ...", dann schwingender Kanzelton, symmetrisch: „abgezogen ... zurückgezogen".) Was den Kern angeht, so sollte man heute die Fernsehmenschen ruhig vom Sehen und Hören weg gut hegelisch zum Denken erziehen. Aber sollte man den Denkbeginn als Weg in die „Nacht" so schön beschreiben?

Bis in die Grillparzer-Zeit dürfte die stets weitererzählte Geschichte zurückgehen, welche lautet: Auf dem Weg zum Himmelreich stoße man auf eine Weggabelung. Dort zeige der eine Wegweiser „zum Himmelreich", während der andere zu „Vorträgen über das Himmelreich" weise. Die Deutschen strömten in Scharen zu den Vorträgen. Ich nehme an: von Professoren gehaltenen Vorträgen, gründlich und philosophisch. Heute auch Podiumsdiskussionen.

Welche Chancen für Verführer! – Auf welche Lage sie heute treffen, besonders an Universitäten, das ist mein Thema, das also einen kleinen Ausschnitt der „Unruhe" betrifft; es gibt eine ungeheure „Not", es gibt eine diese Not fassende und nutzende Bewegung; ich greife aus dieser Bewegung die Gruppe der Sophisten heraus.

Unvorstellbar verzweifelt-vereinsamt sind, ohne ihre Schuld, viele unserer jungen Intellektuellen [2]. Der Verelendete ist stets verführbar gewesen. Er ist heute seelisch verelendet, oft seit Kindertagen, seit Familienöde. Ich reduziere aber nicht darauf; ich „erkläre" nicht; ich glaube sogar manchmal, daß diese Elendsverfassung die ganz richtige Antwort der Seele auf uns gottverlassene Erwachsene ist. Jedenfalls: Jeder ist unfaßbar vereinsamt; so glaubt er leichter, verzweifelter der Stimme irgendeiner totalen „Erklärung" oder Weltanschauung. – Ihn trifft dann der strafende Blick der Erwachsenen. Ihn trifft das unmenschliche Wort: „Wieso? Es geht euch doch so gut!" Er wird noch ratloser. Sein melancholisch sensibilisiertes Ahnungsvermögen wittert zwar ganz richtig, daß unter den falschen „Ärzten", denen er offenbar in die Hände gefallen ist, sich Unterdrücker, Geheimagenten, Manipulateure befinden könnten. Er verwechselt sie aber einstweilen; sein Katastrophengefühl wittert richtig, ortet aber das brütende Ungefähr noch falsch: „rechts" statt ringsum.

Diese Gruppe, dieser markante (wenn auch nicht gerade aktiv führende) Teil der jungen Intellektuellen, scheu-verzweifelt und sehr moralisch entschlossen zugleich, sensibel und doch ohne geübte Menschenkenntnis, tief mißtrauisch und doch antiresignativ (glücklicherweise), *sich müde denkend –* diese Gruppe möchte eigentlich Festes wissen, und vor allem möchte sie im Grunde ihrer Seele *geliebt* werden oder doch *wenigstens* bekämpft. Bitte nichts Liberalistisches, nichts Relativistisches!

Unverständliche Wünsche? Im Gegenteil. Es sind die richtigen Wünsche. Wie es zur Verzweiflung dieser Gruppe genetisch gekommen sein mag, das mögen Kenner der Familien und Schulen, der Umwelten, der Geschichte uns erläutern. (Wir aber sollten *zumindest* aufklären. Über Verführung. Und dabei so unrelativistisch sprechen, wie sie es ja selbst glücklicherweise tun.) Jedenfalls: Solange so viele Erwachsene bequem-resignativ oder gar „jugendverstehend" lau sein werden, so lange werden Junge natürlich revolutionsempfänglich sein. So lange wird es auch diesen Wunsch geben, *wenigstens* bekämpft zu werden, wennschon nicht geliebt.

Was heißt „resignativ"? Ist es nur das alte achselzuckende „es geht nicht"? Ist es schlimmer? – Die Sache ist eigentlich schon vor sechzig Jahren in der „Fackel" gut beschrieben worden: Einer bittet einen Bekannten, bei der Abstellung eines Mißstandes mitzuhelfen. Dieser sofort: „Da kann man nix mach'n." Auf erneute Bitte die Antwort: „Naja, Sie sind noch ein Idealist."

Hier liegt der Kern. Ich gehe von klassischen Formulierungen aus. Fontane hat, fünfzig Jahre vor jenem „Fackel"-Artikel, das „Resignative" und Anpasserische, auch das Selbstbetrügliche des Durchschnittserwachsenen unvergleichlich enthüllt, hat gezeigt, wie er nicht vor dem *Kind* „bestehen", nicht moralisch bestehen kann (er hätte diese Gegenwelt zum Erwachsenen auch auf die Jugend überhaupt ausdehnen können); es ist ein im Berliner Tonfall wunderbar illusionslos und still sprechendes Gedicht:

> Man wird nicht besser mit den Jahren –
> Wie sollt es auch, man wird bequem
> Und bringt, um sich die Reu zu sparen,
> Die Fehler all in ein System.
>
> Das gibt dann eine glatte Fläche,
> Man gleitet unbehindert fort,
> Und „allgemeine Menschenschwäche"
> Wird unser Trost- und Losungswort.
>
> Die Fragen alle sind erledigt,
> Das eine geht, das andre nicht,
> Nur manchmal eine stumme Predigt
> Hält uns der Kinder Angesicht.

Kann man Wörter bedeutungsreicher gebrauchen, als hier zum Beispiel die Wörter „System" und „Predigt" gebraucht werden (die auch durch den Reim in hellere Bedeutungsfülle gehoben werden)? – Schade ist es freilich, daß der heutige Leser, keineswegs mehr bibelfest, hinter den Schlußzeilen des Gedichts, hinter den „Kindern", wohl nicht mehr den Hauch verspürt, der, fromm säkularisiert, herüberweht aus dem Schriftwort: „Wenn ihr nicht werdet wie..."

Das „resignative" Zurückweichen des Durchschnittserwachsenen, dieser moralische Rückschritt, Rückgriff auf Routine, der leise Selbstbetrug, das gehört allerdings allen Zeiten und allen Gegenden wohl an. Man muß das allgemeine Phänomen ³ sehen, doch dann auch die historischen und nationalen Besonderheiten – die uns sofort im nächsten Beispiel, aus Eichendorff, unverkennbar entgegentreten werden. Eichendorff hat nämlich im selben Jahr wie Fontane über dieselbe Sache geschrieben (1857) in seinen Memoiren. Er beginnt zunächst allgemein: „Gefühl", Wachheit, Spürsinn der Jugend, noch „unzerknittert", wie sie seien, gewahren deutlich, so sagt er, die „ursprüngliche Freiheit und die Unendlichkeit der Lebensaufgabe" (er spricht von siebzehn- bis einundzwanzigjährigen Studenten); der Erwachsene dagegen sei „müde" und schütze, altklug, Erfahrenheit allzu gerne vor.

Er habe nun, so erzählt Eichendorff weiter, es erlebt, wie die Jugend „im leicht erklärlichen Eifer des guten Gewissens auch die kranken Staaten durch utopische Weltverbesserungspläne regenerieren" wollte. Gut und schön, nicht gerade sofort erfolgversprechend. Was aber geschah? Es hätten sich, so fährt er fort, „die wirklichen Politiker mit darein gemischt und die jugendliche Unbefangenheit für ihre ehrgeizigen und unlauteren Zwecke mißbraucht". – Eichendorff hat übrigens, in anderen Schriften, solche Verführer (unter ihnen professorale) näher gekennzeichnet. Er hat dies alles aufgeschrieben im Bewußtsein, Exemplarisches zu geben. Und es ist ihm gelungen.

Im zwanzigsten Jahrhundert? Dem halbverlogenen Satz „Da kann man nix mach'n" wird, mit einem ähnlichen „Mißbrauch" der jugendlichen Kraft und Empörung, die bekannte Komplementärfarbe demagogisch entgegengestellt: „Es muß etwas geschehen, die Zeit der Überlegungen ist vorbei." Seit vielen, vielen Jahrzehnten ist das teils als blinde deutsche Tat-Philosophasterei aufgeputzt, teils zur blanken Demagogie zurechtgespitzt worden – deren Höhepunkte sicher längst überschritten sind.

Die Dinge sind dafür heute gefährlicher, nämlich verfeinert und verjüngt, plötzlich wieder auferstanden seit einigen Jahren an unseren Universitäten (auch an anderen, doch schwächer; Japan bleibe außer acht). Ich erläutere durch Kontrast.

Bei Nietzsche heißt es: „Wer viel einst zu verkünden hat, / Schweigt viel in sich hinein. / Wer einst den Blitz zu zünden hat, / Muß lange Wolke sein."

Nicht daß ich es für ein besonders gutes Gedicht hielte! Ich zitiere es, um die Kontrast-Reaktion der „Unruhigen" hervorzulocken; jeder Kenner weiß genau, was sie gegen das Gedicht vorbringen werden:

Wieso „lange", fragen sie; „lange" und „Wolke": das klinge resignativ, das desavouiere die Freiheit menschlichen Tuns, das sei offenbar organologisch gemeint; die „langen" organischen Reifeentwicklungen der vormenschlichen Welt dürfte man aber der menschlichen nicht ideologisch substituieren. Bitte, Kierkegaards Einsicht. Substituieren aus finsteren Absichten! Langes reifendes Stillebleiben der Jugend diene den herrschenden Unterdrückern, „die dich verstümmeln". „Sie haben es ja schon getan", so sagt man, „getan durch ähnliche Lehren auf Schule und Universität. Du bist verstümmelter, als du weißt. Jedes Jahr, das du vermeintlich ‚reifs't, reifst du in eine nur tödlichere Verknechtung und Verstümmelung hinein. Erst recht jedes Jahr, sobald du ins Berufsleben eingetreten bist. Du mußt jetzt, jetzt als Student, den Panzer sprengen, oder du kannst es nie. Es gibt ihn gar nicht, den späten ‚Blitz', wie ihn sich der selige Nietzsche in seligen Zeiten halbblinder ‚Innerlichkeit' vorgestellt hat."

Man hätte mit dieser Antwort auf Nietzsches Gedicht nicht völlig unrecht. Die Antwort wächst aus einigen nur allzu wahren Gehalten: Es gibt tatsächlich die leben- und geistbedrohende Verkümmerung, die unvermerkte Verstümmelung, hervorgerufen durch unsere Arbeits- und Planungswelt und unser Getriebensein, Verschlungensein vom Leistungsrhythmus, hervorgerufen durch die Umwelten der „Reklame" (im *weitesten* Sinn des Wortes, einem Sinn, der aber immer noch „Lüge" notwendig miteinschließt) mit ihrer steten leisen Gehirnwäsche usw. Es gibt tatsächlich andererseits auch jene Emanzipation, die allen „organischen" Gesetzen spottet; ein Beispiel wäre das (sozial so wirksam gewordene) Tun des Franz von Assisi, seitdem er in der Versammlung erst einmal von seinem Vater sich, nackt, losgesagt hatte, ohne vorher so „lange" still-wolkenhaft gereift zu sein, – woran unsere Sprechenden nicht gerade denken werden, aber wohl manche ihrer treuherzigen Zuhörer. Es gibt eben solche Wahrheitsgehalte im dubiosen Gedankennetz (dubios etwa der Gebrauch des Wortes „herrschen" oder die Erklärung der Verstümmelung als gezielter Unterdrückung, der natürlich auch der Professor qua Professor diene, besonders übrigens der „bewußtlose", der es also nicht weiß, daß er unterdrücke usw.).

Der Kern ist so alt wie neu. Vielleicht haben ähnliche Argumente schon im Jüngling Hyperion gewirkt, der nicht warten konnte mit der Sprengung des Panzers (hier des Panzers seines Volkes) und dem die ahnungsvoll weise Diotima so liebevoll und so vergeblich rät, noch einige Jahre zu warten, auf Reisen zu reifen, Menschenkenntnis zu erwerben, ehe er das Befreiungswerk beginne. Sie ahnt ja alles: seine „Tat" wird „sich verlieren" „in der unberechneten Schlechtigkeit" seiner „Helfer", die ihn mißbrauchen (ich benütze die Formulierungen aus Görres' genialer Rezension des Romans). Neu aber ist wohl die „Werbung", die genaue psychologische Reklame-Berechnung der Argumente auf die Psyche des Angesprochenen, besonders jener verzweifelt Vereinsamten, Schwermütigen, von denen die Rede war. Eine neue Voraussetzung mag es auch sein, daß die Erwachsenen heute noch lauer, unverpflichteter oder ratloser geworden sind als früher und deshalb die Jugend noch ungeduldiger werden mußte.

Hier sind jedenfalls Grübeleien Marcuses von glänzenden Vereinfachern zurechtgeschliffen worden zu einem Kampfmittel. Damit kann eine Jugendbewegung gefaßt und einkanalisiert werden, auch mittels Techniken der Suggestion, wirkend auf die Gruppe der Melancholischen, etwa so: Du bist sehr krank, du weißt es nur nicht; du wirst zwangsläufig verspießern und absterben, du merkst es dann nur nicht. Vielleicht haben ähnliche Befürchtungen schon die Seele Hyperions unvermerkt durchdrungen und dann sich öffnen lassen für die Stimme der Verführung.

Man stützt sich dabei auf eine gewisse Tradition des Imponierens, ja Einschüchterns, wobei immer zugleich Befreiung angedeutet („du bist auch freier, als du weißt") und Erlösung von der Einsamkeit suggeriert wird (zum Beispiel im empfohlenen Kollektiv), man müsse nur erst durch das Dunkel hindurch, „wo aber Gefahr ist, wächst das Rettende auch" (Hölderlin, mißverstanden), erst durch eine Zerstörungsphase hindurch! Nach dem Tunnel das Licht. Alles notwendig. Jeder eingebaut in ungeheure schreckensvolle Notwendigkeiten; jeder berufen zum Licht, wenn er nur die Reise durch den Tunnel wagt. Ein alter Film. Mit neuen Zwischentexten. Er stammt wohl aus dem Deutschen Idealismus.

Es wirkt überhaupt eine bestimmte Technik des *peithein*. Etwas, das man auch heute bei geriebenen Ärzten findet, wo man beim ersten Besuch erfährt: „Sie sind kränker, als Sie ahnen", und beim zweiten: „Sie können schneller gesund werden, als Sie glauben." So hört man zunächst (im Tonfall der Verzweiflung): „Es gibt kein richtiges Leben im falschen" (ein unerlaubt isoliertes Adorno-Zitat aus den „minima moralia"), und nach eingetretener deprimierender Wirkung des großen Wortes hört man sehr *erleichtert* (mit jenem Funken Zutrauen, den Erleichterung in der Seele stets weckt – es ist natürlich bloß ein vitales, ein blindes Zutrauen): „Es gibt den sicheren Weg zum richtigen Leben, nämlich die Zerstörung des falschen, etwa durch Revolution; der Tag ist nah, du mußt nur zur ‚Morgenröte' gehören wollen." (Die schönste Äquivokation von „Leben"!) Ich zitiere im Exkurs zwei verwandte Texte [4].

Diese Technik, dieses Spiel auf den Tasten des „Elends", funktioniert natürlich nur dann, wenn der Sprechende von vornherein ein geneigtes Ohr erwarten kann, das heißt, wenn er eine auctoritas hat (zum Beispiel die des Arztes). Wie gewinnt man eine solche? Nun, zuerst durch eine bedeutende Sprache. Etwa eine Geheimsprache. Oder etwa eine gekonnte Philosophensprache, wie in dem Hegel-Zitat oben. – Noch vor wenigen Jahrzehnten gelang es am besten mit der Miene selbstbewußten philosophischen Quälens, das sich als Schenken gibt. Heut geht es kälter zu. Der heutigen Schreibweise gilt nun mein Blick.

Nicht ohne zuvor zu warnen. Es gibt keine Meisterverführer, keine, die im Dunkeln die Fäden halten. Es steht schlimmer. Die Verführung ist nicht geplant, sondern gewachsen in vielen Fällen – obwohl man sie nicht besser hätte planen können. Die Verführer verführen unbewußt. Deshalb so virulent. Wer den andern kalten Bewußtseins einseift, muß ein guter Schauspieler sein, will er nicht über kurz oder lang durchschaut werden. Wer aber ver-

führt, *ohne* es zu wissen, wer selbst zugleich Verführter, Gläubiger ist, strahlt „Überzeugungskraft", Verführung ohne weiteres aus. Wie ist das möglich? Ich weiß nicht. Aber ich weiß, daß es möglich ist, weil ich es sehe.
Ich bitte die Kenner, hier zu klären und zu erklären. Ich beschreibe, ich erzähle, sonst nichts. Das ist sinnvoll inmitten eines erklärungsfreudigen, selbstsicher wissensstolzen (somit leider recht täuschungsanfälligen) Zeitalters und Volkes.

Allgemeine Begriffe und großer Dünkel sind immer auf dem Wege, entsetzliches Unglück anzurichten.

Goethe, Maximen und Reflexionen 471

Es ist mißlich, von deutschen Zügen zu reden; Nationalcharaktere sind weder genau noch konstant (auch weniger wichtig, als man oft glaubt; vgl. Wandruszkas „Sprachen"-Buch). Es ist mißlich, es ist kaum wissenschaftlich. Vernünftig und versuchenswert ist es gleichwohl. So hat es seinen guten Sinn, wenn man hier gerne die Form der Plauderei gewählt hat – wie ich's ja auch getan habe.

In den zwanziger Jahren hat man von den Nationalcharakteren und dem ganzen „Spektrum Europas" viel geplaudert, und Polgar hat einen Gedanken jener Zeit besonders faßlich formuliert. Der Deutsche, so sagt er, hielte nur trübe Wasser für tief... Durchsichtigkeit bis zum tiefen Grund, wie in großen romanischen Kunstwerken, könne er nicht mit „Tiefe" (und „Ringen") zusammendenken. – Wer keine Tiefe hat, der mag also nur sein Wässerlein wohlüberlegt trüben – dem deutschen Gemüt imponiert, was es nur halb versteht, was ihm etwas trüb bleibt; es sucht die Schuld bei sich selbst, ein schöner Zug, und kommt gar nicht auf den Gedanken, der dem Romanen oder Engländer nur allzu schnell kommt (leider): „Da kann einer sich nicht einmal klar ausdrücken." (Leider, denn „klar nennt man Ideen, die dasselbe Maß an Verwirrung haben wie unser eigener Geist", wie es Proust seinen lieben Landsleuten mahnend gesagt hat. Mit schnellem „tief" oder schnellem „klar" kommt man eben nicht weiter.)

Polgar hat es auch einmal in eine Art Parabel gefaßt. Aus ihr setze ich den Schluß her, das Ganze heißt: „Der Druckfehler", er erzählt vom täglichen Kram des Schriftstellerlebens mit der Gelassenheit des Märchenerzählers: „Im allgemeinen will ich ja über Druckfehler nicht klagen. Man darf kein Pedant sein. Geringfügige Textabweichungen wie ‚Ventil' statt ‚Detail', ‚geschlechtlich' statt ‚geschichtlich', ...‚Krapfen' statt ‚Karpfen', machen die Diktion nur saftiger, so wie auch fehlende Zeilen nur der Stil-Dichte zugute kommen. Es besteht hier überdies immer die Chance, daß der Leser, im geborstenen Satz ratlos umherstolpernd, nicht den Autor, sondern sich für einen Trottel hält. Eine Chance, von der bekanntlich manche literarische Schulen Jahre lang gelebt haben, und zwar gar nicht schlecht... Oft sind es allein die Setzer, die dem Text den verwirrenden Opalglanz geben, den der Schriftsteller aus eigenem ihm nicht zu geben vermocht hatte. – Klagen wir nicht über Druckfehler. Man weiß nicht wodurch man tief wird." Natürlich nicht nur „literarische Schulen". Schopenhauer, der Sprachkritiker, Grillparzer und Heine, die Psychologen, sie haben an der Schreibweise von Philosophen (zum Beispiel sogar von Hegel) eine verwandte Imponier-Kunst schon damals festgestellt: eine „Kunst", schwierig zu schreiben (das Leichte ist dem deutschen Gebildeten ohnehin verdächtig), indem man zum Beispiel ein tiefes, weithin tönendes, vielen dunkel bleibendes Wort wohlüberlegt in den Text einbaut, ja vielleicht sogar mal eine kleine Schwärze in den Text hineinpinselt, besonders wenn dabei mit dem Reiz des „Tiefen" der Reiz des Modischen gekoppelt werden kann.

Es kann auch einfacher gemacht werden. Schon eine Reihe schwieriger Fachwörter können einen angriffslustigen Laien für eine Minute lähmen; die unbewußte deutsche Andacht vor dem Begriff ist groß, die Situationswachheit bleibt klein. Zudem wird alles, was anstrengt, der deutschen Pflichtseele zu etwas Wahrheitsnahem (vgl. Exkurs). Notfalls tut es auch eine Reihe philosophischer Schlagwörter [5]. Ein Ratschlag in den zwanziger Jahren lautete, statt „Loch" solle man sagen: „die partielle Negation eines Totum" und es rasch, trocken und bestimmt aussprechen.

Um bei der „Negation" zu bleiben. Ich lese in einem Kitschroman das Gespräch: „Und darum müssen wir noch eine Revolution machen. Er hätte wohl noch lange weitergesprochen, der überschwängliche Student, wäre Langsdorff nicht plötzlich dazwischen gekommen. Hatte er ihr Gespräch verfolgt, vielleicht sogar alles gehört? ‚In der Jugend ist letzten Endes alle Negation positiv', sagte er lachend, ‚und schon allein darum haben Sie recht! Seien wir glücklich, daß ... die Jugend aufsteht, um das Alter mitleidslos von seinen kalkigen Sitzen zu ziehen ... Und wenn manches dabei in die Binsen fliegt, Zivilisationen kann man immer wieder aufbauen, eine erdrückte Jugend bleibt für immer verloren' " (E. E. Dwinger: Die letzten Reiter. 255. Tausend, Jena 1941, S. 178 f.).

Der Effekt des Kernsatzes („alle Negation positiv") war nur mit philosophischen Termini zu erreichen gewesen [und zwar nur mit halbverstandenen]. Würde man ihn zu übersetzen versuchen in eine außerphilosophische Sprache, so würde man ihn sofort entmächtigen, so verlören sofort die Wörter ihre geistschmeichelnden Obertöne. Es ist ein seit hundert Jahren belegter Trick, der mit der philosophischen Staunensneigung und Verstrickbarkeit des deutschen Gemüts rechnet. Wo ein Argument fehlt, lenkt man ab durch Verwendung von Wörtern mit philosophischen Obertönen. So verdichten sich Begriffsträume, luftige Waffenwerkstätten, die oft die Leichenfelder der Geschichte vorzubereiten geholfen haben. – Der Text ist 1935 zuerst publiziert worden. Der Sprachschatz hat sich seitdem erweitert. Heute gibt es schöne halbphilosophische Wörter für „erdrückte" Jugend. Ewig gleich aber der Gestus des deutschen Mentor-Verführers, wie er hier im Kitsch-Gewand auftritt, ewig gleich sein Rhythmus. „Wer nicht von der irrational begründeten Überzeugung loskommt, ein schicksalhaft in die Welt geworfenes, schlechthin abhängiges und erlösungsbedürftiges Geschöpf zu sein", der sei rückständig, freiheitsfremd. Das steht im berüchtigten Einsatzwerk „Deutsche Philosophie", 1941, aus einer namhaften Feder. Halb falsch, halb richtig. Ganz falsch die Heroik. Mit dem Regenbogenrand aus Philosophie.

Die Revolution geht auch werktags im Gelehrsamkeitsgewand. Sie muß es. Wenigstens im Lande Hegels. Wenigstens vor jungen Hörern. Auch der so einigende und so anregende Zauber einer leicht erlernbaren Sondersprache, die sehr systematisch ist (ein tastenarmes Klavier) und fest verschlossen bleibt den Uneingeweihten (wer versteht schon das als Fachwort gebrauchte „Bewußtsein" oder „repressiv"), dieser still berauschende Überlegenheitszauber, mit dem solche flüssig gesprochene „philosophische" Sondersprache den Sprechenden erfüllt, ist nicht zu unterschätzen, noch ganz abgesehen davon, daß es schon immer auch „gelehrte" Schlagwörter voll Schlagkraft gegeben hat, wie man etwa bei Karl Kraus nachlesen könnte.

Leser sollen mißtrauen. Es war schon der Wunsch Platons. Ich glaube zu merken, wie meine jungen Leser dementsprechend handeln und die meisten Seiten bezweifeln, die ich über Verführer geschrieben habe; sie wollen sich nicht von mir verführen lassen. Gut. Mißtrauen. Was ich aber wünschen darf, ist, daß es noch radikaler, noch einsamer, noch anlehnungsfreier werde.

Ich wünsche es, denn ich höre eben im Geiste, wie einer von ihnen zu sich selbst, sich aufraffend, etwas Bestimmtes sagt: „Ich bin *nie* verführt."

Wer so spricht, ist es schon.

Denn er hat das Mißtrauen gegen sich selbst verabschiedet, er hat es nicht mehr ausgehalten und den Nebel „durchbrochen" (etwa nach dem schönen deutschen Satz: „Man muß nur wollen"), er ist *selbstsicher* geworden und damit schon so gut wie verloren. Er kann nicht mehr über sich selbst lächeln, sich nicht mehr genug durchschauen, sich nicht mehr genug schützen.

Als man noch den ersten Tiefenpsychologen las, welcher sagte, jeder sei lügnerisch zu sich und anderen (*omnis homo mendax*, so der Psalmist), als man noch die Griechen las und die Bilder der Hybris und Selbsttäuschungsmöglichkeiten kannte und ebenso das Gegenbild des „nicht-wissenden", des sich selbst zurücknehmenden Sokrates, der in seiner letzten Stunde einen lächelnden Mythos seinen Schülern liebevoll erzählt – einen von jenen Mythen, denen Hegel [6] so gram war –, da hatte man eigentlich noch ganz hilfreiche Bilder – die es freilich auch zu entbilden oder sagen wir: anzuwenden gilt. Hilfreiche Bilder auch in puncto Selbstsicherheit. Selbstsicherheit gleicht ein wenig dem reichen Pharisäer. Der Zöllner sieht klar.

Er scheint mir jedenfalls unzugänglich zu sein für äußere und innere Verführung.

Exkurs

Ich setze aus dem weiteren Umkreis der Frankfurter Schule einen Text hierher, weil er, gewiß ohne Hochstapelei, den Leser zu bestricken vermag vermittels einer psychologisch sehr „gekonnten" Verbindung philosophischer Gelehrtheit mit jäher Popularität. Der Passus ist dem Nachwort entnommen, das Schweppenhäuser 1966 in der Sammlung Insel, die bekanntlich einem breiteren Leserkreis zugedacht ist, zu den „Apokryphen" des alten Seume geschrieben hat, ein Nachwort, das eine Reihe numerierter Kapitel umfaßt. Nach einleitenden Seiten heißt es (die folgenden Ziffern beziehen sich auf die Numerierung der Seumeschen Aphorismen):

„Wenn die Geschichte ‚zu bürgen scheint, daß die Menschen keine Vernunft haben' [9]; wenn die Despoten wie die zur Unvernunft Privilegierten und die Unterworfenen wie die zum widerspruchslosen Ertragen der Unvernunft Prädestinierten erscheinen; dann ist gleichwohl gerade durch jenes ‚scheint' bedeutet, daß Geschichte bis heute mitnichten für ihren eigenen Inbegriff: für das Äußerste gelten kann, was Geschichte der Menschen sein könnte. Vielmehr antizipiert Seume, implicite, ihren Marxischen Begriff, den von der Differenz der Vorgeschichte und Geschichte, von nackter Naturgeschichte, der Fortsetzung kruder Naturverhältnisse von Gewalt und Erleiden der Gewalt gerade in den gesellschaftlichen Beziehungen der Menschen und von der Geschichte der Freiheit, der Emanzipation von der Beherrschung des Menschen durch den Menschen. Läßt schon die Hegelsche Philosophie des Rechts blankes Naturverhältnis inmitten der Sittlichkeit wieder sich herstellen, nämlich im Verhältnis der Staaten zueinander, die, in sich fertig, wieder wie Individuen im Naturzustand sich aneinander abarbeiten müssen, um zur Sittlichkeit ganz erst zu gelangen, so konstatiert Seume von vornherein und ohne allen geschichtsphilosophischen Optimismus, vielmehr aus dem Leiden an der kruden Natur, die in der Geschichte der Staaten waltet, und mit der Ungeduld dieses Leidens, das Hoffnung einzig noch in die Praxis statt in den Gang der Geschichte setzt, daß ‚die Staaten zusammen in Naturverhältnissen stehen' [15] und daß dadurch gerade das Spezifische der natura humana derer, die in diesen Staaten leben, nämlich die rationalitas, ihre Würde und Autonomie, von Grund auf verstümmelt wird... Indem Seume ausspricht, daß ‚die Menschen Schachfiguren' und ihre ‚Helden die großen Schandflecken des Menschengeschlechts' [115] sind, sagt er ex negativo, daß sie ihrer wahren Natur nach Autonome sind; daß in der Negativität der Geschichte selber die Positivität beschlossen liegt und durch Negation des Negativen sich herstellen ließe. In der Tat stößt Seume, allein aus dem Zwang der Sache und kaum mehr als unterirdisch mit den selbst erst sich gebärenden Intentionen der spekulativen Philosophie verbunden, auf eines ihrer zentralen Theoreme, das von der Negation der Negation und der Substantialität des Negativen selber. Verblüffend das Stück aus den Apokryphen, das den Gedanken jenseits aller spekulativen Prätention formuliert: ‚Alles würde in der Welt am Besten mit Negativen gehen. Die Wegschaffung des Schlimmen wird schon das Gute bringen' [26]; und, das noch um vieles exponiertere: ‚Vielleicht ist nur in der Zerstörung Hoffnung' [64]."

Hier schließt Schweppenhäuser das Kapitel. Wirkungsvoll und – unerlaubt. (Ich spreche noch gar nicht davon, daß das letzte Seume-Zitat allzu wirksam zusammengestrichen worden ist und die vorgetragene Deutung problematisch sein dürfte.) Es hilft wenig, daß Schweppenhäuser später erläutert, was da um 1800 und nachher zerstört werden soll. Dadurch, daß der Redende plötzlich so wirksam abbricht und eine Pause macht (Kapitelschluß), sagt er uns etwas, ohne es sagen zu müssen. Der hohe Abstraktionsgrad der anfänglichen Erörterungen läßt den Leser die raffiniert plötzliche Einfachheit des zitierten Seume wie eine Befreiung empfinden. Diese gekonnte Pause spricht und wirkt. Es wird vielleicht auf den Wänden stehen, was hier in der Pause „steht", „steht": wie in der Pause eines Musikstücks etwas „steht". Es ist jedenfalls „rational" nicht ganz statthaft, was hier „gekonnt" wird, aber es ist (mindestens seit den Hegelianern) etwas Bekanntes, ein Sophismus höherer Potenz, der schwerer dingfest zu machen ist als ein gewöhnlicher Trick. Schweppenhäusers verehrter Lehrer Adorno hat nie so gehandelt. Der Schüler „meistert" auch sonst die Kapitelschlüsse ganz anders als sein Meister; so schließt das 6. Kapitel in „Verbotene Frucht. Aphorismen und Fragmente" (1966), nach differenzierten Untersuchungen, ziemlich plötzlich mit dem getrennt gedruckten Aphorismus: „*Getäuschte Erwartung.* – Dasselbe Christentum, das zu Weihnachten Gott in die frierende Welt schickt, läßt ihn bereits zu Ostern sich wieder verflüchtigen." Kapitelschluß. Dieser Aphorismus (übrigens: wieso „Ostern"? Ausgerechnet „Ostern"? Ich dächte das Gegenteil) ist vielleicht ein Verbindungsglied hinüber zur Sprache der Propaganda (Reklame) – die nicht mehr mein Thema ist, die aber in einem Beispiel veranschaulicht werden soll; sie ist eben das Nachbarphänomen. Im 16. „Kursbuch" (1969) ist *zweimal* (nämlich im Leitartikel und im „Kursbogen") folgender Passus aus der Feder des Berliner Preisträgers Peter Schneider zu finden [es ist ein Aufsatz, der dann übrigens bald Pflichtlektüre in sogenannten Basis-Übungen von Studenten geworden ist]:

„Auf dem langen Marsch organisierte die Rote Armee in den Dörfern, durch die sie kam, Versammlungen der Bauern auf dem Dorfplatz. Einer oder mehrere Bauern wurden aufgefordert, ihre persönlichen Wünsche, Bedrückungen, Nöte zu schildern. Die zuhörenden Bauern griffen kritisch in diese Darstellungen ein ... Die Rote Armee bot sich dann als politische Organisations- und Kampfform dieser zunächst noch ganz rohen und unpolitischen

Bedürfnisse an. Die Form dieser Bedürfnisse war also nicht das Gebet, das Gedicht, der Roman, sondern die Rote Armee. Natürlich läßt sich das Modell auf unsere Verhältnisse übertragen. Denn unsere Arbeiter und Bauern sind nicht besser daran als die chinesischen Arbeiter und Bauern, sondern schlechter. Sie sterben nicht an Hunger, sondern heimlicher, an Unterdrückung und Erniedrigung ... Kultivieren wir die Fähigkeit der Arbeiter, Schüler und Studenten, Unterdrückung nicht ertragen zu können und sie schon von weitem zu riechen. In der Bundesrepublik soll angeblich jeder dritte Erwachsene heimlich ein Tagebuch führen. Holen wir diese eingeschlossenen und weinerlich gewordenen Sehnsüchte aus den Schubladen und verwandeln sie in ebenso viele Waffen gegen den Kapitalismus. Die Künstler, falls es sich da um Leute handelt, die ihre Phantasie vom Kapital noch nicht haben zerrütten lassen, haben dabei die Aufgabe, den Arbeitern, Schülern, Studenten bei der Artikulation ihrer Wünsche zu helfen und ihnen den Weg zu ihrer politischen Organisation zu zeigen. Dabei müssen sie, den Bedingungen der Fabrik, der Universität, der Schule entsprechend, eine Agitation entwickeln, die dem Unterdrückerniveau des Spätkapitalismus entspricht ..."

Gewiß ist auch dieser Text sehr geformt, man beachte etwa die rhythmische Wiederkehr des Nominativs „die Rote Armee" (wozu die optische Nuance tritt: Großschreibung des Adjektivs, obwohl es sich um die chinesische rote Armee handelt, die man wohl meistens nicht so schreibt). Der Leser sollte in der Tat, so glaube ich, an die Rote Armee erinnert werden, zumal ihm diese Erinnerung im März 1969 (Erscheinungszeit des Heftes) naheliegen mußte, da er ein halbes Jahr vorher den Einmarsch in Prag, verblüfft oder empört, erlebt hatte. Oder man beachte die gekonnte Überrumpelung: „Natürlich läßt sich das Modell auf unsere Verhältnisse übertragen." – So ist dieser kaltblütige Text höchst intelligent gemacht: Werbetext für junge Intellektuelle, in dem auch das *fesselnd Abstruse* nicht fehlt; denn solche Propaganda bedarf zu ihrer subkutanen Wirkung auch des *credo, quia absurdum,* wenigstens für deutsche Ohren. Die hier Anfang 1969 so schlicht erzählte Legende vom großen Helfer in allen schweren Lebenslagen (nämlich die Rote Armee) wirkt, durch die gekonnte Verschmelzung von *Erbaulichkeit* und *Schrecken,* auf den *unbewußten* Bereich des deutschen Gemüts.

Schrecken? Schrecken als Werbung? So höre ich verwundert fragen. Als Hitler Köpfe rollen zu lassen versprach, rückte er deutlich der Machtergreifung damit ein Stückchen näher, und ich kann mir gut vorstellen, wie es sein Vorläufer bei Nestroy (Holofernes) schließlich dahin gebracht hat, daß es uns im Eingangschor des Stückes mit vollen Brusttönen der Überzeugung froh entgegenschallt: „Weil er uns sonst niederhaut, / Preisen wir ihn alle laut."
– Wenn der Schrecken nur mit der erbaulichen Zukunftszuversicht und Ordnung tief verschmolzen ist, dann spricht er die ewige Servilität in unserem Unbewußten, nicht zuletzt im Unbewußten des deutschen Gemüts, ermun-

ternd an, jene Servilität, die ich für überwindbar und schleunig zu überwinden für Pflicht halte und die die Techniker des kleinen und großen Schrekkens und Verunsicherns begrüßen als das Substrat ihres Geschäfts, wobei die Emanzipation nach dem bekannten Geschichtsplan auf etwas „später" verschoben wird.

Aber die Elemente des „Sophismus" sind hier natürlich nur noch spurenweise vorhanden, zum Beispiel im Gedanken: du bist unterdrückter, als du weißt, als du wissen kannst „dank" Verstümmelung. Es handelt sich bereits um einen anderen, einen viel wichtigeren, zukunftsvolleren[7], jedenfalls robusteren Typus der Verführung, als es die Phänomene sind, die unser Thema gebildet haben.

Anmerkungen

[1] Diese deutsche Geneigtheit hat vor vielen, unausdenkbar vielen Jahren H. Gollwitzer glänzend humorvoll beschrieben in seinem 1951 erschienenen Gefangenschaftsbericht „Und führen...". – Ich habe sorglos ein gewisses Bild des Nationalcharakters (auch der „Weltanschauung") oben vorausgesetzt. Fast insgesamt sind es weiterentwickelte Gedanken Grillparzers, besonders aus seinen Aufzeichnungen und Epigrammen (aus der reichen Literatur nenne ich dankbar: Erich Hock, Franz Grillparzer. Besinnung auf Humanität. Hamburg 1949). Der ungeheuren Diskussion zwischen 1920 und 1950 im In- und Ausland entstammen dann weitere Gedanken meiner Ausführungen; ich brauche sie sicher nicht näher nach Herkunft zu benennen. – Auf diese Diskussion komme ich im letzten Teil kurz zurück.

[2] Ich nenne nur einige der jüngsten medizinisch-psychologischen Untersuchungen: Eberhard Lungershausen, Selbstmorde und Selbstmordversuche bei Studenten. Alfred Hüthig Verlag, Heidelberg 1969; Horst-Ulfert Ziolko (Hrsg.), Psychische Störungen bei Studenten. Georg Thieme Verlag, Stuttgart 1969. Mit besonderer Dankbarkeit nenne ich freilich eine Neuerscheinung, die nicht nur von der akademischen Jugend handelt, aus der Feder eines Psychologen: Wilhelm J. Revers, Frustrierte Jugend. Teil I: Fälle und Situationen. Salzburg 1969; Grundtatsachen, die auch heute für viele Studenten gelten, werden hier mit besonderer Anschaulichkeit enthüllt. Dankbar bin ich natürlich auch den vielen Stimmen zur „Unruhe". Politisch am kenntnisreichsten F. H. Tenbruck im „Bremer Ärzteblatt" (5/1969). Welche Gemeinsamkeiten und welche Unterschiede etwa zwischen der amerikanischen und der deutschen „Unruhe" bestehen, das kann man sich schnell anschaulich machen, wenn man etwa die vielen Briefe der Studierenden liest, die Kennan in seinem Buch abgedruckt hat. Der gradherzige, moralische Zug ist drüben stärker, das Ziel bestimmter, minder global, die Mittel sind philosophiefremder, aber auch die formalen Denkkräfte geringer.

[3] Es ist also nichts besonders Heutiges. Der im folgenden zitierte „Mißtrauensaufstand" der Jugend gegen humanitär-liberalistisches „Abendländisches" könnte gleichermaßen 1915, 1925, 1935, 1955 oder 1965 formuliert worden sein. 1935 hieß es, natürlich im Sprachstil der zwanziger und dreißiger Jahre,: „... Dazu wäre wohl zu sagen, daß die Verteidiger des Abendlandes unserer Jugend nur allzuviel Grund zum Mißtrauen gegeben haben gegen diesen ‚Westen' und die zweideutige Gemeinschaft mit ihm... Das lebendige Gefühlsmißtrauen unserer neuen Jugend gegen eine gewisse Art abendländisch-humanistischer Geistigkeit erscheint gerechtfertigt... Der

Humanismus ... darf sich nicht selber seelenblind machen für das Lebensrecht des ... Aufstandes gegen ein romantisches ‚Abendland'..." So steht es in den zum Teil dubiosen „Deutschen Gestalten" Bertrams (1935), S. 305ff. Das Jahr ist Zufall. Der Inhalt ewig. (Man lese unten S. 156 die Zitate aus dem Jahr 1970!) „Humanismus" ist eben n i e eine besonders zündende Parole für junge Herzen gewesen; das Extrem ist's eher. Es kommt dazu, daß heute in Deutschland der Sohn den Vater mitverwickelt sieht (oder wähnt) in die Schuld am riesigsten Verbrechen: an den Hitlertaten. „Das darf sich nie wiederholen", fühlt er stets. Wie macht man das? Man macht alles anders als der Vater; dann macht man ja – so der jugendlich-rationalistische Schluß – auch das (noch so versteckte) Falsche wohl nicht mehr.

⁴ Ich habe oben den Gedanken der Verstümmelung berührt. Schon im ersten Drittel unseres Jahrhunderts hat man hier klar gesehen; so schreibt ein Schüler Schelers 1932 hellsichtig: „....Man kann ruhig von einer modernen Häresie der ausschließlichen Bemessung der Person nach ihrer ‚Leistung'... sprechen. Ich denke... an die große Gefahr der Verkümmerung des eigentlichen Lebens des Menschen... durch das ‚Verschlungenwerden' des Menschen von der Arbeit. Die Unrast, die zielbewußte fortschreitende Ausschaltung aller Atempausen, die ‚Organisierung' und Technisierung des ganzen Lebenslaufes, der ungeheure Arbeitsrhythmus rauben dem Menschen in allen Berufen nicht nur äußerlich die Zeit und die Kraft für wirkliche Sammlung, für die Herstellung jener inneren ‚Leere' und Stille, in der allein das eigentliche Tiefenleben des Menschen sich entfalten kann, sondern sie pervertiert seine Lebenshaltung, so daß er alle ‚Sammlung' und alle Tiefenerlebnisse flieht und die arbeitsfreie Zeit künstlich mit peripheren Vergnügungen und Zerstreuungen ‚ausfüllt'... Die ‚Organe' für das eigentliche, tiefere Leben, für wirkliche Teilnahme an fremdem Leid, für tiefe Liebe ... verkümmern in der ständigen Spannung der Arbeit. Alles Gemeinschaftsleben in der Ehe, in der Familie, im Freundeskreis, ja selbst alles religiöse Leben ist von der Ansteckung durch diesen Arbeitsrhythmus bedroht, es wird in den Strudel der zu ‚erledigenden' Angelegenheiten hineingezogen. Noch *nie* in der Weltgeschichte ist die Menschheit vor einer solchen Gefahr des geistigen und geistlichen Hungertodes gestanden wie heute, wo einem geistige Nahrung aller Art mit allen modernsten Mitteln der Technik angeboten, ja nachgeworfen wird. Was nützt die Fülle der Nahrung, wenn die Organe für eine gesunde Aufnahme verkümmert sind..." So Dietrich von Hildebrand. Den ganzen Aufsatz findet man heute wieder abgedruckt in seiner Aufsatzsammlung „Die Menschheit am Scheideweg" (1955). – Nun die Frage, ob es auch die gezielte, die planvolle Verstümmelung gebe, die von den „Herrschenden" unvermerkt, manipulierend vollstreckt werde. Antwort: Natürlich gibt es jederzeit jede Sorte von Bosheit in jedem Lager (wenigstens im Ansatz), es gab leider manipulierende barocke Beichtväter, es gab leider Kapitalisten und Leninisten tückischer Art – etwa wie man schon im grauesten Altertum Sklaven blendete, um sie noch beherrschbarer zu machen; all dies Entsetzliche gab und gibt es (all dem entgegnet das Recht, das den individuellen Rechtsbrecher sucht). Hier scheiden sich die Geister. Die einen bekämpfen das Unrecht; die anderen bekämpfen eine Gruppe, weil sie es in einer Gruppe, genauer: einer Struktur, begründet und verursacht sehen: Schafft die Struktur ab, das heißt, schafft, wenn es sein muß, die Struktur samt ihrer Trägergruppe ab, dann habt ihr auch die Verstümmelung aufgehoben; schafft so die „Volksdemokratien" ab, schafft so den Kapitalismus ab usw., dann gut. Gut? Schlechter als je zuvor! Gewiß, man muß auch manche Strukturen bestreiten, da sie Unrecht zwar nicht verursachen, aber fördern (sogar fordern) können. Aber: Jede Gruppenverdächtigung (Nationalismus, Antinegertum, der Anti-Westen, der Anti-Osten, die pauschale Kapitalistenbekämpfung, der Antisemitismus usw.) verletzt die Rechts-

staatlichkeit; und diejenigen verletzen sie am schneidensten, die (wie Kallikles in Platons „Gorgias") sie für ein Instrument der Herrschenden erklären, von vornherein so erklären, ohne im einzelnen eigentlich den Rechtsmißbrauch zu bekämpfen. (Und wo die Rechtsstaatlichkeit getroffen oder getötet ist? Nun, dann ist sie, so schwierig das sein mag, anzustreben und ihr Wiederaufbau zu versuchen.) Die Konsequenz aus der ewigen Kallikleslehre steht in jener Anekdote, die Guardini 1952 im „Hochland" klassisch formuliert hat: „ . . . ich erinnere an die Antwort, die, wenn ich mich recht entsinne, Maxim Gorki bekam, als er einen Gutsbesitzer zu retten suchte, da dieser gerecht und hilfreich gewesen sei: gerade weil er das gewesen, müsse er verschwinden, denn dadurch sei sein politisches Gewicht größer!" (Guardinis Ausführungen sind auch als kleines Buch bald darauf bei Kösel erschienen: „Verantwortung. Gedanken zur jüdischen Frage.")

[5] Der von Polgar beschriebene Vorgang ist seit dem 18. Jahrhundert, dessen Aufklärer ihren Lieblingsfeind im schlauen „Mystifax" gefunden hatten, immer wieder dargestellt worden (auch von Heine und Schopenhauer). Ich füge mit Karl Kraus hinzu: „An ihrer Sprache werdet Ihr sie erkennen" (meistens!), sie mögen noch so oft versichern, uns von unreflektierten Ehrfurchten emanzipieren zu wollen; ihre Sprache zeigt, daß sie das Dumpfe in den Menschen ganz schön, voraussetzend, festhalten; denn schwände es, so schwände auch die Wirkung ihrer Sprache. Sie fördern es. Sie helfen mit beim Entmündigen, das ja von verschiedensten Seiten betrieben wird. (Übrigens ist der glücklich Entmündigte heute oft an der Wendung zu erkennen: „jetzt mündig"; manche, im Besitze einer schönen abgeschlossenen Halbbildung, benützen dann noch das Wort „Geschichtlichkeit".)

[6] So in seinen Vorlesungen über die Geschichte der Philosophie, bei der Darstellung Platons. Hegel scheint überhaupt für den sterbenden Sokrates mehr kalte Achtung zu hegen und hat in ebendiesen Vorlesungen dem Demos, dem athenischen Volk, das Recht zu dem – m. E. empörenden und abscheulichen – Justizmord durchaus gegeben und ihm bescheinigt, daß es „nicht nur berechtigt, sondern verpflichtet war", das „Prinzip" des Sokrates „als Verbrechen anzusehen". Es hilft wenig, daß er dann sofort, mit der bekannten antinomisch-feierlichen Miene, verkündet, auch Sokrates habe recht gehabt (wie immer in solchen Fällen). Er verkündet dann weiterhin, übrigens im Ton der Predigt, daß auch der schuldig-unschuldige Demos „bald", es büßend, „aus der Welt verschwinden wird, aber so", fährt er, nach seiner Weise souverän sprechend, fort, „daß aus seiner Asche ein höherer emporsteigt". (Heine scheint mir mit seinem so „destruktiven" Hegelbild nicht unrecht zu haben, z. B. in den „Geständnissen"). Solche ziemlich deutsche feierliche Untergangsmusik und -philosophie hören wir heute wieder einmal; keine unfeierlich dissonantische Aufmachung sollte uns über die recht alten Verführungsmelodien des Zerstörungsoptimismus hinwegtäuschen (vgl. Exkurs). Jedenfalls gaben und geben solche Gedankenmelodien dem alles „prinzipiell", alles „philosophisch" anfassenden Deutschen den schönsten Theorie-Freibrief dafür: nie pingelig zu sein. (Bedeutsame Korrektur an Hegels Gedanken bei Otto Vossler in seinem Beitrag zur Sternberger-Festgabe, hrsg. v. C.-J. Friedrich und B. Reifenberg, Heidelberg 1968.) – Ich habe Hegel zitiert, um ein Beispiel antisokratischer, nahezu hybrider Selbstsicherheit zu geben. Ein Beispiel aus unseren Tagen darf ich anfügen. Wer hat je in der Geschichte behauptet, er könne nicht angelogen werden – „O, ich bin klug und weise, Und mich betrügt man nicht" – Wohl keiner – außer eben diesem Opernbaß, der mit großen, festen Schritten seinem Reinfall zueilt. Und doch! Die Darmstädter Akademie hat es von sich behauptet. Es steht deutlich zwischen den Zeilen der Juryentscheidung, die man im Anhang von Weinrichs „Linguistik der Lüge" (1966) abgedruckt findet. Die Entscheidung konstatiert, daß Sprache die Gedanken nicht verbergen könne (Wein-

rich urteilte übrigens nicht so), und impliziert somit treuherzig, daß ein aufmerksamer Hörer, ein sensibler gelernter Sprachkenner – ist das nicht eine Akademie für Sprache ...? – wohl nie könne angelogen werden; ein solcher Kenner merke es eben der Sprache an, wie dies doch auch Karl Kraus getan habe. Gewiß, dem Durchschnittslügner merkt man es an: an seinen Augen, vielleicht an der Melodieführung, überhaupt an der „Sprache." Aber auch den Meisterlügnern? Nun, sie werden spätestens morgen ihr Meisterstück geliefert haben. Wir haben sie förmlich dazu eingeladen. Keiner glaubt sich unterwandert. Jeder wird es sein. – Wir fahren bei ausgeschalteten Bremsvorrichtungen, selbstsicher uns gesichert wähnend vor Pannen, eben „jetzt (!) mündig". „Man wird nie betrogen. Man betrügt sich selbst." So Goethe in seinen „Maximen und Reflexionen", 681. – Hinter der aufgepulverten frischen Hybris von heute ruht allerdings etwas Lautloses, Leeres als Grundierung des Selbstbetrugs. Wir haben die Bremsvorrichtungen ausgeschaltet, weil wir fahren und leben wie Brecht im unvergeßlichen „Radwechsel": „nicht gern"; aus Leere „mit Ungeduld".

[7] Nachtrag 1973: Die Prophezeiung ist in Erfüllung gegangen. Die agitationsartige Reklame herrscht, das eisern-einfache Erklärungsschema. Sophistik tritt zurück. Natürlich hat sich auch die Zielgruppe der Propaganda verschoben. Heute wird zum Beispiel der Fluglotsenstreik in einer spontanen Solidaritätserklärung des Asta in Frankfurt folgendermaßen „durchschaut": das Kapital vollziehe durch die Hand seiner Agenten und Handlanger, das heißt der Bundesminister, „auf dem Rücken der Urlauber" seine Unterdrückungsmaßnahmen gegen die „berechtigten Interessen Lohnabhängiger", das heißt der Fluglotsen. Das wäre 1968/69 noch undenkbar gewesen. Das richtet sich auch kaum mehr werbend an Studenten. Woher aber kommt die Steigerung des mythologischen Bedürfnisses im Volke? Wohl auch daher, daß mit einem eminenten Fleiß von unzähligen Lehrern und Politikern, in der gebotenen Monotonie, die Lehre verkündet wird. Vorher mußte eben der Durchbruch an der Universität, mit ortsbedingter Methode (Sophistik), geschafft sein; *dann* konnte, mit anderer Methode, von Lehrern usw. die neue Werbung, die sich als „Erziehung" des Volkes sieht, in Gang gesetzt werden. Sprachliche Elemente dieser „Erziehung" behandle ich im letzten Essay dieses Bandes, darunter gerade auch die Mythisierung des sogenannten „Kapitals".

4. An ihrer Sprache werdet ihr sie erkennen

Spracherfahrungen, Machterfahrungen 1973

Man könnte anekdotisch beginnen: mit selbsterlebten Spracherfahrungen. Man hört Versprecher; auch Wortwahl und Tonfall werden verräterisch. Ich erzähle zwei Beispiele. 1970 las ich beim Frühstück Teile aus einem Interview, das ein Universitätskollege, ein Politologe, einer Schülerzeitung gegeben hatte, es war Peter von Oertzen, der damals Kultusminister von Niedersachsen wurde und der noch heute das jetzt größte aller bundesdeutschen Kultusministerien leitet. Die Äußerungen, abgedruckt in einem Artikel in der FAZ (22. Juni 1970) und nie bestritten, lauteten: „... man kann nun einmal nicht einfach eine ganze Lehrergeneration ausrotten und durch neue ersetzen: aber ehe wir (nicht) in jedem Lehrerkollegium einen Stoßtrupp von mindestens fünf bis zehn wirklich politisch bewußten jungen Lehrern haben, die systematisch arbeiten, wird sich ... nicht viel ändern...... An jeder Schule ein halbes Dutzend junger Leute, die solch ein Kollegium in Bewegung bringen, die einfach mal den Aufstand proben. Die Masse der Kollegen weicht dann zurück. Einen Kollegen kriegen sie noch klein, aber wenn wirklich einmal sechs junge Leute in einer Konferenz einen tüchtigen Skandal produzieren, dann bricht der Widerstand der Mehrheit zusammen."

Am Abend dieses Tages hatte ich mein Hauptseminar, über Gegenwartssprache. Ich ließ einen so schönen, einen so neuen Text nicht aus. Natürlich fiel auch den Studenten das Wort „ausrotten" auf. Und leider paßte es ja nicht übel zum sonstigen Wortschatz, zum zackigen Rhythmus dieses „Stoßtrupp"-Organisators (um ihn mal in seiner eigenen Sprache zu ehren). Das schlimme Wort war ihm vermutlich in einem unbewachten Moment auf die Lippen gekommen. Vielleicht von unbewußtem Wunschdrang heraufgeschleudert. Vielleicht war aber alles nur mechanischer Nachhall großer Zeiten; leerer, junkerhafter Theaterdonner, wenngleich es keine bloßen Theatergedanken sind, die dahinterstehen. Wer weiß das so genau. „Doch kaum war dem das Wort entfahren, Möcht' er's im Busen gern bewahren". So wird es wohl gewesen sein. Das waren so unsere Vermutungen – als plötzlich ein älterer Student sagte: „Aber er hat doch ,ausrotten' unter die Negation gestellt." Wunderbarer, hochgeschulter Ausdruck – Ausweg! Aber schon meldete sich ein jüngerer Student: „Ja: genau dasselbe hat Freud gesagt, nicht wahr? Bei den Fehlleistungen ist das sehr oft der Fall: daß man es unter die Negation stellt; und um so sicherer kommt dann heraus, was man sich eigentlich wünscht." Ende der Diskussion. Heute ist der Name des älteren Studenten von damals oft in den Zeitungen zu lesen als der eines wichtigen „verändernden" Schulmannes. Und ebenso steht in diesen Zeitungen: „Niedersachsens Kultusminister erregt Aufsehen mit ,Handreichungen' für den Gymnasialunterricht." Die „Handreichungen" fordern, „versteckte Steuervorgänge" in politischen Reden zu durchschauen, und empfehlen, von Hitler-Texten und deren apellativem Gehalt auszugehen und dann darüber zu *diskutieren,* „inwieweit in heutiger Sprache von Politikern dasselbe Sprachmuster auftritt." Habe schon diskutiert, Herr Minister!

Das zweite Beispiel. In der „Alternative" las ich 1970 einen Aufsatz: „Literatur abschaffen, anders auslegen oder anders ausüben?" Er kam aus der Feder eines jüngeren, bislang eher konservativ schreibenden Geisteswissenschaftlers, des Germanisten Gerhard Bauer aus unserer Nachbarstadt Darmstadt; man kannte den sensiblen, zurückhaltenden jungen Dozenten. Auf dem Höhepunkt des kleinen Aufsatzes erlaubte er sich, beschwingt, ein Philosphem: „,Kenne dich selbst', ist ein guter alter aufklärender Spruch... Aber er hält in seiner Orakel- oder Weisheitsform die Autoritätsstruktur des Befehls fest. ...,Nehmt euch die Freiheit der Wissenschaft. Entdeckt, was ihr wollt', Mauerspruch an der Universität Frankfurt, ist ebenfalls ein Befehl, doch keiner, der das Risiko oder nur die Motivation zum vorgeschlagenen Verhalten dem Angesprochenen abnimmt... er stellt nur anheim und überträgt die ganze Verantwortung... den Subjekten, die durch ihr Handeln erst diesem nicht-weisen, nicht für sich bestehenden Vorschlag Realität verleihen."

In einem solchen, sagen wir mit ihm selbst: „nicht-weisen" Gedankenaufschwung kann es dann natürlich leichter „passieren": ich meine die Fehlleistung. Hören wir das Fazit für den Schulunterricht! „Was also und wie sollen wir lesen – und selber spielen und reden und schreiben?" Und dann folgen die antwortenden Akkusative in einer langen Reihe. Ich greife die beste Gruppe heraus: „Gesetze, Satzungen, Haus-, Spielplatz-, Friedhofsordnungen... – andere, radikal demokratische Schulverfassung entwerfen, Realisierungsbedingungen diskutieren, beobachten, welche Kräfte und Gegenkräfte eine Formel mobilisieren kann, wenn sie latente Differenzen benennbar macht, feststellen, wie wenig mit einer etwa erreichten Humanisierung von Vorschriften geändert wird." Das stand dann später ähnlich in den berühmten Rahmenrichtlinien Hessens. Nur die Fehlleistung wurde natürlich nicht übernommen; ich meine das vom Verfasser so wegwerfend gesprochene Wort von „einer etwa erreichten Humanisierung von Vorschriften". Will er denn nicht humanisieren, will er das Urbedürfnis jedes Schülers, das doch nach mehr Gerechtigkeit, also nach Humanisierung, geht, löschen oder umbilden? Er will so etwas. Er will es aber nicht sagen. Er will den tausendfach gehörten Satz sagen, wie wenig mit einer etwa erreichten Liberalisierung geändert sei. Aber er entgleist in die Wahrheit, er hat nicht einmal Gänsefüßchen gesetzt bei Humanisierung. Der Verachtungston, der nun notwendig auf dem Wort „Humanisierung" liegt, läßt etwa an das (schon in den zwanziger Jahren auftauchende) Wort „Humanitätsduselei" denken. (Kepplinger sammelte solches). Ein Greuel, *auch* für die Generallinie! (Und alle anderen Linien, außer vielleicht der maoistischen!) Alle sagen „Humanität", alle sind überzeugt, daß zwar ohne „Vorschriften", um das Wort aufzunehmen, weder Revolution noch Nachrevolution auskommen werden, daß aber gerade das Humanitätsziel den Werbungskern bilden müsse. Sie nehmen es alle genau mit dem Wort; sie müssen es, sonst versagt die Werbung. – Der Verfasser hat vielleicht einen leninistischen Gedanken ausdrücken wollen: nämlich daß man die steigenden Nöte nicht lindern oder gar beheben solle, um der kommenden Revolution nicht den Weg zu verlegen, und hat dann diesen Gedanken nur ungeheuer ungeschickt, unverblümt, ausgedrückt. Jedenfalls: der junge Gelehrte hat den Pinsel zu tief eingetunkt. Ein Anfänger. Aber seine Gesinnung war brav, und ein Jahr später bekam er einen angesehenen Lehrstuhl an der Freien Universität Berlin und bildet nun dort, sicher von Fehlleistungen allmählich frei werdend, die kommenden Studienräte unserer Kinder aus. Mehr noch: Minister bringen seine Gedanken zu Ehren, z. B. in den Rahmenrichtlinien, und so kehrt er geistig zu uns nach Hessen zurück.

Genug der Erlebnisse. Ich höre Einwände: „Herausgepickte Einzelfälle, sprachliche Entgleisungen, nicht repräsentativ! Nicht sicher deutbar!" Ziemlich richtige Einwände. Nur für einigermaßen „repräsentativ" würde ich den Helden meiner zweiten Geschichte schon halten, weil es ihn doch hundertmal gibt; und verbale Entgleisungen können nach Freud unschätzbare Entgleisungen in die Wahrheit sein. Aber ich will nunmehr von deutbareren, von klareren Fällen ausgehen. Wenn das Wort „Friedhofsordnungen" aufhorchen ließ, weil wohl ein umfassender, sogar die Friedhöfe einbeziehender Änderungswille, wie er sonst nur bei Kirchen und Sekten spürbar ist, sich ankündigte, so gehört das folgende Zitat in solche Nähe, ist aber ungleich repräsentativer, da es, einem Hauptbericht des „Spiegel" in historischer Stunde entstammend, von unzähligen Augen damals gelesen worden ist. Als Brandt in Warschau war, hat darüber der „Spiegel" in einem rekapitulierenden, reflektierenden Bericht den inneren Hergang um den Kniefall, so gedeutet: „Dann bekennt er sich zu einer Schuld – an der er nicht zu tragen hat."

Was immer der Schreiber hier gemeint haben mag, er bedient sich einer tausendjährigen, tief ins europäische Unbewußte gegrabenen Gedanken- und Sprachfigur – die uns andernfalls lächerlich paradox vorkommen müßte. Wenn keine Schuld auf einem lastet und man sich zur Schuld bekennt, sie damit also von den schuldigen Menschen übernimmt, dann handelt man bekanntlich heilandsmäßig. Der Schreiber wollte aber das wohl kaum sagen; es ist ihm in die Feder gerutscht. Wieso? Nun, er wollte die Bejahung dieser Tat verbindlicher machen. Ohne daß der Leser es recht merkt, gelingt dies; es wird eben das auch im Leserunbewußten ruhende Muster zugunsten dieser Tat bemüht. Wer sie mit nüchternen Alltagsaugen betrachten wollte, ver- verstieße gegen ein Heiliges nahezu, dem nur auf einer höheren Ebene des Verhaltens und Erkennens begegnet werden kann (wohlgemerkt, ich spreche nicht vom Kniefall, ich spreche von der kühnen Deutung im „Spiegel"). Gerade weil Schreiber und Leser zusammen, längst säkularisiert wie sie sind, an keine irgendgeartete „heilige" Mission mehr glauben, kann der unbewußte alte Restbestand auf dem Boden des großen inneren Vakuums unvermerkt aktiviert und ein Missionsgefühl nahegelegt werden. (Wer noch glaubte, fiele auf keinen Glaubensersatz oder -rest herein. Ebensowenig wer sonstwie frei bliebe.) Es gibt auch das Gesetz, nach dem das Vakuum etwas ansaugt,

„horror vacui". Ich biete Hypothesen, aber sie werden nicht unwahrscheinlicher, wenn man das Ausmaß der heute unvermerkt geschehenden falschen Resakralisierung aus horror vacui richtig abschätzt, heute, wo man einem „häßlichen Sozialismus" bereits einen „heiligen Sozialismus" gegenüberzustellen beginnt! Von den neuen Ikonen an den Wänden, vom neuen Argumentationsstil an Universitäten möchte ich hier gar nicht sprechen. Vakuum: Man sollte nur das Einfachste sehen: nämlich von welch unfaßbarer *Vereinsamung* (daher die *Flucht* in das Kollektiv) der Gesichtsausdruck und vor allem die Augen sprechen, durch die so viele junge Studenten ungewollt unsere Hilfe fordern; wo ein solches Vakuum ist, wo ein solches subkutanes Leiden ist, das aus den Augen spricht, wird es unvermeidlich, daß man an eine Allheilslehre, an eine Erlösung zu glauben beginnt. Aber das steht in den Augen und nicht in den Schriften. Deshalb: Zurück zur Sprache!

Im Frühjahr 1971 hatte in dem Vereinsblatt „Der Dachshund" der Geschäftsführer dieser Zeitschrift geschrieben: „Uns bleibt der Wunsch, daß sich auch die politischen Ostkontakte segensreich auf das gesamte deutsche Hundewesen ausbreiten." Solches „ausbreiten", solchen Segen („segensreich"), solche Sinnfindung kennt jeder Vereinshistoriker, besonders aus gern vergessenen Jahren. Man kann sich schwer entschließen, es als harmlose Vereinsmeierei zu nehmen. Es gibt in der Tat wieder einen Heilsglauben, man glaubt an einen Segen, der wirklich auf *alles* sich „ausbreitet" und auch die geschädigte Potenz heilen wird, so wie er die offen bekannten Orgasmusschwierigkeiten des späteren Bombenlegers Kunzelmann geheilt hat. Das ist alles schwarz auf weiß zu lesen, am schönsten die feierliche Heilanweisung Reiches an Kunzelmann: in Reimut Reiches „Sexualität und Klassenkampf" (1968), dessen sich jetzt der S. Fischer Verlag angenommen hat, ausgerechnet in der Reihe „Bücher des *Wissens*", dort S. 160. Jeder Kenner weiß, wie der schöne Glaube, es hingen Revolution und Potenz zusammen, heute in Literatur und Leben seine Anhänger gewonnen hat.

Einwand: „Ein Wort wie ‚segensreich' ist so abgegriffen und deshalb bedeutungsschwach, daß es nichts hergibt. Auch die sonstigen zitierten Sätze gehören in jenen bekannten, allgemach säkularisierten Sprachschatz, aus dem wir ständig schöpfen, ohne deshalb eines Heil-Glaubens verdächtig zu werden. Eher bekundeten doch seinerzeit die frommen Sprüche über das ‚christliche Abendland' eine bestehende ungenügend reflektierte Glaubensbindung."

Antwort: Das Peinlichste, was mir persönlich an solchen Sprüchen in der Erinnerung ist, will ich zitieren. Kontext: Der berühmte, von Zwielicht nicht unberührt gebliebene Opernregisseur war gestorben: Wieland Wagner. Und sein Ministerpräsident ergriff das Wort am offenen Grab: „In dieser Stunde, da Gott die Regie übernommen hat, kann unser Wort nur ein Wort des Dankes sein." Gut, daß Karl Kraus nicht mehr lebte; er hätte sich dafür interessiert, wann Gott die Regie jeweils niederlegt. – Es sind Phrasen,

Nippes, im Kern wohl ziemlich konventionell halbungläubige Phrasen; gehüllt in fromme Mantelfalten. Nichts von Werbung ist in ihnen! Es sei denn ein bißchen „Werbung" für stimmungsvolle Konvention, auch „Friedhofsordnung". Man mag allenfalls sagen: aus dem selben (morschen) Sprach-Holz gemacht wie die werbungssicheren zitierten Spiegel-Sätze oder Sätze der stürmischen „weltverändernden" Zeitgenossen. (Übrigens: Warum gleich „*welt*verändernd"? Genügt ihnen die Gesellschaft nicht; wollen sie es unbedingt denen gleichtun, denen gesagt wurde: „Gehet hinaus in alle *Welt* und lehret...", – ich weiß, es wäre eine Überinterpretation, ich weiß, daß alles auf den Monumentalstil Marx' zurückgeht, aber das Wort „weltverändernd", ist und bleibt verräterisch, Nestroy hätte gesagt: „So, die Welt wollens' verändern, bloß die Welt, sonst nix! Vergessens' aber nicht, das Wetter in der Welt mitzuändern!").

Meine bisherige These war, die Sprache sei verräterisch, durch ihre Risse blicke die Wahrheit; der Minister, nicht anders als der Ministerpräsident, sie enthüllten, was sie nicht wollten. – Der Nachteil ist, daß so keine ganz sicheren Ergebnisse erreicht werden können. Versprecher sind nicht immer sicher deutbar und noch weniger ganze Sätze, noch ein Beispiel sei gestattet: Sätze, wie sie z. B jüngst auf einem Erzieherkongreß immer wieder gebildet wurden: die Kinder seien einem Erziehungsprozeß zu „unterwerfen" etc. Gewiß ein etwas brutales und auch vielleicht brutal machendes Vokabular! Aber welcher Benützer ist brutal? Unbeantwortbar. – Man darf vor allem die Sprache der „Veränderer" nicht nur *da* aufsuchen, wo sie zerschleißt und ungewollt etwas freigibt, also wo das Können aussetzt. Man muß sie dort aufsuchen, wo sie fugenlos gekonnt ist. Erst dort zeigt sie das wirkliche Format der Sprechenden. Erst dort wird sie sicher deutbar. Und man sollte sie dort aufsuchen, wo sie offiziell ist, und auch da, wo sie unserem täglichen Brot beigemischt ist. Deshalb will ich jetzt eine offizielle Erklärung betrachten und dann die Alltagssprache berühren.

Es war im Frühjahr 1972. Die Anschläge der Baader-Meinhof hatten begonnen, in schneller Folge in Frankfurt, Heidelberg und andernorts; der erste Tote war ein amerikanischer Offizier. Es war jene Zeit, da man sehr viel über Gewalt sprach und auch davon, daß es vielleicht auch Gewalt gebe, die „nur Gegengewalt" sei. Der Frankfurter Asta war nachdrücklich unentschieden; nicht gesonnen, sich zu distanzieren (FAZ Nr. 121). Da detonierten plötzlich die Bomben in dem großen Hamburger Druckerei- und Verlagshaus; verletzte Arbeiter und Angestellte. Und jetzt „detonierten", erst jetzt, zahllose Bekundungen schärfster Verurteilung.

So auch von seiten der Jusos. Aber sie fügten ihrer Verurteilung einen Meistersatz an – den ich alsbald in der Seminarübung besprach. Aus dem Protokoll der Sitzung (von einem Studenten angefertigt):

„Den letzten Gegenstand dieser Sitzung bildete eine Stellungnahme des

Bundesvorstandes der Jungsozialisten zu den Bombenattentaten (aus der FR vom 20. Mai 1972): ‚... Die Vergewaltigung des Lesers durch die Erzeugnisse des Springerkonzerns kann nicht mit der Gewalt von Bomben beantwortet werden.' Was sofort ins Auge sprang, war der Begriff der Vergewaltigung, der in diesem Kontext zunächst einmal nicht zu erwarten war. Hier schien den Jusos ein Fehler in ihrer Wortwahl unterlaufen zu sein, denn es handelt sich ja bei Springer keinesfalls um eine brutale Einflußnahme („Vergewaltigung"), es wird nicht mit Gewalt dem Leser etwas eingeflößt, sondern es handelt sich, gerade in den Augen der Jusos, um eine böslistige Beeinflussung. ... Aber dennoch scheint die Wahl des Begriffes ‚Vergewaltigung' kein Mißgriff zu sein, denn er korrespondiert mit der ‚Gewalt' in ‚Gewalt von Bomben'. Die Korrespondenz scheint beabsichtigt, denn der Ausdruck ‚Gewalt' ist hier für den Sinn des Satzes überflüssig und eher belastend, weil dummtautologisch (‚Gewalt von Bomben': es gibt doch keine gewaltlosen). Durch die Wiederholung – wie ein Reim wirkt es – entsteht ein rhetorischer Effekt. Wie von selbst schließt man daraus, daß das (hundertfach propagierte) Schema ‚Gewalt gegen Gewalt' zugrunde liege, daß also die ‚Gewalt von Bomben' nur Gegengewalt sei und somit etwas ‚berechtigt'. Also hätten wir hier einen weiteren Fall von Schleichbeeinflussung. Der Inhalt des Satzes sagt: Ich verurteile. Die Form des Satzes (Reim) sagt: Ich verurteile nicht ... Auf Vergewaltigung ist jede Reaktion nur allzu verständlich und entschuldbar. Es bleibt die ‚Doppelstrategie' des Textes, die an Doppelzüngigkeit grenzt".

Manchmal braucht die Doppelzüngigkeit nicht einmal einen Satz; sie kann im kleinen Raum eines einzigen Wortes Platz nehmen. Eine Entdeckung von Karl Kraus. (Natürlich spielt auch der Kontext mit.) Ein solches Wort ist heute „kapitalistisch", samt Sippe. „Es ist doch kürzlich von Max Weber mit einem so genauen Inhalt gefüllt worden", hörte man noch in früheren Jahrzehnten. Wenn es wirklich so war, dann hat das Wort eben seitdem eine lange Geschichte hinter sich gebracht (samt Teilregression in die alte marxistische Bedeutung), so geht es manchmal mit einem Wort; seine Zunge ist heute gespalten. Mit einem anderen Bild: Je nach Lichteinfall und Blickwinkel changiert das Wort, wie die bekannten Stoffe, die je nach „Kontext" in konträren Farben spielen, welche sich sogar durchdringen können. Weniger bildlich ausgedrückt: Es hat zwei Bedeutungen, die inkompatibel sind und sich doch durchdringen – etwa wie wenn man beim Gebrauch des Wortes „Dichtung" *gleiten* würde, bald zum Wasserhahn, bald zur Literatur. So grotesk ist der Spalt im Wort „kapitalistisch" bestimmt nicht, aber er geht fast ebenso tief. Denn einmal ist dieses Wort ein wirtschafts- und gesellschaftswissenschaftlicher, auch geschichtswissenschaftlicher terminus, zum andern ein Gerechtigkeit forderndes und zwar sowohl vom Herzen wie vom Kopf forderndes Wort, so herb urteilend wie nur je ein Wort der alttestamentlichen Propheten. Beide Bedeutungen sind ehrenwert, ihre Vermischung ist in der Tat infam. Die Vermischung wird noch feiner und unmerklicher in „spätkapitalistisch". Da ist außerdem ein Geschichtsbild eingeschwärzt und eingebaut ins Wort, ein ganzes tiefdringendes Geschichtsbild mit kühnem Blick hinter den Vorhang der Zukunft; da wird man still und staunt und fragt nicht: wieso eigentlich „spät"? Was in einem so hübschen Wort koexistieren kann, wird doch auch in Wirklichkeit koexistieren: Zu „Kapitalismus" gehört „spät", todesnah! Die beste Einschüchterung ist die, die man gar nicht merkt.

Belege? Ich brauche nur die Zeitung aufzuschlagen. Unter dem Titel „Frankfurt zum Beispiel..." finde ich am 7. Oktober 1972 einen ellenlangen Vorabdruck aus dem neuen Zwerenz. Er beginnt: „Frankfurt zum Beispiel ist die kapitalistischste Stadt Westdeutschlands." Ein ganz netter Satz, denke ich, wollen sehen, ob das so weitergeht (als Frankfurter bin ich interessiert, und Geldmenschen hab' ich nicht gern). „Nirgendwo heckt Kapital so brachial..." Ich stutze. Trotz Reim. Auch nicht der feine Artikelschwund vor „Kapital" kann mich versöhnen, ich bin für Entmythologisierung. So ein unklares Riesending („Kapital") wird da animistisch von Künstlerhand beseelt, statt daß gefragt wird, wer wirklich schuld ist, und ob und wie. Ich möchte einen Wirklichen beim Ohr nehmen. Aber „Die Kinder, sie hören es gerne", sagt der größte Frankfurter; es ist ein Kind im Manne, das Märchen begehrt. Was ist angenehmer als die Klarheit im Märchen, was ist angenehmer als Streichung von Schuld. Was ist angenehmer, als zu erkennen, was „an allem schuld" ist.

Aber die meisten werden wohl weiterlesen und nicht mitten in dem Satz aufhören, der im ganzen lautet: „Nirgendwo heckt Kapital so brachial und ungeniert seinen Mehrwert mitten in die Ansiedlungen, daß die Bewohner vertrieben werden, flüchten müssen, in ohnmächtiger Wut und borniertem Mißverstehen die bloßen Fäuste schütteln." Hier macht der poeta agitator einen Absatz und fliegt, klug, vom gelegten Kuckucksei weg. Das alte Lied. Hätte der Absatz sogleich mit diesem zweiten Satz begonnen, was durchaus denkbar ist (nach der zitierten Überschrift), wenige läsen den Absatz überhaupt zu Ende. Aber der nette erste Satz verlockt; und unversehens haben wir dann den zweiten auch schon geschluckt. Samt dem wissenschaftlich schmackhaften „Mehrwert". Wie in der Werbung: Geschluckt ist unvermerkt der Wirkstoff: im Organismus bleibt dann etwas Wirksames zurück, so sehr es der Kopf leugnen mag. Ein Wort wie „kapitalistisch" (wohl auch „demokratisieren") hat eine gute alte werbungsfreie Hauptbedeutung, besonders aus Max Webers Zeiten; diese muß immer in den ersten Satz! Und es hat eine moralistische, gerechten Zorn wecken wollende Nebenbedeutung; diese muß unvermerkt in den zweiten Satz! Von der ersten Bedeutung kann man zur zweiten unmerklich *gleiten*. Solche Wörter mit Mischbedeutung braucht der „Werber". Deshalb „demokratisiert" er auch. Gegen die Hauptbedeutung – „mehr Demokratie" – bin ich nicht! aber gegen das genannte Gleiten – wo man schließlich bei weniger Demokratie landen könnte. Ein breites, also mehr naives Publikum wird da beim Hören immer gleiten; wenn wir ein solches Wort wie „kapitalistisch" überhaupt noch anfassen, sollten wir es *sofort* zersetzen, bevor wir es in einen Satz setzen. Die Menschen bleiben ja leider in den Wörtern hängen. Wer eine Wortmode schaffen könnte, könnte überhaupt die Macht ergreifen. Von einer anderen Seite und mit einem anderen Bild formuliert: Sprache ist auch Sicht. Wer ein Wort schnell übernimmt, zieht sich oft einen Sehfehler zu, eine Krankheit, die man zuerst gar nicht merkt. Er wird dann im Kampf immer danebentreffen. Der Gegner scheint instinktiv zu wissen, daß, wer die Sprache bestimmt, auch den Kampfausgang mitbestimmt. – Das Wort „nicht-kapitalistisch" bezeichnet demgemäß etwas ungemein Schönes. Im Juni 1972 neigten die Frankfurter Hefte dazu (es war geradezu die Schlußpointe des Heftes), Eigenschaften wie Diskretion, Großzügigkeit, Bagatellisierung des schnöden Mammon, sehr im Gegensatz zum alten Usus der Hefte, als „nicht-kapitalistisch" zu bezeichnen. So doppelzüngig ist das Wort heute bereits geworden. Wie erst morgen! Schon heute kann man nie in so vollem Ton sprechen: „Ich bin ein Kapitalist" wie „Ich bin ein Sozialist", selbst wenn man nur von einer Wirtschaftsform sprechen will, aber es eben gegenüber jemandem tut, der keine andere Terminologie kennt oder kennen will und uns so veranlaßt, in seiner terminologischen Sprache uns auszudrücken. Womit wir den Grundfehler gemacht haben. Wenn wir das öffentlich tun, sind wir verloren.

Wir glauben allzu gerne, es diene der Diskussion und Entspannung, wenn wir auf die Sprache des Partners umsteigen, wir hoffen, ihn so erreichen und womöglich überzeugen zu können, aber wir merken nicht, daß wir, so oft wir ein Wort wie „kapitalistisch" gebrauchen, auf die Werbetrommel schlagen, es ist wie ein rhythmisches Signal zugunsten des Gegners. Verbal könne doch alles probiert werden, so glaubt man, ohne von der Eigenlebendigkeit und Expansionskraft des Wortes eine Ahnung zu haben und auch ohne etwas von Karl Kraus über die ungeheure Virulenz geistiger Epidemie durch das Wort gelernt zu haben. (Man muß dabei noch gar nicht die fast metaphysische Sprachauffassung Kraus' teilen.)

Die offizielle Sprache ist oft gar nicht besser. Als das Thema der diesjährigen (1973) Römerberg-Gespräche in Frankfurt – mit vielen meist auswärtigen Professoren und sonstigen Experten – von der Stadt formuliert und verkündet wurde: „Kann die Stadt im Kapitalismus noch bewohnbar gemacht werden?", sagte die Presse sofort, das klinge ja wie von Zwerenz. Solch prangender Wappenspruch über dem Tagungsportal wird manches antikapitalistische Mythologem und Werbewort anregen und decken können. Solches Thema sagt „Wissenschaft" und nickt dann sofort den Volksrednern und

Bewegern wortlos zu. Und wird es immer abstreiten können, je so getan zu haben. Doppelbedeutung ermöglicht die beste Doppelzüngigkeit.

Auch „bürgerlich" ist zu empfehlen, allerdings mehr für junge Zielgruppen und Gebildete; es ist mit einer ähnlichen Mischbedeutung geladen. In unserem Vorlesungsverzeichnis begegnet es rund zehnmal auf einer einzigen Seite, es begegnet oft in der Verbindung „bürgerliche Literatur". Wenn ein neunzehnjähriges Erstsemester – in einem Alter, wo man zu „bürgerlich" leicht „spießbürgerlich" assoziieren mag – solches überfliegt und dann in papers z. B. von der „bürgerlichen Wissenschaft" stirnrunzelnd liest, dann wird das Erstsemester vielleicht bald in bestimmte Richtungen gedrängt. Unlautere Lenkung? „Aber bitte, wir gebrauchen ‚bürgerlich' sozialwissenschaftlich, auf der Höhe heutiger Theorie; der junge Leser ist selbst schuld, wenn er sich etwa emotionalisieren läßt und etwa zu uns, zu seinem Glück, kommen wird."

Wer die Sprache bestimmt, wird alles mitbestimmen. Die Veränderer wissen das, instinktiv. Sie lassen kein Jota nach von ihrer Terminologie; sie werden niemals „wichtig" oder „belangvoll" sagen statt „relevant", niemals „aussaugen" oder „ausplündern" statt „ausbeuten", selbst wenn's besser die Sache mal treffen würde als das abgegriffene „ausbeuten". Sogar im Kleinsten werden sie nie auf die Sprache des Partners umsteigen, und erst recht nicht bei Wörtern wie „demokratisieren", „abbauen von Abhängigkeiten" etc. Ihre Sprache wird monoton und gibt so zu den ahnungslosesten Fragen der Konservativen Anlaß: „Wie können so fleißige, intelligente Unterwanderer eine so monotone, gebetsmühlenartige Sprache sprechen?" (Selbst Frisch scheint jetzt ähnlich zu fragen in seinem Tagebuch.) Antwort: Jede Reklame benötigt die ganz monotone endlose Wiederholung bestimmter Stücke; und vor allem sind Gleit-Termini unersetzbar. Außerdem ist es eine Gruppensprache, sie erkennen einander an der Sprache wie man sich sonst an Gruß, Kleidung, Abzeichen erkennt; Gruppensprache ist immer einfach-markant und etwas esoterisch, konventikelhaft-monoton. Erst recht die Sprache von derart Missionserfüllten. Der quasischolastischen, streng grauen Logik würde eine farbig aufblühende Sprache ins Gesicht schlagen. Schon die Sprache soll Stringenz vortäuschen. Und Kollektivgeist. Wortarm – auch weil das leichter zu lernen ist! Siehe oben S. 148. „Also alles ein schlauer Plan?" so lautet die neue, immer noch etwas ahnungslose Frage. Antwort: Nicht nur! Vieles geschieht instinktiv, es ist ein Bund zwischen bewußtem und unbewußtem Planungsvermögen. Es geschieht jedenfalls traumwandlerisch sicher und ohne „höhere Bildung". So mancher, der orthographisch nicht richtig schreibt, kann halt richtig reagieren am Verhandlungstisch. Und der Gelehrte, der grammatisch unexakte Wandzeitungen mit überheblichem Lächeln liest, wird von ihren Verfassern exakt hereingelegt werden in der nächsten Sitzung. Und morgen wird Rechtschreibung irrelevant sein.

Einwand: „Die neue Sprache ist aus den neuen Zwängen zu verstehen. Den neuen Manipulationskünsten seitens Medien und Werbung antwortet sie genau als Gegenbeeinflussung und Befreiungsmittel. Zuerst muß man jedenfalls die allgegenwärtige Manipulation durchschauen."
Antwort: Das habe ich getan. S. 153 und S. 144 habe ich die allgegenwärtige „leise Gehirnwäsche" knapp gezeichnet. Um ein kleines Beispiel ergänzend nachzutragen: Die z. T. unvorstellbar gewissenlose Arzneimittelwerbung kann ihren kleinen Beitrag zum Entstehen einer mentalen Atmosphäre liefern, in der schließlich auch die politische Sprache aller Lager ebenso gewissenlos sein könnte. Aber ich glaube, daß nur die Aufklärung, keineswegs aber die Gegenbeeinflussung den Bann brechen könnte; zuerst hat ihn Karl Kraus zu brechen begonnen in dem „Sektor" Presse. Doch wie immer man dies sehe, heute ist mein Thema anders: Hier habe ich themagemäß von markanten Spracherfahrungen unserer Tage zu sprechen; das markante Beispiel ist natürlich die Sprache der Veränderer.

Es wird in einigen Jahren – dies zum Schluß – noch eine andere sprachliche Entwicklung sich anbahnen. Es gibt Länder, wie Hessen, welche die Literatur „abschaffen" wollen, d. h. mehr oder weniger der Schule entziehen wollen. Der mutmaßliche Plan ist: Wenn man den Menschen die Leserei abgewöhnen, ja von Kindesbeinen an aberziehen wird, dann wird natürlich die Bücherwelt, die Literatur als Macht zurückgehen und damit ein großes Hindernis fallen auf dem Weg zum Klassenkampf und Neubau. Auch durch eventuelle Abschaffung der Hochsprache an den Schulen könnte ein solcher Weg vielleicht gangbarer werden. Es ist der Weg zum literarisch „sprachlosen", zum mediengelenkten (zum Teil auch optisch gelenkten) Bürger. Sprache ist auch Sicht, jeder Schritt hin zur Sprachlosigkeit ist auch ein Schritt zur Lenkbarkeit: Lenkbarkeit durch unmerkliche Blendung. – Unsere Veränderer lächeln über die Rückständigkeit mancher slavischen Sozialismen – den Slaven war und ist das Buch heilig –, welche von klein auf Bücherlesen fördern (in manchen Bezirken Rußlands herrscht eine wahre Lesewut) und so natürlich auch mögliche Tolstoi- und Dostojewski-Leser heranziehen, d. h. sich ins eigene Fleisch schneiden. „Ein vermeidbarer Fehler", so konstatieren unsere Veränderer und scheinen zu hoffen, daß ihnen die Welt dankbar sein werde, die Welt, das ist für sie mehr die sozialistische Welt, der sie schöpferisch-verändernd angehören wollen, um sie einmal mitzulenken. Deutsche Weltmitherrschaftsräume. Sie haben in der Tat „konsequenter" als alle anderen gedacht so wie es die deutschen Denker und Träumer manchmal taten (schon Heine sah es), wenn auch die deutsche Sprache keine Freude daran zu haben scheint und dafür den ahnungsvollen Ausdruck bereithält, das sei geradezu mörderisch – oder selbstmörderisch – konsequent.

Es steckt eben auch jenes Element darin, das in unserer Sprache anno Aufklärung „Fanatism" hieß, ein Element, das eine so wunderbare Selbstsicherheit und Klarheit schenkt, daß es die Seelen heute schlürfen, wie ein lang vermißtes Gift. Vermißt natürlich inmitten der permissiven Kompliziertheitswelt. Mit „Fanatism" kann sich übrigens große Intelligenz verbinden. Es ist dann „kanalisierte Intelligenz". Ein trefflicher Ausdruck Frischs in seinem neuen Tagebuch. Er faßt ein Paradoxon.

Konsequent ist auch ihr Kampf für die Kleinschreibung; es ist eine Großplanung. Ziel ist, da ja wechselnde Lesegewohnheiten immer auch bestimmte neue Lesebarrieren erzeugen werden, die unauffällige, die geruchlose Bücherverbrennung, die das meiste Alte treffen dürfte. Die Zahl der Leser soll sinken, jedenfalls die der konservativen. Jedenfalls käme mit der momentanen Leseerschwerung – notwendige Kehrseite der Schreiberleichterung – und mit dem Wechsel der Lesegewohnheiten zunächst schon mal die Gewohnheit des Lesens selbst ins Rutschen. Man brauchte schließlich Bücher nicht mehr wegzusperren, wie in China unlängst; es genügt zunächst die Veränderung der Lese- und Schreibgewohnheiten – was uns allerdings China ebenfalls vorgemacht hat, so unvergleichbar vieles dort und hier auch sein mag.

Diese „Verändernden" (die links zu nennen eine Beleidigung des Wortes „links" wäre) sind nämlich auch sonst ein Stück der stürmischen Geschichte, des deutschen Tatendranges und Belehrungs- und Bekehrungstriebes und besonders des genannten Vakuums, natürlich auch des Weltmoments. Man konnte sie beinahe voraussehen. Werfel tat es. Der 1945 Gestorbene hat nicht nur im „Musa Dagh" richtig prophezeit, sondern auch in seinem letzten Roman, dem Zukunftsroman „Stern der Ungeborenen" im 9. Kapitel etwas vorausgesagt, etwas für den Beginn der siebziger Jahre, die er durch den „Kasseler Weltfreundschaftstag", (es heißt tatsächlich so in dem unheimlichen Text), pathetisch eröffnet sah. „Zwischen Weltkrieg zwei und drei drängten [!] sich die Deutschen an die Spitze der Humanität ... um ihre Schuld gutzumachen ... Sie hatten doch seit Jahrhunderten danach gelechzt beliebt zu sein ... Zur Erholung hielten die Gebildeten ... philosophische Vorträge an Volkshochschulen, in protestantischen Kirchen ..., wobei ihr eintöniges Thema stets der brüderlichen Pflicht des Menschen gewidmet war." Das monotone soziale Thema, hier ist es aus weltmännischem Abstand absichtlich altmodisch beschrieben. Souverän vorher die Anspielung in dem Wort „drängten". Nun kommt die Hauptsache: Von einem Volksteil erzählt Werfel, sie „unterwühlten kraft ihrer frenetischen Energie und inhaltlosen Opferbereitschaft die Haupt- und Großstädte aller Nationen mit ihren wissenschaftlich ausgeklügelten Labyrinthen". Das Wort „Labyrinth" meint *auch* das konsequent „geschlossene System", das eben kein Herauskommen mehr gewährt, wenn man erst einmal hineingekommen ist. – An einer anderen Stelle des Kapitels beschreibt er diese Meister des Stollenbaus, deren Aussehen ihn an ihre Kollegen im Erdinneren, an die fleißigen bärtigen

Zwerge erinnert: „Selbst dann, wenn sie lang und hager waren", so schreibt er, konnten sie „den Gesichtsausdruck hämisch kleingläubiger Zwerge, die sich stets provoziert fühlen, nicht ganz verwischen."

Werfels interessantester Satz erzählt von den märchenhaften Stollenbauten unter den Metropolen, von diesen weltweiten Erfolgen, die den Unterwanderern doch gar nicht ins Gesicht geschrieben waren. Es muß doch eine gewisse deutsche Lust am „Unterwühlen", eine deutsche Begabung für unterwanderndes Planen geben, das scheint Werfel vorauszusetzen, das wird nur Kopfschütteln erregen. Jeder Ausländer hält ja den Deutschen für ordnungsbegabt, und wie die Klischees alle heißen. Aber Werfel hat recht.

Als Otto Flake ein Jahr nach Kriegsende den Essay „Die Deutschen" schrieb (das kleine Buch ist Ende 1946 erschienen), hat er an einer Stelle den Wilhelminismus, dieses gewiß deutsche Phänomen, durch eine Impression, durch ein Erinnerungsdetail beschworen. (Flake war, nebenbei bemerkt, gewiß ein wechselvoller Autor, aber schon Kafka hat ihn geschätzt, und auch die folgende Stelle macht Kafkas Urteil erklärlich.) Auf Seite 33 heißt es:

„Denkt man an jene seltsamen deutschen Tage zurück, so mag man wohl noch einen jungen Offizier erblicken: wie er, als gelte es das Unzulängliche nicht zu streifen, mit gehobenem und verschlossenem Gesicht durch die Straßen, durch die Menge schritt, ein ferngelenkter Automat, eine Hoffmannsche Konstruktion, deren Zentrum nicht in ihr, sondern draußen lag, in einem Kasino, in der Instruktionsstunde, in der Konduitenliste des Obersten ... irgendwo."

Ferngelenkt: Ihr wißt nicht, wer ich bin; mein Leben hat wieder einen Sinn. Die Unterwanderungsidee ist eigentlich schon da; und die Füllung des Vakuums von außen desgleichen. Wir kennen auch dieses Gehen durch die Menge – auch wenn sich Rhythmus und Kostüm gründlich geändert haben.

Ich weiß, alle Thesen über Nationalcharaktere sind falsch (oben Seite 146). Ich weiß, Flake übertreibt, wenn er „ferngelenkt" für typisch deutsch hält (wobei er freilich das Wort dann auch in einem weitesten Sinne gebraucht, so Seite 19.) Ich weiß aber auch, daß es noch falscher wäre, historische deutsche Entwicklungen nicht spüren, nicht erkennen zu wollen, weil sie so schwer faßbar sind. Gerade weil er sie so sehr spürte, konnte Werfel richtig prophezeien.

Hat er auch die Erfolge richtig vorausgesehen? Soweit er die Erfolge, dem spielerischen Romancharakter gemäß, überhaupt behandelt hat, ich glaube: ja. Zwei Beispiele. Die zuerst in Frankfurt gekochte Suppe ist mittlerweile fast weltweit ein Grundnahrungsmittel der besseren Verändernden geworden, wenn auch in entsetzlicher, unbekömmlichster Verdünnung, die schon Marcuse angerührt hatte. – Der weltweit drohende „Verfall" der großen Kirchen ist im wörtlichsten Sinne Unterwanderungsfolge. Und wer wollte den Anteil deutscher Initiatoren, bewußter und unbewußter, hier wohl bestreiten? Doch wie immer – ich habe hier zum Schluß den historischen, und das bedeutet immer auch: den in die Zukunft reichenden Rahmen skizzenhaft wiedergegeben, gewiß mit unzünftigen, unzulänglichen Mitteln, mit den Mitteln des Literaturfreundes. Sicherer ist etwas anderes:

Halten wir uns zunächst an die Sprache! „An ihrer Sprache werdet ihr sie erkennen" (Karl Kraus) und mittels ihrer Sprache werden sie euch noch unterwerfen – wenn diese erfindungsreichste Waffe undurchschaut bleiben sollte.